Structural Design for Cement Concrete Pavement Under Heavy Traffic Loading

重载交通水泥混凝土路面结构设计

赵队家　刘少文　申俊敏　著

人民交通出版社

内 容 提 要

本书共分9章，内容包括绪论、山西省重载交通水泥混凝土路面使用现状、重载交通特性及轴载分析、重载交通普通混凝土路面结构力学分析、重载交通普通水泥混凝土路面结构设计、重载交通普通混凝土路面传力杆设计、重载交通普通混凝土路面典型结构、重载交通连续配筋混凝土路面设计、重载交通水泥混凝土路面设计的工程应用。

本书可供从事道路工程科研、设计及施工的技术人员阅读，也可供高等院校相关专业师生教学参考。

图书在版编目(CIP)数据

重载交通水泥混凝土路面结构设计 / 赵队家，刘少文，申俊敏著. —北京：人民交通出版社，2012.12

ISBN 978-7-114-10252-3

Ⅰ.①重… Ⅱ.①赵… ②刘… ③申… Ⅲ.①水泥混凝土路面—结构设计 Ⅳ.①U416.216.02

中国版本图书馆 CIP 数据核字(2012)第307842号

书　　名：重载交通水泥混凝土路面结构设计
著 作 者：赵队家　刘少文　申俊敏
责任编辑：刘永超　周　宇
出版发行：人民交通出版社
地　　址：(100011)北京市朝阳区安定门外外馆斜街3号
网　　址：http://www.ccpress.com.cn
销售电话：(010)59757973
总 经 销：人民交通出版社发行部
经　　销：各地新华书店
印　　刷：北京市密东印刷有限公司
开　　本：720×960　1/16
印　　张：12.75
字　　数：222千
版　　次：2012年12月　第1版
印　　次：2012年12月　第1次印刷
书　　号：ISBN 978-7-114-10252-3
定　　价：32.00元

前　言

水泥混凝土路面(Cement Concrete Pavement)作为一种高等级路面结构形式,具有使用寿命长、养护工作量小、能源消耗少、施工简便、对交通等级和环境适应性强等优点,在国内外得到广泛应用。据统计,截至2011年底,全国有铺装路面里程达210.34万km,其中水泥混凝土路面151.21万km,约占71.9%,成为世界上水泥混凝土路面里程最多的国家。

但随着近年来国民经济和公路交通运输事业的快速发展,重型载货汽车的比重不断增加,汽车的总载质量和轴载质量也不断提高,单轴超过10t、双轴超过18t、三轴超过22t的重载车辆已成为交通运输的重要组成部分。传统水泥混凝土路面的诸多优势正逐渐减弱,难以满足大型、重载运输车辆的行车需求。

鉴于此,山西省交通科学研究院、同济大学等单位立项展开了“山西省运煤重载水泥混凝土路面典型结构的研究”等多项课题的研究。从重载交通水泥路面结构损坏的特点及原因、重载交通轴载特性、重载交通路面设计指标和方法、重载交通路面典型结构等方面深入探讨了重载交通水泥混凝土路面的结构设计问题。最终理清了重载交通水泥路面损坏原因和重载交通轴载特征;建立了适宜于重载交通路面的双层平面不等尺寸结构模型,给出了面层、基层的结构临界点及荷载应力、温度应力的计算式;提出了基于面层和基层综合疲劳破坏的重载交通水泥路面结构设计方法;提供了基于经验设计的重载交通传力杆设置建议,推荐了适宜于重载交通水泥路面的典型结构,并结合实体工程阐述了重载交通水泥路面结构设计的工程应用。

本书在总结归纳相关研究成果的基础上,通过有限的篇幅系统论述了重载交通水泥混凝土路面结构分析与设计,旨在为我国重载交通水泥混凝土路面的发展做出一点贡献。本书可供高等学校的相关师生学习参考,也可供相关领域科研院所的研究人员参考使用。

本书共分为9章,第1、4章由赵队家撰写,第2、3章由刘少文撰写,第7、9

章由申俊敏撰写，第5章由周玉民撰写，第6章由张艳聪撰写，第8章由张倫撰写，全书的审阅和统稿由赵队家完成。由于作者知识及水平有限，书中难免有疏漏和不足之处，敬请各位读者批评指正。

作　者

2012年9月

目　录

第1章　绪　论

水泥混凝土路面作为一种高等级路面结构形式，具有使用寿命长、养护工作量小、能源消耗少、施工简便、对交通等级和环境适应性强等优点，在国内外得到广泛应用。然而，随着近年来国民经济和公路交通运输事业的快速发展，运输车辆中重型载货汽车的比重不断增加，汽车的总载质量和轴载质量不断提高，并且越来越大型化，更新换代速度也越来越快。单轴超过 10t、双轴超过 18t、三轴超过 22t 的重载车辆已成为交通运输的重要组成部分。传统水泥混凝土路面的诸多优势正逐渐减弱，难以满足大型、重型运输车辆的行车需求。加之早期修建的水泥混凝土路面由于设计与施工不当而出现的早期损坏和行车舒适性问题，导致其近年来水泥混凝土路面的发展受到限制。

但随着汽车工业的持续发展和公路交通运输需求的不断增长，适宜于重载交通的水泥混凝土路面势必重新呈现出巨大生机。同时，我们也应该看到沥青路面同样存在各种形式的早期损坏，而且近来随着石油价格的持续攀升使得沥青路面的造价远远超过水泥混凝土路面。因此，在修建沥青路面的同时，也应看到水泥混凝土路面尤其是重载交通水泥混凝土路面的优势。加快水泥混凝土路面的发展和技术进步是我国公路建设的客观需求，也是促进我国能源发展、环境保护的战略举措。

1.1　水泥混凝土路面的应用与发展概况

1.1.1　欧美国家水泥混凝土路面

水泥混凝土作为筑路材料用于铺筑路面最早是在英国。1828 年在伦敦郊外，英国用水泥混凝土铺筑了道路基层，1912 年美国威斯康星州和加利福尼亚州用水泥混凝土铺筑了标准的面层。直到 1914 年第一次世界大战后，水泥混凝土路面才得到广泛应用。20 世纪 30 ~ 40 年代，水泥混凝土路面由于高强、耐久、行车性能好等一系列优点，在欧美各国得到迅速发展。

第二次世界大战以后，全世界汽车工业迅猛发展，特别是货运车辆载重和轴重迅速增加,在美国和欧洲普遍出现了大范围的水泥混凝土路面破损,主要表现为唧浆、沉陷和破碎。通过大量的调查和研究,发现在重车作用下,混凝土板下的土基或基础失稳是造成破坏的主要原因。于是各国对土基和基层做出了严格的要求。近年来,美国高速公路网中,水泥混凝土路面占49%左右。在欧洲,比利时是使用水泥混凝土路面最多的国家,目前有50%的高速公路是水泥混凝土路面。法国最近每年建成的高速公路约30%为水泥混凝土路面,连续配筋水泥混凝土路面已被广泛用于高速公路。德国是大量使用水泥混凝土路面最早的国家,1960年以前建成的高速公路几乎都是水泥混凝土路面。英国自1970年以来修建的主要干道中约有22%为水泥混凝土路面。

此外,20世纪90年代以来,美国和欧洲一些国家提出,对于交通特别繁忙的公路按照长寿命道路的概念设计路面,有的提出按50~60年的寿命设计路面结构,不少国家构思修建钢筋混凝土(包括连续配筋路面在内)特强基层,50年不维修,必要时5~8年更换上面沥青混合料功能层,这样水泥混凝土路面在可持续发展战略地位中将表现出独到的优势。

1.1.2 我国水泥混凝土路面

我国水泥混凝土路面应用起步较晚。至1970年,全国公路水泥混凝土路面的里程仅为200km,占高级和次高级路面总里程的0.87%;至1980年,混凝土路面的里程为1 600km,约占高级和次高级路面里程的1.01%。随着高等级公路的发展,至1990年,水泥混凝土路面总里程增加到11 773km,占高级和次高级路面里程的4.37%;至2000年,水泥混凝土路面总里程增加到111 574km,占高级和次高级路面里程的64.9%。

近年来,随着公路建设的大发展,公路总里程和公路密度迅猛增加。如图1-1所示,截至2011年底,全国公路总里程达410.64万km,比2010年末增加9.82万km。全国公路密度为42.77km/100km^2,比2010年末提高1.02km/100km^2。全国有铺装路面和简易铺装路面公路里程261.57万km,比2010年末增加17.35万km,占公路总里程的63.7%,比2010年末提高2.8个百分点。各类型路面里程分别为:有铺装路面210.34万km,其中沥青混凝土路面59.13万km,水泥混凝土路面151.21万km,如图1-2所示。

虽然,水泥混凝土路面占有铺装路面里程的71.89%,远高于沥青混凝土路面。但是在高等级公路路面中的比例却比较小。究其原因,主要是水泥混凝土路面设计与施工不当,使其早期使用状况欠佳,使用寿命低于设计使用年限,尤其是一些重载交通干道,早期损坏严重,使得水泥混凝土路面不但没有体现出使用寿命长、养护费用低等优点,反而进一步突显维修困难的弱点,甚至造成一些地区限制水泥混凝土路面在干线公路中应用。而沥青路面凭借表面平整、无接缝、行车舒适、噪声低、施工期短、适于分期修建等优点得到广泛应用,占据了高级路面结构的主流形式。

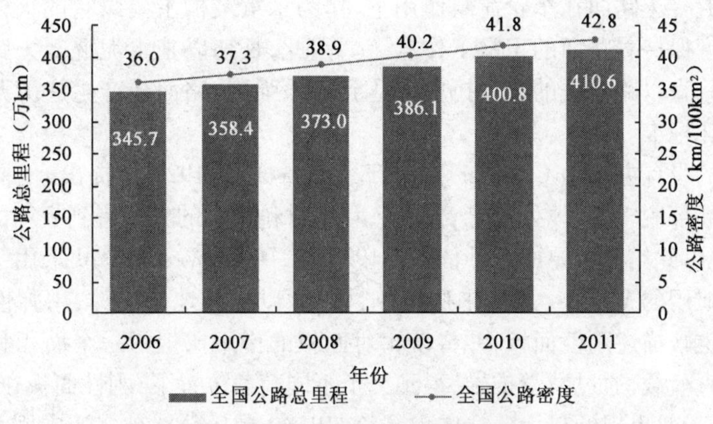

图1-1 全国公路总里程及公路密度

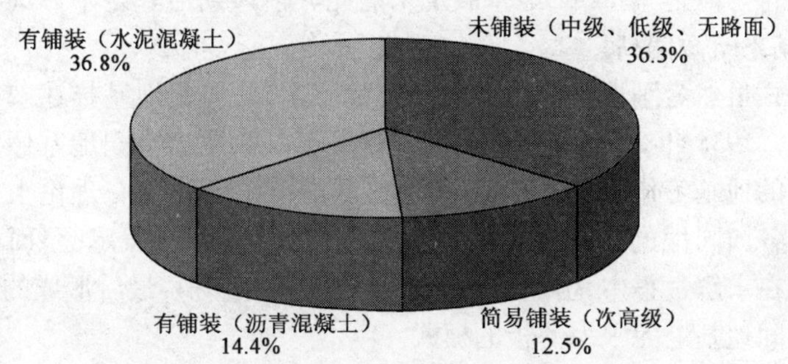

图1-2 2011年各路面类型里程构成

但随着水泥混凝土路面设计、施工水平的发展和公路交通运输需求的不断增长,重载交通水泥混凝土路面势必凭借以下优势重新呈现出巨大生机。

(1)水泥混凝土具有较高的抗压强度、抗弯拉强度以及较强的抗磨耗能力;

(2)水泥混凝土路面具备良好的稳定性,高温稳定性、低温稳定性和水稳定性均良好;

(3)水泥混凝土路面具有较好的耐久性,材料不易老化衰变,正确设计的路面有优良的耐疲劳性能,是长寿命路面的最佳选择;

(4)承载能力高,非常适宜于重载交通,工矿道路、停车场、机场跑道均宜优先考虑水泥混凝土路面。

1.2 水泥混凝土路面设计理论发展回顾

水泥混凝土路面在车轮荷载作用下,作为承重结构主要以它的板体抗弯曲强度与刚度保持着路面的正常工作状态。因此,长期以来水泥混凝土路面面板厚度设计一直以路面板的抗弯拉应力达到极限强度、路面板产生疲劳开裂作为设计的破坏标准。

最早的设计方法由 C. Older 和 A. T. Goldbeck 于 1920 年提出,他们假设路面板底部局部脱空,板体处于悬臂状态,利用材料力学的方法得到板体的最大弯拉应力,并以此作为板厚的设计依据。1925 年,H. M. Westergaard 采用了铁道工程设计中惯用的 Winkler 地基来假定刚性路面以下的地基支撑,用弹性力学中的薄板假定来描述刚性面板,并将车轮对面板的作用比拟为一个面积相当的圆形均布垂直荷载,通过数学推导,得到三个不同荷载位置下,刚性面板在板中、板边、板角受荷时出现的最大弯拉应力。长期以来,威氏公式被广泛应用并证明基本与实际相符。但是 Winkler 地基假定未能充分估计到地基各个方向上的相互约束,计算结果略微偏高。

威氏公式虽然为刚性路面厚度设计奠定了基础,但其地基描述忽略了自身的整体效应。1938 年,A. H. A. Hogg 等人提出了以弹性半空间地基假定描述刚性路面板下的地基工作状态,并以此改善威氏公式的不足。在理论上引用了布辛尼斯克的各向同性的半空间弹性地基假定取代 Winkler 假定,路面板仍采用弹性薄板。在求解过程中,引用了贝塞尔函数和积分变换,最后形成的方法主要适用于半空间地基上无限大薄板的模式。

由于刚性路面面板的最不利荷载位置一般位于板角或板边,新的地基假定推导的公式虽然可以计算无限大板的厚度,但无法确定最不利荷载位置的弯拉应力。为此,梅特尼科夫等人应用应力等效原则,将两种地基假定下,两个板中应力计算公式取相等,导出了两种地基参数的等效换算公式,得出了以半空间弹性地基假设的参数表达的、三个典型荷载位置的弯拉应力计算公式。我国 1958 年、1966 年的刚性路面设计规范即以此为基础。

1943 年,D. M. Burmister 提出了双层弹性体系的解析解,这样就可以摆脱弹性薄板假定和层间滑动的接触条件的限制,完全按照路面板的实际结构厚度和接触条件建立方程,求得解析解。

除了荷载应力以外,温度变化会引起刚性路面温度变形,若温度变形受阻,刚性面板还将产生与荷载应力无关的温度应力。H. M. Westergaard 提出了由于路面板上、下顶面温差引起面板发生翘曲变形，当变形受到约束时，将产生附加翘曲应力的概念，并由布拉德伯利通过阿灵顿试验路和数值推理提出了刚性路面翘曲应力的计算式和计算曲线，该方法一直沿用至今。

我国系统开展刚性路面结构理论与设计方法的研究起步较晚。20 世纪 70 年代中期，东南大学和浙江省交通厅在浙江台州修筑试验路，进行荷载应力、挠度测定和疲劳试验，通过研究论证了设计理论的可行性，提出了板下地基模量的非线性特性，以及路面设计时确定地基模量的方法，探讨了路面板在荷载反复作用下疲劳损伤的发展过程和估算方法。随后，在 20 世纪 90 年代初，在荷载应力和温度应力的计算分析、疲劳性能、轴载换算、结构评定、设计方法、地基强度及基层顶面模量的确定、可靠度理论与设计方法等方面取得了大量理论和实用性科研成果，为推动我国水泥混凝土路面的发展，初步建立我国刚性路面设计理论体系奠定了坚实的基础。

水泥混凝土路面结构分析理论和设计方法的研究已有 100 余年的历史，凝聚了世界各国道路科技工作者的辛勤劳动。设计理论和方法的发展密切结合世界交通运输的发展，不断顺应交通形势发展的需求。发展的过程不断引进相关学科的研究成果。展望未来，在新时期现代交通运输发展的新形势下，水泥混凝土路面设计理论和方法势必面临新的问题和挑战，为应对现代交通运输集约化、车辆多轴化、系统高效化的需求，广大道路科研工作者应当在学习前人成果的基础上，面对当前发展中遇到的问题，迎难而上，不断完善水泥混凝土路面结构分析和设计理论。

1.3 重载交通水泥混凝土路面的特点与现状

1.3.1 重载交通水泥混凝土路面的使用特点

由于公路等级的提高和高额利润的驱使，车辆超载现象在全国各地广泛蔓延。据调查：连接贵州、广西、广东和福建的 324 国道即由于超载受损严重，调查中发现，标准轴载在 50kN 的载货汽车，车主通过加钢板、加高车厢板、增加附加轮胎等手段，使实际的轴载量高达 150kN 以上。云南省运煤、运矿石的车辆超载率在 80% 以上，有的甚至超过标准载质量达 130%。河南、河北一些地区，10t 以上的重型车辆的超载比例在 40% 以上，某些路段更是达到 80%，最大超载率高达 300%。

对于此,各地政府也相继出台政策,对超载超重现象进行治理。以山西省为例,2004 年 6 月“治超”之前,京大路运煤超载车辆很多,4 轴车车货总质量最大可达到 70 ~ 80t,5 轴车车货总质量最大可达到 140 ~ 150t,6 轴车车货总质量最大可达到 150 ~ 160t,单轴—双轮组轴载质量可达到 20 ~ 25t,最大达 30t,已远远超过设计要求。2004 年 6 月“治超”以后,该现象得到了较大缓解,但为了获取超额运输利润,加高车厢、采用高压轮胎进行超载运输的现象仍然不可忽视。据调查,多数重载车辆轮胎充气压力为 1.4 ~ 1.5MPa,推算轮胎接地压力为 1.3 ~ 1.4MPa。

1.3.2 重载交通水泥混凝土路面的研究现状

为了适应重载交通运输的需要,国内外重载交通水泥混凝土路面设计方法的研究也在不断推进。

南非在 20 世纪 70 年代就开始采用动态称重系统对公路轴载分布进行研究,认为由于路面设计中对实际车辆轴载重的预测不准确,低估了超载重的加速磨耗,才导致路面设计厚度不足。90 年代南非在此基础上建立了可以用于超重荷载和多联轴形式的等效系数 EDF 的计算式。

美国新泽西州在 20 世纪 80 年代也作过公路的超载研究,它引用 AASHTO 的轴载换算标准,认为当量标准轴次(ESA)的增加会引起相同比例的路面使用寿命的减少。在对车辆超载规律的研究中它提出一种卸载概念,即将超载部分货物卸下后作另外多次运输,保证总的货运量一定。认为超载引起的路面使用寿命缩短的比例减去卸载后的缩短比例才是真正由超载引起的路面损耗。

加拿大安大略省在 20 世纪 80 年代对该省的车辆尺寸和荷载情况做了长期调查。结果表明:在允许一定程度的超载时测得的公路车辆荷载分布明显偏重,并且通过对车辆总重和轴荷载分布的数据分析提出了某种车型的总重与各组轴载分布的关系。对于超限部分的轴荷载,采用力学分析方法研究路面在重载作用下的力学反应变化。并以此作为衡量路面损坏的标准,建立力学模型以计算不同级别荷载产生的力学损耗。

全美运输研究协会(TRB)对所有联邦资助公路和州际公路进行了全面的调查,它采用 WIM 系统和电子牌照板进行全天候自动识别并记录行驶中的车辆荷载,得到了比较准确的车辆荷载分布数据,并按照 AASHTO 方法将实际交通荷载换算为标准轴载,从而在不同轴载与路面损坏程度(使用期末的 PSI 值)之间建立了相关模型。

美国联邦公路局 Kellerhold 与 Loersno 详细论述了重载交通下具有传力杆

接缝的水泥混凝土路面的设计方法;美国各州公路工作者协会(AASHTO)提出了一个基于概率统计的可靠度设计方法;美国 Illinois 大学的 Ballnob 与 Texas 大学的 Zgoerlin 提出防止疲劳应力产生横向开裂的设计方法。

在国内,随着超载车对水泥混凝土路面破坏的日趋严重,不少机构和学者也对重载交通路面的各方面研究进行了探索。我国在 20 世纪 80 年代针对当时的重型汽车发展情况曾经研究过提高公路汽车轴重限值的可行性,梅今安等人提出如果按照规范方法把重型车辆的轴载折算成标准轴交通量则重车的影响是很大的。但是在路面厚度设计中对交通量的变化并不敏感,所以认为可以适当地提高轴重。

我国 1984、1986 年版的刚性和柔性路面设计规范中提出用综合系数 K_c 来计入车辆的超载。但实际上 K_c 只是一个经验系数,除超载外还包含对偏载和冲击荷载的考虑,并不是真正意义上的超载系数。

20 世纪 90 年代初,同济大学和山西省交通厅对大同地区的车辆运行情况做了调查,发现不同车型的超载规律是不同的。额定吨位越小的车超载就越严重,吨位接近的车型超载情况差不多,但当时对荷载的判断主要依据目测和静态称重,因而数据少且不够准确。后来河北省采用目测与仪器(HDS-1 涵式动态轴载称重仪)相结合的方式对省内一些干线道路进行调查,最终选取了几种代表车型并列出各自的轴载谱,这对于合理进行路面设计十分有利。但在调查过程中首先目测判断其满载后再用仪器测其轴重,这样必然导致结果偏重,而不能体现真正的轴载分布规律。1995 年东南大学根据一系列假设条件提出模拟不同轴载限值下公路轴载谱的分布函数,但对轴载的统计过于粗略,而且假设条件较多。

同济大学的石小平等人针对重载车引起的混凝土面板脱空、唧泥、错台和断板等现象,提出了控制板角挠度的设计方法,该方法对于特重交通(板厚大于 26cm)的水泥混凝土路面,比控制疲劳应力的方法更切合实际。长安大学公路学院王选仓教授对于重载交通条件下的水泥混凝土路面设计中疲劳方程、轴载换算以及疲劳系数进行了详尽的研究,给重载交通条件下的水泥混凝土路面设计方法提供了理论依据。

交通运输部公路科学研究院的田波等人应用有限元法分析了特重车辆对水泥混凝土路面荷载应力的影响,并对计算结果进行回归分析,提出了新的板纵向边缘中部最大应力计算式。山西省交通科学研究院与同济大学联合主持的“山西省特重交通水泥混凝土路面合理结构的研究”项目,依据运煤公路轴载谱和超重情况调查,采用涵盖超重车辆的荷载作用图式,分析归纳了纵边边缘中部的荷载应力计算式,依据荷载和温度综合作用下的疲劳断裂准则,推荐了山西省特重交通水泥混凝土路面的合理结构。

综上所述,国内外对重载交通水泥混凝土路面的研究已经取得了一定的成就,其中的思路、方法和成果很值得借鉴。但国内外现有的分析和调查研究表明,由于重载车辆对刚性路面板的损坏机理十分复杂且影响因素众多,从重载交通特性出发,应用有限元法综合考虑有限尺寸混凝土路面板、地基支撑条件及混凝土板块间传荷形式等因素的损坏机理研究均显不足。

第2章　山西省重载交通水泥混凝土路面使用现状

通过对孙启庄—大同、夏家营—汾阳、大同—新广武等高速公路及G109国道、G108国道、大同—运城线等多条重载交通水泥混凝土路面的交通荷载参数、损坏状况进行调查，总结了重载交通水泥混凝土路面的损坏特征（断板、开裂、错台、磨光、沉陷等），并对路面结构承载力、路面平整度IRI以及表面抗滑能力进行了现场测试。在此基础上，分析了导致山西省重载交通水泥混凝土路面损坏的各种原因，试图为从设计角度找出防治对策奠定基础。

2.1　山西省气候环境及公路自然区划

我国各地的气候、地形、地貌、水文、地质等自然条件的差别很大，对路基路面的影响和造成的危害也各不相同。自然因素对路基路面体系的影响，主要表现为湿度和温度引起的路基土和路面材料的性状发生变化。所以在路基路面设计时，必须要考虑自然因素的影响。

2.1.1　山西省气候环境

山西省地处我国黄河中游、华北西部的黄土高原地带，地形多样，高差悬殊，气候既有纬度地带性变化，又有明显的垂直变化。山西省位于中纬度，距海洋不远，但因山脉屏障，夏季风影响不大，属于暖温带、温带大陆性气候。年平均气温在-4~14℃之间。气温地区分布总趋向是自南向北、自平川向山地递减，无霜期南长北短。

(1)地形、地貌

山西省是个黄土广泛覆盖的隆起地区，东起太行山，西南接黄河，北临长城。整体轮廓略呈沿北东至南西拉长的平行四边形。全省的山地、丘陵、平原三大地形各占40.0%、40.3%、19.7%，大体成4∶2∶2的比例。

省境东部山地以太行山脉为主脊，向西侧呈梳状延伸，包括被山地环绕的晋东南高原，其东与华北平原，西与一系列断陷盆地相接，界限十分明显。除太行山外，从北到南主要有长城山、六棱山、恒山、五台山、系舟山、太岳山、霍山、王屋山、中条山等，其海拔都在1 800m以上。大都呈北东—南西间平行排列，且北坡陡，南坡缓，形成一侧翘起的单面山，陡坡面均以大断层与盆地相接。山山之间构成了多个小型盆地，如广灵、灵丘、五台、盂县、寿阳、黎城、垣曲等盆地。

中部盆地区。省境中部有一串从东北向西南延伸的雁行排列断陷盆地，它们是山区高原整体隆起形成的一条大的断裂沉降带。在总的沉降中，相对又有4个横向小的隆起，从而形成5个盆地。它们是大同、忻定、太原、临汾、运城等盆地，其盆地的平均海拔分别是1 000 ~ 1 100m、800 ~ 900m、700 ~ 900m、450 ~ 600m、320 ~ 400m。盆地间相对隆起分别是恒山、石岭关、韩侯岭、娥媚台地。

西部山地区。省境西部山地，以吕梁山为主脊，包括雁北的洪涛山、黑陀山，以及左右平低中山缓坡丘陵，向西直抵黄河的禹门口。山势北高南低，北、中部山体走向北东，海拔多在2 000m以上，南部走向南北，高1 500m以上，山脉东侧较为陡峻，西侧斜缓。

吕梁山脉以西，内长城以南，黄河以东，直至禹门口以北的狭长地带，属我国黄土高原主体的东部。区内除临县紫金山（1 872m）、吉县人马山（1 742m）以及一些孤立于高原之上的岛状山外，整个地面都被100m左右厚的黄土覆盖，海拔800 ~ 1 600m，北高南低，东向西斜。

（2）气候

山西省地处中纬度地区，属大陆性季风气候，按全国气候区划，本省分属温带、暖温带气候。内长城以北的雁北地区属温带半干旱气候；内长城至昔阳—太岳山—河津一线为暖温带半干旱气候，其南部为暖温带半湿润气候。本省气候的主要特点是：冬季寒冷干燥，时空温差悬殊，夏季降雨集中，春季较为短促。

山西的气温地域分布上，总的趋势是由北向南逐渐升高，由盆地向高山逐渐降低。省境中部的东西山区和雁北地区年平均气温在8℃以下，其中晋北地区为4 ~ 6℃，中高山区为4℃以下，忻定、太原盆地晋西北黄河沿岸，晋东的阳泉、平定及晋东南大部分地区年平均气温为8 ~ 10℃；临汾、运城盆地及中条山以南河谷地带年平均气温达12 ~ 14℃。

山西北部地区土壤封冻时间长，冻土层厚，南部地区、特别是川谷地带封冻时间较短、冻土层薄，东部、西部及北部的大部分地区封冻期一般始于10月中旬，终于次年4月中旬，最大冻深均超过1m，大同、右玉、偏关一带1.50 ~ 1.92m。太原、临汾盆地、西部黄河谷地，晋东南丘陵盆地及阳泉、昔阳以东地区，一般始于11月上旬，终于次年3月上旬，最大冻土深度为0.5 ~ 1.5m，运城盆地及中条山东部、南部的川谷地带，封冻期从11月下旬开始至次年3月上旬结束。

山西大部分地区年降雨量介于600~650mm之间。在地理分布上表现为从东南向西北递减。晋东南大部分地区、临汾东山地区的安泽和古县、晋中东山区的榆社、和顺、昔阳等县的部分山区及吕梁山海拔1 500m以上的山区,年降雨量为600~700mm,临汾和运城年降雨量为500~550mm,太原盆地年降雨量为450~500mm,忻定盆地年降雨量为450mm左右,大同盆地及繁峙、平鲁西部等地为少雨区,年降雨量不足400mm。

(3)地下水分布

山西省的地下水位的分布差异较大,几块盆地的地下水位大部分在1.0~70.0m,极个别地方小于1.0m,山区的地下水分布较深,对公路建设几乎没有影响。

(4)土质概况分析

山西省的土质差异不大,土壤从南到北黏粒成分逐渐减少,砂砾成分逐渐增多,土壤的液限和塑性指数逐渐减少。土组从粉质亚砂土逐渐过渡到亚砂土。

2.1.2 山西省公路自然区划

为区分不同地理区域自然条件对公路工程影响的差异性,并在路基、路面的设计、施工和养护中采取适当的技术措施和采用合适的设计参数,以保证路基、路面的强度和稳定性,特进行公路自然区划。

为使自然区划便于在实践中应用,结合我国地理、气候特点,将全国的公路自然区划分为三个等级。一级区划首先将全国划分为多年冻土、季节冻土和全年不冻三大地带,再根据水热平衡和地理位置,划分为冻土、湿润、干湿过渡、湿热、潮暖、干旱和高寒七个大区,分别是:Ⅰ,北部多年冻土区;Ⅱ,东部温润季冻区;Ⅲ,黄土高原干湿过渡区;Ⅳ,东南湿热区;Ⅴ,西南潮暖区;Ⅵ,西北干旱区;Ⅶ,青藏高寒区。

二级区划是在一级区划的基础上以潮湿系数为主进一步划分。三级区划的方法有两种:一种是按照地貌、水温和土质类型将二级区进一步划分为若干类型单位的类型区别;另一种是以水热、地理和地貌等为标志将二级区进一步划分为若干更低级区域的区域划分。山西省的公路自然区划分别如图2-1所示。

根据以上标准,山西省属于Ⅲ区,根据资料显示山西将其所在区域划分为10个三级区,各个区境内对公路工程的影响如表2-1所示。

图 2-1　山西省自然区划示意图

山西省境内公路自然区划　　　　表 2-1

三级区名	主要自然病害	自然病害对工程的影响
Ⅲ 1-1	翻浆,冲沟,泥石流	路基边坡不稳定,雨季易冲刷,春季公路翻浆,冬季有冻胀,气温骤降时,会产生横向裂缝,山区有山洪、泥石流等灾害
Ⅲ 1-2	翻浆,冲沟,泥石流,平原区有轻微湿陷	路基边坡不稳定,雨季易冲刷,降雨量大的年份,路基会产生湿陷,春季公路翻浆,冬季有冻胀,气温骤降时,会产生横向裂缝,山区有山洪、泥石流等灾害
Ⅲ 1-3	冲沟,泥石流	路基边坡不稳定,雨季易冲刷,冬季有冻胀,气温骤降时,会产生横向裂缝,山区有山洪、泥石流等灾害
Ⅲ 1a-1 Ⅲ 1a-2	翻浆,冲沟,泥石流	冬季有冻胀,春季翻浆严重,冬季路面开裂率高

续上表

三级区名	主要自然病害	自然病害对工程的影响
Ⅲ 2-1	冲沟，湿陷，有部分软土路基	路基边坡较稳定，但在雨季或遇水时产生湿陷和边坡冲刷，冬季温度变化时路面产生横向裂缝
Ⅲ 2-2	冲沟，湿陷	路基边坡较稳定，但在雨季或遇水时产生湿陷和边坡冲刷，冬季温度变化时路面产生横向裂缝
Ⅲ 2a-1	冲沟，湿陷，风砂，翻浆	风或砂的侵袭对公路营运有影响，春季翻浆较严重，雨季边坡会冲刷，冬季温度变化时路面产生横向裂缝
Ⅲ 4-1 Ⅲ 4-2	冲沟，湿陷	路基边坡较稳定，但在雨季或遇水时产生湿陷和边坡冲刷，冬季温度变化时路面产生横向裂缝

2.2　山西省重载交通水泥混凝土路面使用状况

本节对山西省境内孙启庄—大同、夏家营—汾阳等高速公路及G109国道、G108国道等多条重载交通水泥混凝土路面的交通荷载参数、使用状况进行调查。调查内容包括路面损坏特征、路面结构承载力、路面平整度IRI，以及表面抗滑能力等。

2.2.1　重载交通水泥混凝土路面使用状况调查

(1)孙启庄—大同段

①工程概况。孙启庄—大同段是北京至大同高速公路的重要组成部分，是山西省大同地区通往京津唐的主要通道和重要运煤通道，也是国内第一条采用超重轴载设计的六车道水泥混凝土路面高速公路。路基宽28m，路面宽2×12.5m，设计车速120km/h，处在阳原与大同黄土盆地。工程于1998年开工建设，2000年10月完工通车，路面结构设计如表2-2所示。

孙启庄—大同段高速公路设计路面结构　　表2-2

<table>
<tr><th rowspan="2">结构层</th><th colspan="4">左幅上行线</th><th colspan="4">右幅下行线</th></tr>
<tr><th>干燥</th><th>中湿</th><th>潮湿</th><th>岩石</th><th>干燥</th><th>中湿</th><th>潮湿</th><th>岩石</th></tr>
<tr><td>面层</td><td colspan="4">30cm缩缝插传力杆水泥混凝土</td><td colspan="4">26cm缩缝插传力杆水泥混凝土</td></tr>
<tr><td>上基层</td><td>15cm水泥稳定碎石</td><td>15cm水泥稳定碎石</td><td>15cm水泥稳定碎石</td><td rowspan="2">20cm三灰稳定碎石</td><td colspan="4" rowspan="2">20cm水泥稳定碎石</td></tr>
<tr><td>下基层</td><td>15cm三灰稳定碎石</td><td>20cm三灰稳定碎石</td><td>20cm三灰稳定碎石</td></tr>
</table>

续上表

<table>
<tr><td rowspan="2">结构层</td><td colspan="4">左幅上行线</td><td colspan="4">右幅下行线</td></tr>
<tr><td>干燥</td><td>中湿</td><td>潮湿</td><td>岩石</td><td>干燥</td><td>中湿</td><td>潮湿</td><td>岩石</td></tr>
<tr><td>底基层</td><td>20cm 水泥石灰稳定砂砾土</td><td>20cm 水泥石灰稳定砂砾土</td><td>20cm 水泥石灰稳定砂砾土</td><td>20cm 水泥稳定碎石</td><td colspan="3">20cm 水泥石灰稳定砂砾土</td><td>20cm 水泥稳定碎石</td></tr>
<tr><td>垫层</td><td>—</td><td>—</td><td>15cm 砂砾</td><td>—</td><td>—</td><td>—</td><td>20cm 砂砾</td><td>—</td></tr>
<tr><td>路基回弹质量(MPa)</td><td>52</td><td>31</td><td>25</td><td></td><td>52</td><td>31</td><td>25</td><td></td></tr>
</table>

②路面状况指数 PCI 和断板率 DBL。路面状况指数(PCI)和断板率(DBL)两项指标的调查结果如表 2-3 所示。

孙启庄—大同段高速公路路况评价结果 表 2-3

<table>
<tr><td rowspan="3">检测指标</td><td colspan="6">右幅下行线(北京—大同)</td><td colspan="6">左幅上行线(大同—北京)</td></tr>
<tr><td colspan="2">超车道</td><td colspan="2">主车道</td><td colspan="2">边车道</td><td colspan="2">超车道</td><td colspan="2">主车道</td><td colspan="2">边车道</td></tr>
<tr><td>PCI</td><td>DBL(%)</td><td>PCI</td><td>DBL(%)</td><td>PCI</td><td>DBL(%)</td><td>PCI</td><td>DBL(%)</td><td>PCI</td><td>DBL(%)</td><td>PCI</td><td>DBL(%)</td></tr>
<tr><td>平均值</td><td>99.05</td><td>1.3</td><td>97.78</td><td>2.1</td><td>98.50</td><td>1.6</td><td>99.56</td><td>0.7</td><td>89.85</td><td>14.4</td><td>99.32</td><td>0.7</td></tr>
<tr><td>最大值</td><td>100</td><td>13.6</td><td>99.46</td><td>13.5</td><td>99.63</td><td>12.5</td><td>100</td><td>4.5</td><td>94.15</td><td>50.9</td><td>100.0</td><td>4.1</td></tr>
<tr><td>最小值</td><td>93.89</td><td>0.0</td><td>92.93</td><td>0.0</td><td>94.42</td><td>0.0</td><td>98.19</td><td>0.0</td><td>73.22</td><td>0.0</td><td>97.36</td><td>0.0</td></tr>
<tr><td>标准差</td><td>1.14</td><td>2.3</td><td>1.43</td><td>2.6</td><td>1.19</td><td>2.3</td><td>0.37</td><td>0.9</td><td>5.78</td><td>13.0</td><td>0.62</td><td>1.0</td></tr>
<tr><td>变异系数(%)</td><td>1.16</td><td>173.5</td><td>1.47</td><td>125.4</td><td>1.20</td><td>149.1</td><td>0.37</td><td>134.1</td><td>6.43</td><td>90.0</td><td>0.62</td><td>140.6</td></tr>
</table>

根据《公路水泥混凝土路面养护技术规范》(JTJ 073.1—2001)判定,右幅主、边车道评定等级属于良,超车道评定等级属于优;左幅超、边车道评定等级属于优,主车道评定等级属于次。

③路面病害及比例。从孙启庄—大同段高速公路全线调查结果看,病害主要发生在左幅上行线和全线桥面铺装层,上行线的病害类型和比例统计后如图 2-2所示。路面主要病害照片如图 2-3 所示。

从图 2-3 可知,主要病害为裂缝和破损,另外如前所述,由于路拱横坡存在引起车辆偏载作用,在主车道与边车道之间(纵向施工缝)形成大量板块错台。

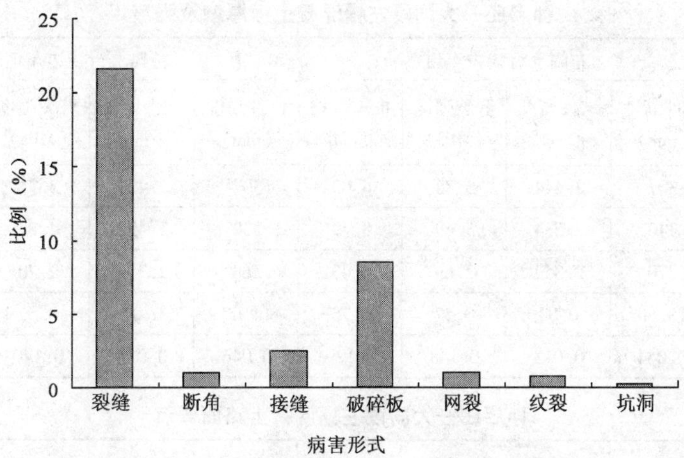

图2-2　孙启庄—大同段高速公路上行线主要病害类型比例

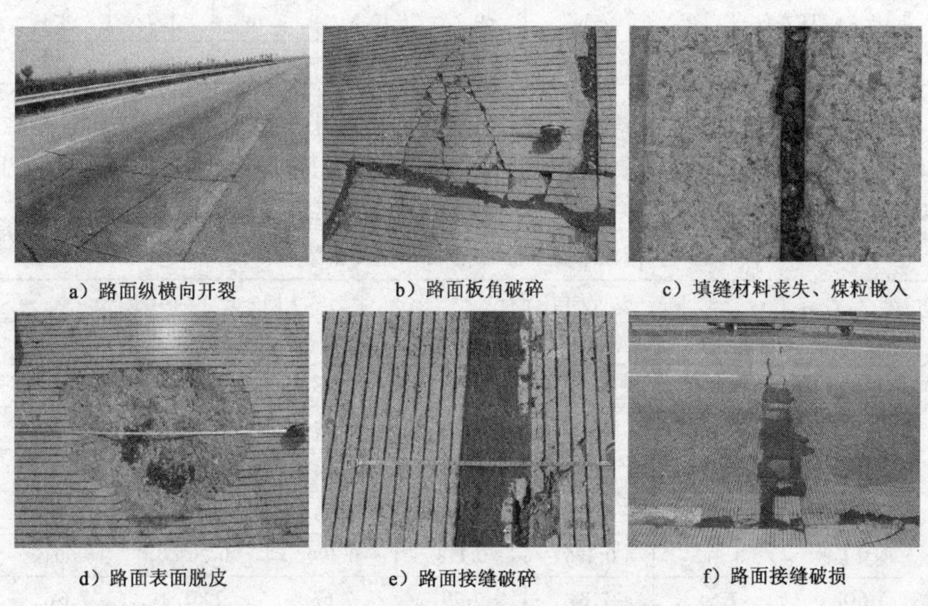

图2-3　孙启庄—大同段高速公路上行线主要病害照片

④结构承载能力。路面结构整体强度调查包括两项内容：一是调查路面混凝土的实际强度和厚度，调查采用钻芯取样进行劈裂抗拉强度试验，并推算路面混凝土弯拉强度（如表2-4所示）；二是采用落锤式弯沉仪检测板块弯沉（如表2-5所示），以评定路面结构层的整体承载能力。

孙启庄—大同段左幅混凝土板厚度及强度　　表 2-4

检测指标	左幅上行线主车道				左幅上行线边车道			
	试件高度(mm)	试件密度(g/cm^3)	劈裂强度(MPa)	推算弯拉强度(MPa)	试件高度(mm)	试件密度(g/cm^3)	劈裂强度(MPa)	推算弯拉强度(MPa)
平均值	307	2.444	3.85	6.03	307	2.421	3.71	5.85
最大值	340	2.534	5.69	8.49	330	2.492	4.87	7.42
最小值	270	2.352	2.69	4.43	268	2.351	2.70	4.44
标准偏差	13.60	0.03	0.57	0.78	14.07	0.04	0.52	0.71
变异系数	0.044	0.013	0.148	0.129	0.046	0.015	0.140	0.122

孙启庄—大同段左幅混凝土路面弯沉　　表 2-5

检测段落	平均值(0.01mm)	标准差(0.01mm)	变异系数(%)	代表弯沉(0.01mm)	最大值(0.01mm)	最小值(0.01mm)	测点数
K317 ~ K374 左行	6.2	3.7	60.2	12.3	29.8	1.7	821
K317 ~ K374 左边	6.8	4.7	69.5	14.6	54.4	1.9	275

⑤路面平整度 IRI 与行驶质量 RQI。路面国际平整度 IRI 与行驶质量指数 RQI 结果如表 2-6 所示。依据《公路水泥混凝土路面养护技术规范》(JTJ 073.1—2001),孙启庄—大同段高速公路路面行驶质量等级为良。

孙启庄—大同段路面平整度(国际平整度指数 IRI,mm/km)　　表 2-6

项　目	北京—大同方向(下行)			大同—北京方向(上行)		
	边车道	主车道	超车道	边车道	主车道	超车道
平均值	3.81	3.50	3.73	3.78	3.78	3.82
最大值	6.48	5.75	6.29	5.79	5.77	5.75
最小值	2.52	2.44	2.44	2.14	2.45	2.33
标准差	0.81	0.61	0.66	0.73	0.76	0.78
变异系数	0.212	0.176	0.178	0.194	0.202	0.203
RQI	7.64	7.88	7.70	7.67	7.67	7.64

由表 2-6 可知,主、边车道混凝土路面厚度和强度均能满足要求。根据《水泥混凝土路面养护维修手册》,当路面弯沉值 >0.2mm 时可能存在脱空,以此值作为板底脱空的判据。所检路段平均值为 0.062mm 和 0.068mm,表明京大路混凝土路面总体良好。最大弯沉值为 0.298mm 和 0.544mm,表明局部还存在板块脱空现象。

⑥抗滑能力。抗滑能力测试包括两部分:即抗滑构造深度 TD 和抗滑值 SRV。构造深度测试结果列于表 2-7,抗滑力测试结果如表 2-8 所示。

孙启庄—大同段左幅路面抗滑构造深度 TD 表 2-7

检测段落	主车道构造深度 TD			边车道构造深度 TD		
	平均值(mm)	标准差(mm)	变异系数(%)	平均值(mm)	标准差(mm)	变异系数(%)
K374 +000 ~ K373 +000	0.80	0.13	16.3	0.71	0.10	13.5
K370 +000 ~ K369 +000	0.76	0.12	15.8	0.71	0.11	15.4
K369 +000 ~ K368 +000	0.72	0.16	22.9	0.73	0.12	16.1
K360 +000 ~ K359 +000	0.77	0.12	15.7	0.78	0.10	12.3
K355 +000 ~ K354 +000	0.73	0.14	18.8	0.72	0.06	8.1
K351 +000 ~ K350 +000	0.77	0.12	15.4	0.80	0.13	15.7
K345 +000 ~ K344 +000	0.74	0.09	11.7	0.77	0.11	14.6
K341 +000 ~ K340 +000	0.71	0.12	17.4	0.72	0.07	9.4
K335 +000 ~ K334 +000	0.74	0.11	15.4	0.73	0.12	17.2
K325 +000 ~ K324 +000	0.77	0.14	17.7	0.75	0.10	13.9
全路段平均值	0.75			0.74		

孙启庄—大同段左幅路面抗滑值 SRV 表 2-8

检测段落	主车道抗滑值 SRV			边车道抗滑值 SRV		
	平均值(BPN)	标准差(BPN)	变异系数(%)	平均值(BPN)	标准差(BPN)	变异系数(%)
K374 +000 ~ K373 +000	84	7	8.5	84	6	7.4
K370 +000 ~ K369 +000	80	6	6.9	85	6	6.5
K369 +000 ~ K368 +000	78	5	7.0	85	6	7.0
K360 +000 ~ K359 +000	70	7	10.7	83	5	5.6
K355 +000 ~ K354 +000	71	4	6.0	82	5	6.1
K351 +000 ~ K350 +000	73	7	9.8	82	5	6.2
K345 +000 ~ K344 +000	75	5	6.3	78	4	5.0
K341 +000 ~ K340 +000	70	7	9.5	79	5	5.9
K335 +000 ~ K334 +000	71	5	6.7	76	4	5.2
K325 +000 ~ K324 +000	74	4	6.0	77	3	4.2
全路段平均值	74.6			81.1		

依据《公路水泥混凝土路面养护技术规范》(JTJ 073.1—2001),孙启庄—大同段高速公路左幅上行线主、边车道抗滑构造深度等级评定为良;孙启庄—大同段高速公路左幅上行线主、边车道抗滑值等级评定为优。

(2)夏家营—汾阳段

①工程概况。夏家营—汾阳段高速公路是青岛至银川国道的重要组成部分,是山西省中西部地区的主要公路运输通道和经济走廊,也是吕梁地区通向环渤海和京津的主要通道。该工程 1998 年开工建设,2000 年 10 月建成通车,2001 年 4 月正式开始运营,工程主线全长 56km,互通连接线 13.5km,全线共有大桥 7 座,中桥 21 座,小桥 43 座,涵洞 210 个,通道 50 个。夏家营—汾阳段高速公路路面结构如表 2-9 所示。

夏家营—汾阳段水泥混凝土路面结构 表 2-9

干湿类型	干燥	中湿	潮湿
面板	26cm 水泥混凝土	26cm 水泥混凝土	26cm 水泥混凝土
基层	20cm 水泥稳定碎石	18cm 水泥稳定碎石	20cm 水泥稳定碎石
底基层	18cm 综合稳定土	30cm 综合稳定土	18cm 综合稳定土
垫层	—	—	15cm 天然砂砾
路面总厚度(cm)	64	74	79

②路面状况指数 PCI 和断板率 DBL。调查将路面病害分为裂缝类、变形类、接缝类、表面损害类和其他类五大类,并逐板详细记录了病害的轻重情况。之后对路面状况指数(PCI)、断板率(DBL)、平均错台量进行了统计,夏汾段路面状况指数 PCI、断板率 DBL(%)和错台量统计结果如表 2-10 所示。夏家营—汾阳段高速公路破损状况等级统计结果如表 2-11 所示。

夏家营—汾阳段路面状况指数 PCI、断板率 DBL(%)和错台量 表 2-10

检测指标	汾阳—夏家营						夏家营—汾阳					
	超车道			行车道			超车道			行车道		
	PCI	DBL(%)	错台(mm)	PCI	DBL(%)	错台(mm)	PCI	DBL(%)	错台(mm)	PCI	DBL(%)	错台(mm)
平均值	92.9	23.4	14.6	84.0	57.1	21.3	99.2	1.5	3.8	92.4	20.9	12.9
最大值	99.4	61.0	32.0	95.5	90.0	34.0	100.0	14.1	11.0	99.2	54.0	26.0
最小值	82.1	1.0	1.0	73.1	14.0	12.0	94.9	0.0	1.0	76.0	2.0	1.0
标准差	5.11	17.24	8.33	4.81	17.18	3.99	1.04	2.67	1.95	4.66	14.20	6.82
变异系数	0.055	0.738	0.571	0.057	0.301	0.187	0.010	1.785	0.509	0.050	0.678	0.527

由表2-10可知，汾阳—夏家营方向行车道平均断板率为57.1%，超车道为23.4%，整体路况较差，应及时维修以提高道路服务水平。夏家营—汾阳方向行车道平均断板率为20.9%，超车道为1.5%，行车道断板明显大于超车道。

夏家营—汾阳段破损状况等级统计　　表2-11

评定等级	汾阳—夏家营				夏家营—汾阳			
	行车道		超车道		行车道		超车道	
优、良			8km	15.1%	10km	18.9%	48km	90.5%
中			6km	11.3%	5km	9.4%	4km	7.5%
次	1km	1.9%	13km	24.5%	15km	28.3%	1km	1.9%
差	52km	98.1%	26km	49.1%	23km	43.4%		

③结构承载能力。在夏家营—汾阳段左右幅不同路段分别钻取混凝土芯样25个，进行劈裂抗拉强度试验，推算混凝土板厚度和剩余强度，结果汇总于表2-12。

夏家营—汾阳段混凝土路面厚度强度检测结果　　表2-12

钻孔位置	试件编号	破坏荷载(kN)	高度(cm)	平均直径(cm)	劈裂抗拉强度(MPa)
K596+020	F-J E-5	246	25.1	15.0	4.16
K596+483	F-J E-4	304	26.9	14.9	4.83
K606+500	J-F B-2	217	26.5	15.0	3.48
K611+500	F-J C-4	214	25.0	15.0	3.63
K611+000	F-J C-5	233	27.0	15.0	3.66
K612+000	F-J C-3	224	24.9	15.0	3.82
K581+000	F-J D-5	241	27.8	15.0	3.68
K608+100	J-F B-5	235	25.8	15.0	3.87
K598+000	F-J E-1	278	27.9	14.9	4.26
K581+500	F-J D-4	248	25.1	15.0	4.19
K606+000	J-F D-1	195	26.4	14.9	3.16
K607+500	J-F B-4	360	27.3	15.0	5.60
K590+600	J-F A-2	263	26.2	14.8	4.32
K581+990	F-J D-3	240	24.9	15.0	4.09
K582+490	F-J D-2	167	25.8	14.9	2.77

续上表

钻孔位置	试件编号	破坏荷载（kN）	高度（cm）	平均直径（cm）	劈裂抗拉强度（MPa）
K610 +000	F-J C-1	191	25.1	15.0	3.23
K607 +000	J-F B-3	339	26.6	15.0	5.41
K591 +100	J-F A-3	324	26.9	15.0	5.11
K592 +100	J-F A-5	330	27.3	14.8	5.20
K597 +000	F-J E-3	283	28.4	15.0	4.23
K591 +100	J-F A-4	316	26.3	15.0	5.10
K597 +500	F-J E-2	215	27.7	15.0	3.29
K590 +100	J-F A-1	253	26.7	14.9	4.05
K582 +940	F-J D-1	164	25.6	14.8	2.76
K612 +500	F-J C-2	278	28.9	14.9	4.11

旧混凝土面层厚度评定：

$$h_e = \bar{h}_e - 1.04 s_h = 25.3\text{cm} \tag{2-1}$$

旧混凝土面层强度评定：

$$f_{1r} = 0.621 f_{1sp} + 2.64 = 0.621 \times 3.26 + 2.64 = 4.67\text{MPa} \tag{2-2}$$

采用落锤式弯沉仪（FWD）对行车方向行车道板右侧距板角 30 ~ 50cm 处进行弯沉检测，检测频率为重车方向（汾阳—夏家营方向）1 点/200m，轻车方向（夏家营—汾阳方向）1 点/400m，以了解夏家营—汾阳段高速公路路面弯沉分布情况。夏家营—汾阳方向共检测 124 处，最大弯沉值达 27.8（0.01mm）；汾阳—夏家营方向检测 240 处，最大弯沉值达 38.4（0.01mm），弯沉检测结果绘于图 2-4 和图 2-5 中。

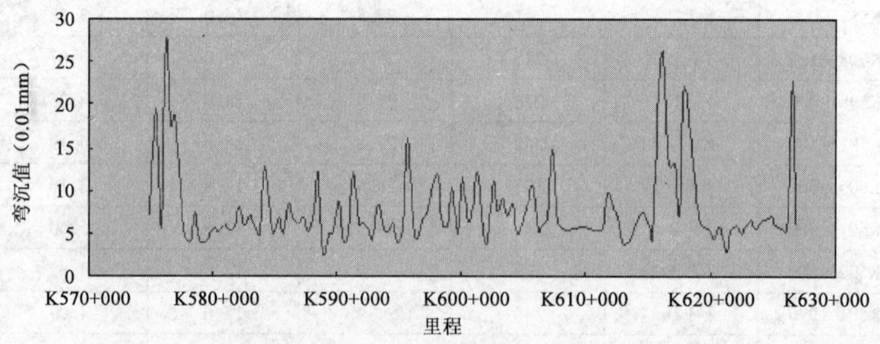

图 2-4　夏家营—汾阳方向行车道公里弯沉值示意图

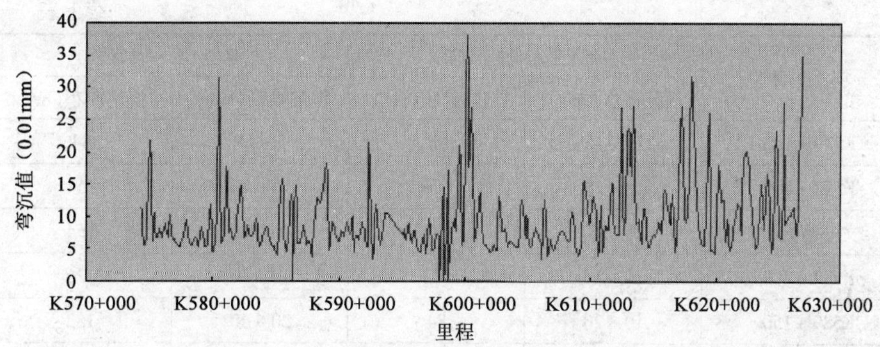

图2-5 汾阳—夏家营方向行车道公里弯沉值示意图

夏家营—汾阳段全线水泥混凝土板不设传力杆，而仅靠集料嵌锁作用传递荷载，大部分接缝在重复荷载作用下逐渐丧失传荷能力。因此，综合接缝弯沉差和挠度传荷效率来看，夏家营—汾阳段全线水泥混凝土板接缝传荷能力均较差。

④路面平整度 IRI。夏家营—汾阳段高速公路水泥混凝土路面平整度实测结果如表2-13所示。

夏家营—汾阳段路面平整度（国际平整度指数 IRI） 表2-13

IRI(mm/km)	夏家营—汾阳方向		汾阳—夏家营方向	
	行车道	超车道	行车道	超车道
平均值	3.23	3.08	4.18	3.36
最大值	4.35	3.74	5.30	4.07
最小值	1.58	2.61	2.10	2.82
标准差	0.51	0.31	0.60	0.32
变异系数	0.16	0.10	0.14	0.10

由表2-13可知，夏家营—汾阳方向的路面平整度水平要较汾阳—夏家营方向的路面平整度水平好，这与该方向上断板率及错台均高较一致。

⑤路面沉陷。夏家营—汾阳段水泥混凝土路面沉陷实测结果如表2-14所示。

夏家营—汾阳段公路桥头及路基沉陷病害调查 表2-14

项 目	右幅（夏家营—汾阳）		左幅（汾阳—夏家营）	
	沉陷高度(mm)	沉陷面积(m^2)	沉陷高度(mm)	沉陷面积(m^2)
磁窑河大桥	10~25	224	20~40	266
K575+140	10~20	95	10~25	106
瓦窑河大桥	15~30	196	15~5	217

续上表

项　　目	右幅(夏家营—汾阳)		左幅(汾阳—夏家营)	
	沉陷高度(mm)	沉陷面积(m^2)	沉陷高度(mm)	沉陷面积(m^2)
K579 +100	10 ~ 15	98	5 ~ 15	84
K582 +500	10 ~ 15	126	10 ~ 20	154
文峪河大桥	5 ~ 15	182	10 ~ 20	154
K587 +400	10 ~ 15	112	10 ~ 30	126
K589 +150	10 ~ 20	84	20 ~ 40	182
K590 +180	10 ~ 15	154	15 ~ 30	147
K591 +450	5 ~ 10	104	10 ~ 20	140
K592 +400	5 ~ 10	91	10 ~ 20	84
K593 +750	20 ~ 35	224	20 ~ 40	168
K594 +450	5 ~ 10	154	10 ~ 15	119
K594 +600	5 ~ 10	126	5 ~ 10	84
K595 +050	5 ~ 10	124	5 ~ 10	154
K595 +600	10 ~ 20	224	20 ~ 35	224
K601 +820	10 ~ 20	124	20 ~ 30	104
合计		2 442		2 513

2.2.2　重载交通水泥混凝土路面损坏原因分析

(1)大同—新广武段

①概况。大同—新广武段是国道 208 山西省境内的重要组成部分,也是晋煤外运的主要通道。该高速公路水泥混凝土路面段起于大同与京大高速公路相接处,终点位于应县互通,路线全长 51km。路面结构如表 2-15 所示。

大同—新广武段主线水泥混凝土路面结构　　表 2-15

层位	干湿状态	干　燥	中　湿	潮　湿
面层	结构	水泥混凝土	水泥混凝土	水泥混凝土
	厚度(cm)	28	28	28
基层	结构	水泥稳定级配碎石	水泥稳定级配碎石 三灰稳定级配碎石	水泥稳定级配碎石 三灰稳定级配碎石
	厚度(cm)	20	15 +15	15 +15

续上表

层位	干湿状态	干　燥	中　湿	潮　湿
底基层	结构	水泥稳定砂砾	水泥稳定砂砾	水泥稳定砂砾
	厚度(cm)	20	20	15
垫层	结构			天然砂砾
	厚度(cm)			15
总厚度(cm)		68	78	88

②路面使用状况调查及分析。大同—新广武段高速公路自2002年10月通车以来，总体状况良好。但随着使用期的增长，路面出现了一些病害，以表面脱皮、混凝土板脱空、断板等为主。造成以上病害的原因有很多，其中表面脱皮主要是由于施工原材料控制不当、集料中石粉含量偏大及混凝土表面砂浆强度低等原因。混凝土板脱空可归结为基层压密变形或受水冲刷所造成，面板接缝未设置传力杆是导致路面出现错台的主要因素。

(2)国道108忻州段

①概况。国道108始于北京，止于云南昆明，途经北京、河北、山西、陕西、四川和云南6个省，全长3 356km，是连接南北经济发展的重要通道。国道108忻州段为晋煤外运的主要路段，也是代县、繁峙等地铁矿石输出的主要通道，经济交流和资源外销的压力使得该路段常年重车不断，不仅在一定程度上影响了交通顺畅，也加速了路面的破损发展。

②路面使用状况调查及分析。国道108水泥路面破坏严重，主要以裂缝和大面积破碎为主，一方面由于该国道交通量大，超载、重载现象严重，轻、重车道分布明显，如图2-6所示；另一方面，路面结构设计弱也是重要原因。同时该路面修建过程中采用了“一白两黑”的路面结构，即两边采用沥青硬路肩，中间为两块水泥板的形式，由于没有设置盲沟，沥青与水泥路面接触处水的隔离效果差，因而路面病害出现较早，破损发生迅速。

通过实地调查和深入分析，总结路面的破坏原因如下：

a.雨水从水泥路面与沥青路面的结合缝下渗，侵蚀路基，致使路基承载力下降；其次，雨水在行车荷载动压下冲刷基层，进一步降低了基层的承载能力。

b.水泥板与沥青路面之间缺乏传力结构，行车荷载作用下，容易形成路面局部的应力集中，导致水泥面板难以长久使用。

c.两侧沥青硬路肩厚度较薄，中间水泥板厚度较厚，从界面构造来看，形成了一个U形蓄水槽结构,这种结构给水泥板底雨水的存储提供了有效空间和便利途径,也给破坏的持续性提供了重要条件。

d. 基层和路基被雨水侵蚀前,水泥路面的支撑条件良好,超载车辆的破坏作用不明显,而当雨水进入路面内部后,水泥路面内部损坏已经发生,超载车辆的行驶加速了破坏的速率。

e. 该线路左、右幅车辆载重存在明显差异,致使路面运营中出现了不同程度的损坏。实践也已证明,根据车辆轴载分布的特征,有区别地对不同车道分别进行设计符合路面的使用要求。

图 2-6　G108 左右幅水泥路面破坏对比

(3) G108 临汾段

国道108临汾至侯马段以沥青路面为主,中间部分段落为水泥混凝土路面(K944 + 314 ~ K946 + 300),路面结构为50cm水泥稳定砂砾 + 20cm水泥混凝土,路面修建于1999年10月,至今无翻修和加铺历史,但路面使用状况很差,面板破碎严重,断板和裂缝随处可见,病害如图2-7所示。

图 2-7　路面病害状况

该路面损坏严重，已经影响了车辆的正常行驶和运行安全，通过观测和调查，总结损坏原因如下：

a. 交通量大、重载和超载现象严重，加速了路面的破坏；

b. 该道路沿线途经众多乡村及城镇，路面排水存在众多问题，这给雨水及其他水分进入路面内部提供了便利通道，加速了支撑条件的恶化；

c. 国道 108 临汾段属于新建水泥路面，路基的稳定性弱于旧路改建，混凝土路面易出现因路基不稳定而发生的破坏。

(4) G109 改线

①概况。G109 改线为新建路面，是为疏通煤车以避开云冈石窟旅游区而专修的一条水泥路面。该路面修建于 1998 年，路面结构为：25cm 素混凝土 +30cm 三灰碎石 +30cm 砂砾底基层，路面设计强度 5.0MPa，交通量 7 000 辆/日，主要以运煤车和大货车为主。在 2007 ~ 2008 年间，由于该路面破损严重，为保证路面顺利通车，对该路面进行了总计达 2.1 万 m^2 的修补，修补采用 28cm 双层钢筋混凝土面层，设计强度 5.5MPa。

②路面使用状况调查及分析。调查发现，虽经过大面积的修补和换板，水泥路面的行驶条件暂时有所改善，但随着路面新破损的出现，路面服役条件随之恶化，病害主要表现为大面积水泥板破碎和断板，如图 2-8 所示。

图 2-8　水泥路面中的破碎板

水泥路面为长大薄板结构，“悬臂梁”和“简支梁”受力模式为最不利条件之一，从这个角度来看，水泥路面对路基的稳定性（发生不均匀沉降）和基层因冲刷引起的不平整比较敏感。G109 改线出现大量破坏主要归结为以下几个方面：

a. G109 改线为新建路面，路基在行车荷载反复作用下还处于进一步压实中，稳定性较差，即使经过反复修补，高填方路段水泥板还出现约 80% 断板和破碎。

b. G109改线竣工于1998年,恰逢我国路面修筑高峰期,工艺成熟,但可能存在选材质量差及施工质量难以控制等问题。

c. 路基路面的排水,G109改线为新建路面,路面多处位于高填或深挖处,地表水的渗流及毛细管作用对路面的影响会持续一段时间,加之路面修筑过程中并没有很好考虑路基稳定性问题,采用了普通混凝土路面设计及施工方法,因此路面的破坏很难在短时间内停止。

因而,可以看出水泥路面对路基的稳定性要求较高,它是决定路面使用寿命的最重要因素,水泥路面的过早破坏都与路基不均匀沉降及基层失稳相关。就可以解释断板为何总是出现在高路堤、软路堤和填挖较多路堤处,相反,低路堤和老路堤处早期破损越少,路面的使用寿命较长。因此,在水泥路面设计及施工中,应切实做好路基压实控制,在高填及填挖交界处等特殊路段,应采取有效措施,确保路基的强度和稳定性,降低裂缝出现的概率,延长路面的使用寿命。

(5)大运线忻州段

大同至忻州段路面结构分为三种,同时于1990年铺装完毕,公路技术等级为二级。宁武段(K164+500~K171+000)路面结构由20cm水稳基层+20cm水泥混凝土面层组成,路面至今无修复历史,破坏严重,急需进行大修以恢复路面的使用性能。原平段(K171+000~K178+000)路面结构为:15cm碎石灰土+23cm水泥混凝土面板,路面无大修历史,破坏严重,已经不能保证车辆的正常通行。原平段(K185+000~K202+000)路面结构由24cm碎石灰土+23cm水泥混凝土面板组成,同样无翻修和加铺历史,破坏严重。

调查中大运线忻州段存在局部破坏特别严重的现象,破坏主要以破碎和断板为主,夹有局部路段出现长距离纵向裂缝,且发生在路面一侧,如图2-9所示。调查分析得知,大运线忻州段路面破坏主要是因为结构设计薄弱,加之运营多年,大交通量、重载和超载影响所致。

大运线忻州段水泥路面出现了各种裂缝及局部贯穿性裂缝,将面板分割成了好多板块,破坏了面板的整体性,降低了路面结构的整体承载能力,对路面的危害很大。并且,当这些板块受到行车荷载的冲击作用和雨水侵蚀时,破坏还将进一步扩大,影响行车安全。因此,对于混凝土路面,严格要求初期施工质量是关键因素,而当破坏发生后,加强对应的维修养护则更是重中之重。

图2-9　大运线忻州段水泥路面使用现状对比

2.3　重载交通对水泥混凝土路面的要求

水泥混凝土路面是我国高等级路面的主要结构形式之一。截至2011年底，我国水泥路面总里程已发展到151.21万km，占总铺装路面里程的71.9%，成为世界上水泥路面拥有量最多的国家之一。经过近年来科研工作者的努力和全体公路建设者认识水平的提高，水泥混凝土路面无论是设计和施工工艺都有所提高，但仍有相当数量的水泥路面投入使用几年后便出现各类早期破坏。

本章在对多条重载交通路面实地调查的基础上，对损坏原因进行分析归类，阐述重载交通对水泥混凝土路面的要求如下：

(1)加强对地基的勘探和技术处治工作。河北宣大高速公路由于在膨胀土、湿陷性黄土和部分软基路段修筑了混凝土路面，重车道方向在运营期间产生大量断板并随时间快速增加；夏汾高速公路汾阳—杏花段由于存在湿陷性黄土造成重车道混凝土路面大量断板。

(2)加强路基处治，提高路床稳定性。由于水泥混凝土路面比沥青路面对路基稳定性更为敏感，因此对易引起路基沉陷或不均匀沉降的路段应加强处治。对于填方路基可以采用重型压实设备完成，对于挖方路段应将路床顶面以下80cm范围内的原地面土换填或采用石灰土稳定等，换填材料应选择级配优良、透水性好的砂砾材料，并应结合地形地质条件设置纵横向盲沟以排除路基中水分。除此之外，应加强对混凝土路基填料选取及施工质量的控制，以提高路基稳定性；在路基工程验收中引入弯沉和模量双检测指标，以更好地与设计相匹配。

(3)混凝土路面的基础是影响水泥路面使用寿命的最重要因素，通常可用差异沉降量 Δh 来描述不同路段基础强度的大小，并基于此来判断修建基层的类型。$\Delta h = 1 \sim 2.5$mm 时，可采用半刚性基层，水泥路面缩缝设置传力杆的路面结构；$\Delta h = 2.5 \sim 5$mm 时，采用半刚性或贫混凝土基层，混凝土面层必须采用局部补强等高弯拉强度混凝土结构；$\Delta h \geqslant 5$mm 路段，可采用贫混凝土基层，面层可使用小块水泥混凝土、钢纤维混凝土或连续配筋混凝土等路面结构。

(4)重视路面结构层组合设计及其变形协调性。考虑到水泥路面的破坏源于路基和基层的稳定性，为改善路基和基层的受力环境，提高基层的抗冲刷能力，增强路基的稳定性，可在水泥面层和基层之间设置沥青中间层，目的在于改善基层的耐水性、耐久性和平整度。即通过提高水泥混凝土路面的支撑强度来延长路面的使用寿命。

(5)重载交通高速公路路面可优先采用沥青混凝土上面层与连续配筋混凝土下面层复合式路面，这样既可以提高路面承受特重交通荷载的能力，又可以提高行车舒适性和路面抗滑性能，且路面在使用过程中维修简单方便，可真正实现长寿命高耐久路面，路面也可以采用钢筋混凝土和连续配筋混凝土。

(6)普通混凝土路面，所有横向缩缝均应设置传力杆以改善接缝传荷能力、减少横向错台，同时应缩短拉杆的设置间距。普通混凝土路面由于自身的特点须设置大量的接缝，这些接缝的存在使混凝土板边板角成为混凝土板的薄弱环节，因此还应加强接缝区域、路面边缘及角隅部位的补强设计。

(7)提高重载交通公路水泥混凝土路面结构设计标准。目前山西省内重载交通公路路面结构未能充分考虑交通荷载、外界环境和经济环境等因素，造成许多新建路面使用不足3年便进入大修期，严重影响了水泥混凝土路面的进一步发展。

(8)路面结构设计中，还应结合当地交通荷载和物流特点等进行分车道结构设计，以提高路面设计的科学性、技术性和经济性。路面调查中常发现，水泥路面一侧存在很长纵向裂缝及由此引发的其他路面病害，而另一侧路面经过多年行车荷载作用，无大的病害，此现象说明，根据不同的交通荷载和运输能力，有目的性的设计具有其合理性。夏汾、大新高速公路未按此设计,致使重载方向路面病害非常严重。

(9)加强路面防排水设计和材料选择。可通过选择更耐冲刷的基层材料和耐久性优良的接缝材料,或在基层顶面设置防水封闭层,增设路面边缘排水系统来提高基层材料的抗疲劳性能、抗变形性能和抗冲刷性能。研究表明:目前重载混凝土路面大量病害产生的原因主要是板底脱空,当混凝土板角或板边脱空时,同样荷载作用在该位置时应力大增,甚至出现一次性破坏。京大高速公路采用预制橡胶嵌缝条且没有设封层,预制橡胶嵌缝条与混凝土缝壁黏结力不好,接缝材料耐老化性和弹性差,目前基本已失去使用功能,大量的雨水和车辆降温洒水顺着接缝渗入基层顶面形成动水压,加速对基层的冲刷,最终在混凝土板角或板边形成脱空导致路面出现开裂和断板。

(10)重视混凝土路面的预防性养护,延长道路使用寿命。以接缝材料为例,焦油型聚氨酯材料的使用寿命为2~3年,加入耐老化剂的优质聚氨酯材料的使用寿命为3~5年,而硅酮类材料性能最为优异,使用寿命为6~10年,虽然目前材料没有国产化,一次性投入较高,但从使用寿命和节约维护费用角度分析其性价比最高。作为公路管理部门应及时对接缝材料使用状况进行检查并及时更换破损和已老化接缝材料,否则材料老化后接缝渗水使路面破损造成的经济损失将更大。

第3章 重载交通特性及轴载分析

重载交通车辆轴重大、轮压高、多轴化，交通量增长率远大于预期，加上超载严重，致使水泥混凝土路面在3～5年内就损坏严重，出现破碎、断裂、错台和表面磨光等现象。道路车道数和道路服务水平无法满足日益增长的重载交通需求，面临着修复改建的任务。

轴载数据是路面结构设计的主要依据之一，理清各种车辆轴载类型、轴载分布，尤其是超重载车辆的轴载分布规律，提出当量设计轴载的概念，建立基于车辆轴载谱统计特征的当量设计轴载换算关系，较准确地预估路面在设计使用期内的当量设计轴载累计作用次数，对于设计重载交通水泥混凝土路面结构，提高道路使用性能和寿命极为重要。

3.1 车辆轴载限制标准与重载车辆分类

国家强制性标准《道路车辆外廓尺寸、轴荷及质量限值》(GB 1589—2004)与交通部颁布的《超限运输车辆行驶公路管理规定》规定了我国道路(公路与城市道路)上行驶的各类载货车辆的总质量和轴荷最大限值，如表3-1所示。其中，单轴双轮组允许最大轴重为100kN，为我国公路水泥(沥青)路面的设计标准轴载。

国内道路车辆允许总质量和最大轴荷(t)　　表3-1

总质量最大限值(t)						轴荷最大限值(t)		
货车		挂车		汽车列车		轴型	单轮	双轮组
两轴	16	两轴全挂	20	四轴	35	单轴	6	10
三轴	25	两轴半挂	35	五轴	43	双联轴	10	18
四轴	31	三轴半挂	40	六轴	49	三联轴	12	22
						半挂双联轴		20

对于公路水泥混凝土路面结构而言，单轴 40kN、双轴 80kN 以下轻型客货车对路面结构损坏影响不大，因此，可不考虑轻型货车和客车，仅关注中、重型货车。货车按照车辆的牵引方式，可分为整车、半挂车（牵引车）和全挂车三大类。整车类根据车辆的额定载重分为中型、重型。其中，重型整车又可分为单后轴和双后轴两种。半挂车类根据车辆轴型分为三轴半挂、四轴半挂等，全挂车一般前后两轴。

上述各类型车辆的图式和代表车型如图 3-1 示意。按轴型不同，可将车辆荷载分为单轴单轮、单轴双轮、双轴双轮和三轴双轮等四种类型，如图 3-2 所示。

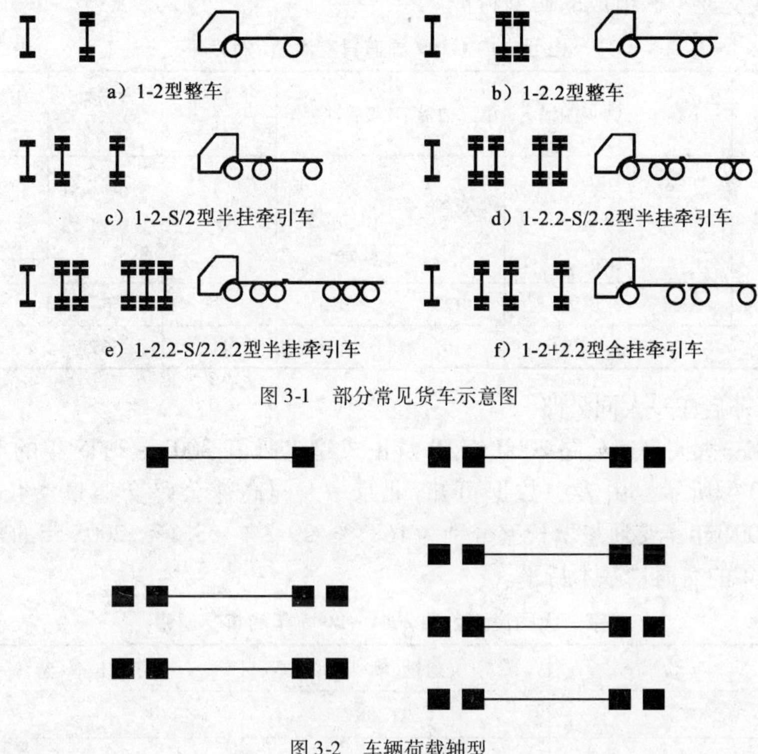

a）1-2型整车　b）1-2.2型整车

c）1-2-S/2型半挂牵引车　d）1-2.2-S/2.2型半挂牵引车

e）1-2.2-S/2.2.2型半挂牵引车　f）1-2+2.2型全挂牵引车

图 3-1　部分常见货车示意图

图 3-2　车辆荷载轴型

3.2　交 通 调 查

重载交通调查内容包括交通量、车型、轴型组成、轴重及轮压等，着重对山西省境内 G109 国道、北京—大同高速公路、孙启庄—大同高速公路和夏家营—汾阳高速公路等三条重载交通路面的货车交通量、轴重和轮压等进行调查。

3.2.1 交通量调查

(1)G109 国道

G109 国道日交通量(2006 年)和车型组成调查结果如表 3-2 所示。调查结果表明,山西省境内 G109 国道改线段双向日交通量差异不大,北京—云冈方向以空驶车辆为主,只有少数装载建材或设备的车辆。而云冈—北京方向以大型运煤车辆为主,主要运煤车型为双后轴货车、双后轴全挂车、集装箱式货车,分别占总交通量的 44.6%、28.9%、11.2%,总计占所有交通量的 85% 左右,呈现出运煤重载交通车辆组成的典型特征。

山西省内 G109 国道日交通量(辆) 表 3-2

车型分类	小客车	农用车	单后轴货车	双后轴货车	单后轴全挂车	双后轴全挂车	集装箱式货车
代表车型	—	—	东风、解放、福田	东风、福田、解放、红岩	东风	东风、红岩、斯太尔王	解放、斯太尔王、福田、红岩
北京—云冈	128	59	123	996	7	554	200
云冈—北京	124	59	107	873	11	565	219

(2)孙启庄—大同公路

北京—大同高速公路 2000 年 10 月正式建成通车,2001 ~ 2005 年的年交通量如表 3-3 所示。由表中数据可知:北京—大同高速公路交通量增长较快,2002 ~ 2004 年年交通量增长率分别为 16.3%、29.8%、65.1%,2005 年的交通量与 2004 年的交通量基本持平。

北京—大同高速公路 2001 ~ 2005 年的年交通量 表 3-3

年 份	交通量(辆/年)	年增长率(%)
2001	1 297 438	—
2002	1 508 708	16.3%
2003	1 958 679	29.8%
2004	3 233 441	65.1%
2005	3 141 766	-2.8%

北京—大同高速公路作为晋煤外运的主要通道,沿途西河、大运互通、马连庄、西坪均有大量运煤车辆驶入,其中,孙启庄站出口通行量统计如表 3-4 所示。

北京—大同高速公路孙启庄出口 2003 ~ 2005 年通行量统计　　表 3-4

车型	轴—轮型	2003 年	2004 年	2005 年
A	2 轴 4 轮	152 999	281 681	284 904
B	2 轴 4 轮	18 890	21 394	17 820
C	2 轴 6 轮	28 875	44 168	44 936
D	2 轴 6 轮/3 轴≤8 轮	124 264	131 939	49 404
E	≤4 轴，>8 轮≤10 轮	160 535	168 768	55 619
F	≤4 轴，>10 轮≤14 轮	42 869	218 914	314 294
G	≥5 轴	5 547	24 012	59 370
H	≥6 轴	21 696	25 642	32 706
合计		555 675	916 518	859 053

由表 3-4 可知，2003 ~ 2005 年间，E 型车比例下降近 1/3，而 F 型（前 4 后 8）车 2004 年、2005 年较 2003 年分别增长至 4.1 倍和 6.3 倍，G 型车 2004 年、2005 年也较 2003 年分别增长至 3.3 倍和 9.7 倍，H 型车 2004 年、2005 年也较 2003 年分别增长 18% 和 51%。

（3）夏家营—汾阳高速公路

夏家营至汾阳高速公路是青岛至银川国道主干线的重要组成部分，也是山西省公路主骨架中的一横，又是吕梁市出口路的主要路段，起点接太原至祁县高速公路，终点与汾阳至军渡高速公路相连，并与国道 307 线、汾阳至孝义一级公路以及在建的平榆高速公路形成网络。夏家营—汾阳高速公路日交通量和车型组成调查结果如表 3-5 所示。

夏家营—汾阳高速公路日交通量和车型组成（辆）　　表 3-5

车型	轴 — 轮 型	左幅车道	右幅车道	小计	比例
A	2 轴 4 轮	3 441	3 371	6 812	45.9%
B	2 轴 4 轮	779	695	1 474	9.9%
C	2 轴 6 轮	1 044	862	1 906	12.9%
D	2 轴 6 轮/3 轴≤8 轮	193	161	354	2.4%
E	≤4 轴，>8 轮≤10 轮	86	130	216	1.5%
F	≤4 轴，>10 轮≤14 轮	514	801	1315	8.9%
G	≥5 轴	724	681	1 405	9.5%
H	≥6 轴	632	716	1 348	9.1%
总计	—	7 413	7 417	14 830	

从表3-5可以看到，左右幅交通量基本相同，左幅7 413辆/日，右幅7 776辆/日。从交通组成来看，A类车约占46%，C、D类车约占15%，E、F、G和H类车合计约占30%。

3.2.2 车辆轴载调查

对山西省境内G109国道和夏家营—汾阳段的运煤车辆轴载谱进行调查，按轴型分类，G109国道的轴载谱如图3-3所示，夏家营—汾阳段的轴载谱如图3-4所示。

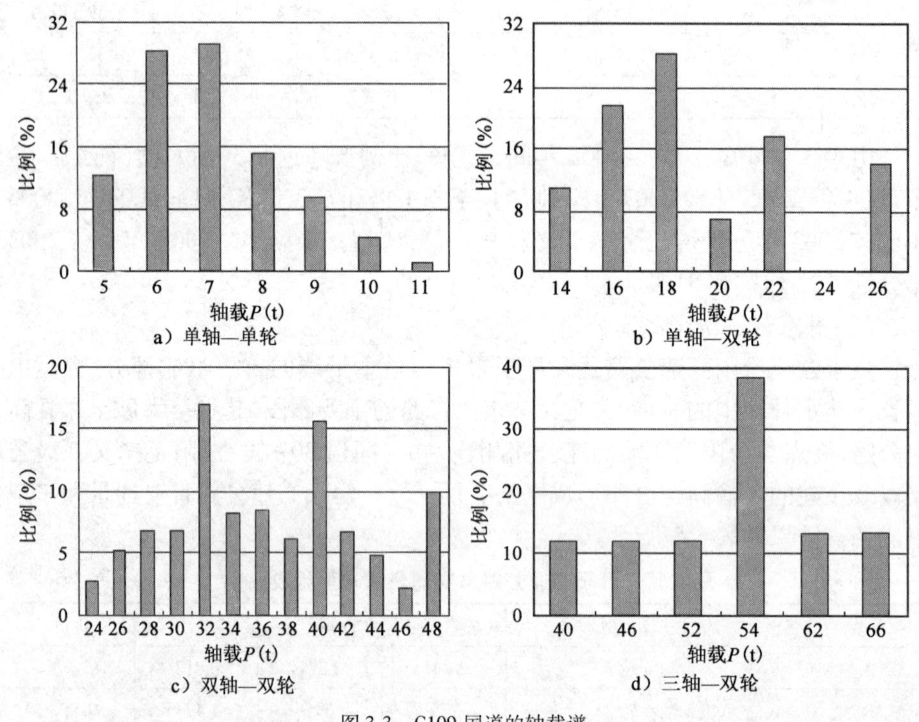

图3-3 G109国道的轴载谱

由图3-3可知，按轴—轮型分类，山西省境内G109国道各种轴—轮型的轴载没有明显的正态分布特性。对单轴—单轮而言，低于国家最大轴载限值(6t)的比例约占40.7%，超过6t的比例为59.2%；单轴—双轮、双轴—双轮和三轴—双轮，均100%超过国家最大轴载限值(10t、18t和22t)。

由图3-4可知，夏家营—汾阳段除双轴—双轮外，其他三种轴—轮型轴重均具有明显的正态分布特性，就单轴—单轮来说，低于国家最大轴载限值(6t)的比例约占90.2%，超过6t的比例为9.8%；单轴—双轮低于国家最大轴载限值

(10t)比例约占42%,超过10t的比例为58%;双轴—双轮和三轴—双轮,均100%超过国家最大轴载限值(18t和22t)。

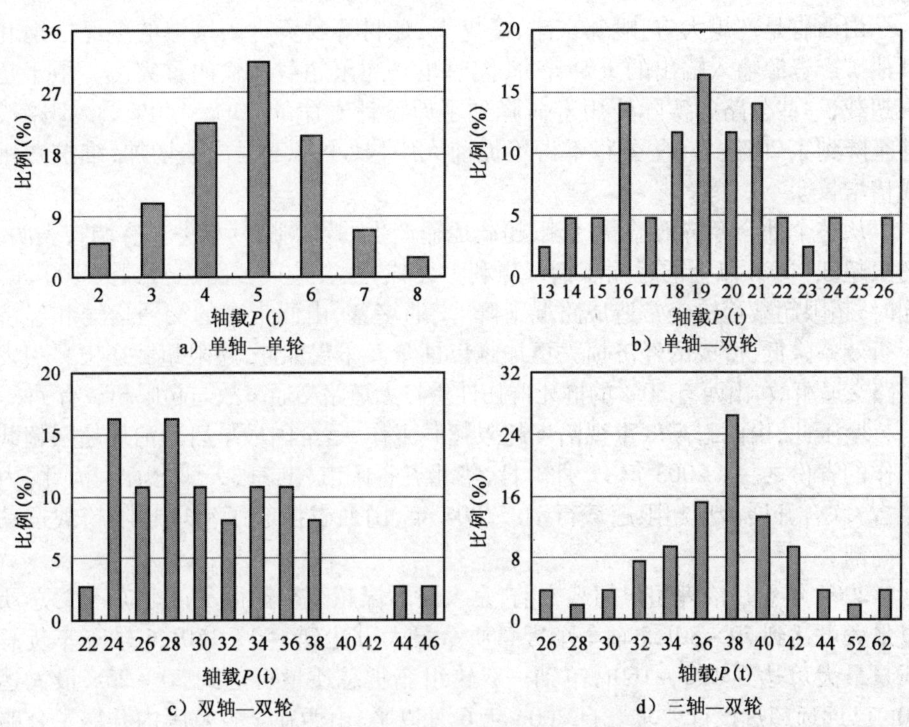

图3-4 夏家营—汾阳高速公路的轴载谱

山西省境内G109国道、夏家营—汾阳高速公路车辆轴载谱统计特征参数如表3-6所示。

G109国道、夏家营—汾阳高速公路车辆轴载谱统计特征参数　　表3-6

专线名	轴轮型	E_P(t)	σ_P(t)	C_{vP}
G109国道	单轴—单轮	6.98	1.38	0.198
	单轴—双轮	19.10	3.70	0.194
	双轴—双轮	36.28	6.60	0.182
	三轴—双轮	53.76	7.69	0.143
夏家营—汾阳	单轴—单轮	4.84	1.35	0.280
	单轴—双轮	19.06	3.06	0.161
	双轴—双轮	30.73	5.75	0.187
	三轴—双轮	37.97	6.64	0.175

3.2.3 最大载重与轮压

山西省是产煤大省,毗邻京津,是煤炭、建材等物资进入京津的必经之地和其他矿产资源输入输出的重要省份,同时也是超限超载运输的重灾区。由于超限超载,一些公路的实际使用寿命降到了原设计寿命的60% ~40%,个别路段甚至降到了20%。一些公路不得不提前大中修,小修工程成倍增加,维护费用成倍增长。

从整个社会经济效益看,超限超载运输产生的影响极其恶劣。有调查表明,超限超载100%以上的运输车辆每赢利1元钱,就会造成公路运营损失100元。同时,超限超载运输经常造成路况下降、交通堵塞,由此带来的交通运输和经济运行效率降低,造成的经济损失更加难以估量。不仅如此,超限超载还极易引发道路交通事故,山西有50%的群死群伤性重特大道路交通事故与超限超载有关。

鉴于此,山西省高度重视治理超限超载工作,是全国最早启动治理超限超载工作的省份之一。2003年12月1日,华北五省区市(北京、天津、山西、河北、内蒙古)联合开展治理超限超载行动。2004年,山西省掀起了治理超限超载运动的高潮。

2004年6月治理超限超载之前,京大路运煤超载车辆很多,4轴车车货总质量最大可达到70~80t,5轴车车货总质量最大可达到140~150t,6轴车车货总质量最大可达到150~160t,单轴—双轮组车货总质量可达到20~25t,最大达30t,已远远超过设计要求。自2004年6月以来,山西在全省范围内开展了公路治理超限超载活动,2006年9月7日,大同市G109改线圣水沟超限检测点的轴重检测结果如表3-7所示。2006年8月8日,临汾市省道台运线襄汾超限检测点的轴重检测结果如表3-8所示。

大同市G109改线圣水沟超限检测点的轴重检测结果(t) 表3-7

车型 \ 轴型	单轴—单轮	单轴—双轮	双轴—双轮	三轴—双轮	总轴重
前4后8	4.4~9.4	—	27.6~47.3	—	39.4~65.6
双后轴全挂车	6.3~9.1	14.5~26.1	33.6~39.5	—	71.4~91.2
6轴集装箱货车	5.8~6.8	—	24.1~33.6	41.8~55.4	73.1~94.9

临汾市省道台运线襄汾超限检测点的轴重检测结果(t) 表3-8

车型 \ 轴型	单轴—单轮	单轴—双轮	双轴—双轮	三轴—双轮	总轴重
前4后8	7.4~12.8	—	39.8~58.2	—	58.1~81.5
6轴全挂货车	5.8~6.8	11.8~20.5	24.1~39.8	—	73.1~94.9
7轴全挂货车	7.5~13.2	23.5~34.5	36.0~59.7	—	136.5~161.7

由表3-7和表3-8可知，同治理超限超载前相比，货运车辆最大载质量有一定幅度下降，但仍然超载严重。大同市G109改线段单轴—单轮轴载质量最大值是国家最大轴载限值的1.6倍；单轴—双轮轴载质量是国家最大轴载限值的1.5～2.6倍；双轴—双轮轴载质量是国家最大轴载限值的1.3～2.6倍，三轴—双轮轴载质量是国家最大轴载限值的1.9～2.5倍。而临汾市省道台运线单轴—单轮轴载质量最大值是国家最大轴载限值的2.2倍；单轴—双轮轴载质量是国家最大轴载限值的1.2～3.5倍；双轴—双轮轴载质量是国家最大轴载限值的1.3～3.3倍。

对于山西省运煤干道而言，为获取超额运输利润，运煤车辆几乎全部改装，加高车厢，使用高压轮胎，进行超载运输。根据调查，多数运煤车辆轮胎充气压力为1.4～1.5MPa，推算轮胎接地压力约为1.3～1.4MPa。

3.3　各类轴型的设计轴载

路面设计时使用累计当量轴载作用次数来设计车辆作用次数，以满足理论上设计年限的要求。但在道路上行驶的车辆类型很多，所以必须选定一种标准轴载，对不同类型轴载的作用次数用标准轴载作用次数统一量化。根据道路运输车辆的现状及发展趋势，我国路面设计以双轮组单轴载100kN为标准轴载，以BZZ-100表示。

当把各种轴载换算为标准轴载时，为使换算前后轴载对路面的作用达到相同的效果，应该遵循两项原则：第一，换算以达到相同的临界状态为标准，即对同一种路面结构，甲轴载作用 N_1 次后路面达到预定的临界状态，路面弯沉为 L_1，乙轴载作用路面达到相同临界状态作用次数为 N_2，弯沉为 L_2，此时甲乙两种轴载作用是等效的。则应按此等效原则建立两种轴载作用次数之间的换算关系；第二，对某一种交通组成，不论以哪种轴载的标准进行轴载换算，由换算所得轴载作用次数计算的路面厚度是相同的。

3.3.1　当量标准轴载作用次数

路面结构设计的当量标准轴载作用次数 N_s 的计算式：

$$N_s = \sum_{i}^{k} a_i N_i \left(\frac{P_i}{P_s}\right)^{n_i} \tag{3-1}$$

式中：k——轴型和轴载级位数；

P_i、N_i——i 类轴型的轴载量和作用次数；

P_s——标准轴载；

a_i——与路面结构有关的轴—轮型系数，如表 3-9 所示；

n_i——与路面结构有关的换算指数。

与路面结构有关的换算指数 n_i 取值如下：对半刚性基层，$n_1 = n_2 = n_3 = n_4 = 8$；对水泥混凝土面层，单轴单轮、单轴双轮和多轴作用时有所不同，分别为 $n_1 = 15.53$，$n_2 = 16$，$n_3 = n_4 = 15.78$。

与路面结构有关的轴—轮型系数 a_i 表 3-9

路面结构类型	单轴—单轮	单轴—双轮	双轴—双轮	三轴—双轮
	a_1	a_2	a_3	a_4
半刚性基层	18.5	1.0	3.0	5.0
水泥混凝土面层	$4.46 \times 10^3 P^{-0.43}$	1.0	$0.061P^{0.12}$	$0.034P^{0.12}$

在已知各类轴型的轴载谱的条件下，只需按轴型划分单轴单轮、单轴双轮、双轴双轮和三轴双轮 4 类，式(3-1)改写为：

$$N_S = \sum_{i=1}^{4} \varphi_i N_i \tag{3-2}$$

$$\varphi_i = a_i \left(\frac{P_e^i}{P_S} \right)^{n_i} \tag{3-3}$$

$$P_e^i = \left[\int_0^{Pi} \max P^{n_i} f_P^i dP \right]^{\frac{1}{n_i}} \tag{3-4}$$

式中：φ_i——i 类轴型的当量标准轴载作用次数系数；

P_e^i——i 类轴型的疲劳等效当量轴载。

3.3.2 设计轴载

式(3-2)中当量标准轴载作用次数系数 φ(以下简称轴型当量次数)除了与轴载谱、轴载换算指数有关之外，还与标准轴载的轴—轮型以及轴重有关，且数值上变化幅度很大。采用仅与轴载谱、轴载换算指数有关的疲劳等效当量轴载 P_e^i 来表征 i 类轴型作用对路面结构的损伤作用显得更直观。因此，建议采用疲劳等效当量轴载 P_e^i 作为表征轴载谱的主要指标，并简称为 i 类轴型的设计轴载。

将测得的轴载谱代入式(3-2)得到山西省运煤专线(G109 国道、夏家营—汾阳段)的各类轴型的当量次数系数(标准轴载取 100kN 的单轴双轮荷载)和设计轴载值如表 3-10 所示。

各类轴型的当量次数系数 φ 和设计轴载 P_e(kN)　　表 3-10

专线名	路面结构类型	单轴单轮		单轴双轮		双轴双轮		三轴双轮	
		P_e	φ	P_e	φ	P_e	φ	P_e	φ
G109国道	半刚性基层	79.2	171	234.3	908	435.2	3 503	622.6	20 563
	水泥混凝土面层	87.1	233 687	241.8	1 362 011	442.9	183 468	622.6	973 273
夏家营—汾阳	半刚性基层	58.5	15	206.3	328	376.8	1 107	477.4	2 458
	水泥混凝土面层	65.1	2 950	221.0	324 437	396.5	31 355	528.2	69 643

由表 3-10 可知,山西省运煤专线(G109 国道、夏家营—汾阳高速公路)的车辆超载超限非常严重,无论是何种路面结构,任何种类轴型的设计轴载均超过其法定轴荷限量,尤其是单轴、双轴、三轴双轮的设计轴载达 2.06 ~ 2.83 倍的法定轴荷限量;从当量次数系数 φ 的角度来考察,更为严重,所有 φ 值均大于 1,最大高达 136 万,也就是说,超过 1/2 轴荷限量的车辆作用一次对路面结构的平均损伤,与 100kN 标准轴载作用 15 ~ 20 563(半刚性基层)次,2 950 ~ 1 362 011(水泥混凝土面层)次相当。

3.4　标准轴载作用次数估算

3.4.1　轴型次数计算

大于 1/2 倍、1 倍轴限,不同交通量(通过量)的轴型次数 N_i(i 为轴型序号,$i=1$ 为单轴单轮,$i=2$ 为单轴双轮,$i=3$ 为双轴双轮,$i=4$ 为三轴双轮)的计算式为:

$$N_i^{\frac{1}{2}} = \sum_k \sum_j n_k \theta_{kj} t_{kji} \gamma_{ji} \tag{3-5}$$

$$N_i^1 = \sum_k \sum_j n_k \theta_{kj} \beta_{kji} \gamma_{ji} \tag{3-6}$$

式中:n_k——第 k 类车型(按收费分类)的交通量;

t_{kji},β_{kji}——第 k 类车型(按收费分类)转换为 j 类车型(按轴型分类)后 i 类轴型大于 1/2 倍和 1 倍轴限的比例;

γ_{ji}——j 类车型(按轴型分类)的 i 类轴型的轴数,如表 3-11 所示。

γ_{ji} 统 计 表 表 3-11

轴数	车 型	j	$i=1$	$i=2$	$i=3$	$i=4$
2	1－1	1	2	0	0	0
2	1－2	2	1	1	0	0
3	1－2.2	3	1	0	1	0
3	1－2－S/2	4	1	2	0	0
5	1－2－S/2.2.2	5	1	1	0	1
6	1－2.2－S/2.2.2	6	1	0	1	1

根据公式则可通过收费站各类车辆的交通量推演出各种轴载的通过量。N_i 的期望和方差按下式计算：

$$E(N_i^{1/2}) = \sum_k \sum_j n_k E_{\theta_{kj}} E_{t_{kji}} \gamma_{ji} \tag{3-7}$$

$$E(N_i^1) = \sum_k \sum_j n_k E_{\theta_{kj}} E_{\beta_{kji}} \gamma_{ji} \tag{3-8}$$

$$\sigma(N_i^{1/2}) = \sqrt{\sum_k \sum_j n_k^2 \gamma_{ji}^2 (E_{\theta_{kj}}^2 \sigma_{t_{kji}}^2 + E_{t_{kji}}^2 \sigma_{\theta_{kj}}^2 + \sigma_{\theta_{kj}}^2 \sigma_{t_{kji}}^2)} \tag{3-9}$$

$$\sigma(N_i^1) = \sqrt{\sum_k \sum_j n_k^2 \gamma_{ji}^2 (E_{\theta_{kj}}^2 \sigma_{\beta_{kji}}^2 + E_{\beta_{kji}}^2 \sigma_{\theta_{kj}}^2 + \sigma_{\theta_{kj}}^2 \sigma_{\beta_{kji}}^2)} \tag{3-10}$$

3.4.2 当量标准轴载作用次数系数

知道了道路全断面各型车(收费标准分类)的年平均日车辆数 n_k，可用式(3-2)计算各车型的轴载作用次数，再应用式(3-1)，得到全断面日标准轴载作用次数 N_s。在车型比例(收费标准分类)稳定的情况下，年平均日车辆数 n_k 可由下式计算：

$$n_k = \hat{\theta}_k \text{AADT} \tag{3-11}$$

式中：$\hat{\theta}_k$——各型车的比例(收费标准分类)；

AADT——全断面年平均日交通量。

将道路全断面日标准轴载作用次数与其年平均日货车交通量 ADTL(为年平均日交通量扣除第一、二类车的日平均交通量)的比值记为 χ，χ 称为车辆综合标准轴载次数系数，如下式所示：

$$\chi = \frac{N_s}{\text{ADTL}} \tag{3-12}$$

$$\text{ADTL} = \text{AADT} - n_1 - n_2 \tag{3-13}$$

式中：n_1、n_2——第一、二类车的日平均交通量。

知道了设计车道的车辆综合标准轴载次数系数和年平均日货车交通量，就可以估算标准轴载作用次数 N_s。

第4章 重载交通普通混凝土路面结构力学分析

依据重载交通水泥混凝土路面结构破坏特征(面层、基层疲劳开裂和土基不均匀沉降等)和重载车辆轴重大、轮压高和多轴化的特点,建立了双层水泥混凝土路面结构分析三维模型,讨论了模型网格划分、单元精度以及应力收敛性等问题,分析了交通荷载(特重)和环境因素(温度变化)作用下水泥混凝土路面结构的荷载应力和温度应力变化规律,以控制面层和基层综合疲劳破坏作为设计准则,探讨了重载水泥混凝土路面的设计方法,为重载水泥混凝土路面典型结构的提出奠定基础。

4.1 重载交通普通混凝土路面结构力学模型

舍弃上面关于板的众多假定,直接将面层、基层视为支承于稠密液体地基之上的实体。以弹性力学的一般平衡微分方程、几何方程、本构关系及边界条件为基础建立三维实体分析模型。

依据运煤重载道路路面结构损坏的特点,以及运煤重载车辆的荷载特征(轴重大、轮压高和多轴化)分析,建立了适应超重荷载作用下的刚性基层上水泥混凝土路面结构力学分析模型——考虑基层超宽影响的平面尺寸不等多层地基板模型,如图4-1所示。

图4-1为不等尺寸双层路面板结构的力学模型示意图。图4-1a)中,h_1、E_1、v_1分别为面层板的厚度、弹性模量和泊松比;h_2、E_2、v_2分别为基层的厚度、弹性模量和泊松比;k(E_0、v_0)为k地基的反应模量(E_0为地基的回弹模量,v_0为泊松比)。图4-1b)中,L、B分别为面板长度与宽度;L_{a1}、L_{a2}、B_{a1}、B_{a2}分别表示四边的基层超宽量。

该路面结构力学分析模型具有如下特点:

(1)能够分析面层和基层的温度、荷载应力变化;

(2)能够分析基层超宽的影响;

(3)可以分析任意的层间接触状况变化。

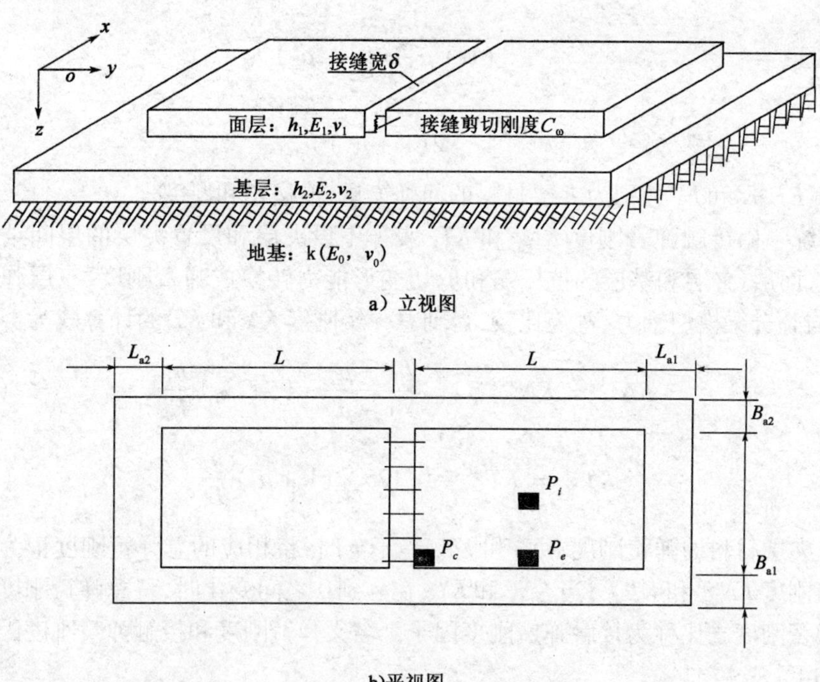

图4-1 力学模型示意图

因此,应用该模型可模拟面层板的断裂、基层板的疲劳开裂,基层或垫层冲刷脱空等;确定路面结构的临界破坏点。为超重荷载作用下的刚性基层上水泥混凝土路面结构分析和设计奠定了基础。

4.1.1 单元类型和层间接触处理

路面结构分析应用有限元方法,采用通用软件 ANSYS。水泥混凝土板面层、基层和土基用空间 20 结点 6 面体单元——solid186 单元(三维模型)模拟。层间联系用接触单元 targe170 和 conta174 来模拟。Winkler 地基采用 surface154 单元来模拟。

接触单元相当于在上下界面节点间设置法向和切向弹簧,采用层间法向和切向接触弹簧刚度表征。层间不设夹层,沥青面层与水泥混凝土路面板基层的接触状况有结合、光滑和介于二者之间的半结合等情形。完全结合,层间接触弹簧刚度应为∞,当其在∞到 0 之间变化时,可模拟层间接触从结合、半结合到光滑的各种状态。层间设置夹层,夹层材料的接触弹簧刚度 KN_3 和 KT_3 计算式为:

$$KN_3 = \frac{1-\mu_3}{(1+\mu_3)(1-2\mu_3)}\frac{E_3}{h_3} \tag{4-1}$$

$$KT_3 = \frac{1}{2(1+\mu_3)}\frac{E_3}{h_3} \tag{4-2}$$

式中：E_3、μ_3 和 h_3 分别为夹层材料的回弹模量、泊松比和厚度。

统一用接触弹簧刚度 KN_3 和 KT_3 表征不设夹层和设置夹层的层间结合状况，将面层、夹层和基层的抗压缩和剪切变形能力转换成弹簧刚度，三层弹簧串联，与叠合梁模型轴力、弯矩比较，得到总弹簧刚度 KN 和 KT 的计算式为：

$$KN^{-1} = KN_3^{-1} + 2\sum_{i=1}^{2}\frac{(1+\mu_i)}{1-\mu_i}(1-2\mu_i)\frac{h_i}{E_i} \tag{4-3}$$

$$KT^{-1} = KT_3^{-1} + 0.125\sum_{i=1}^{2}(1+\mu_i)\frac{h_i}{E_i} \tag{4-4}$$

夹层材料的弹簧刚度 KN_3 和 KT_3 趋于∞时，将相应的总弹簧刚度记为名义弹簧刚度 KN_{max} 和 KT_{max}；当 KN_3 和 KT_3 在∞到0之间变化时，将总弹簧刚度与名义弹簧刚度之比称为接触弹簧刚度因子。名义弹簧刚度和接触弹簧刚度因子计算如下：

$$KN_{max}^{-1} = 2\sum_{i=1}^{2}\frac{(1+\mu_i)}{1-\mu_i}(1-2\mu_i)\frac{h_i}{E_i} \tag{4-5}$$

$$KT_{max}^{-1} = 0.125\sum_{i=1}^{2}(1+\mu_i)\frac{h_i}{E_i} \tag{4-6}$$

$$FKN = KN/KN_{max} \tag{4-7}$$

$$FKT = KT/KT_{max} \tag{4-8}$$

式中：FKN——层间接触弹簧法向刚度因子；

FKT——层间接触弹簧切向刚度因子。

水泥混凝土面层与基层之间的层间接触弹簧刚度因子取值范围如表 4-1 所示。

接触弹簧刚度取值范围 表 4-1

层 间 条 件	法向弹簧刚度因子	切向弹簧刚度因子
结合	1	1
光滑	1	0
半结合	0.1 ~ 1	0.001 ~ 1

4.1.2　单元精度和收敛性

面层和基层可采用较好反映单元弯曲形变的20节点实体单元或薄板单元；层间接触状况采用8节点（或4节点）接触单元，在考虑面、基层间竖向可能出现脱开时，采用迭代方法将层间拉力撤去；多块路面板纵、横接缝间的荷载传递效应采用剪切弹簧模拟；地基采用弹簧单元（k地基）或20节点实体单元（E地基）。单块路面板结构的实体模型网格划分如图4-2所示。

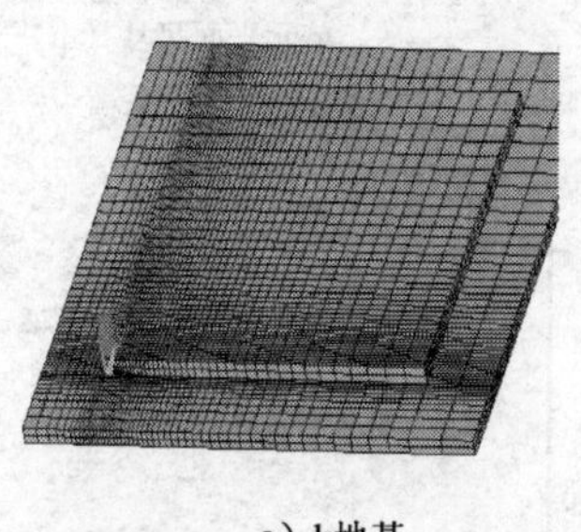

a）k地基

b）E地基

图4-2　实体模型网格划分

下面通过一典型不等平面尺寸双层结构在局部方形荷载位于面层边缘中部、角隅、板中央（见图4-1b）中的荷载位置 e、c、i）的算例，考察20节点实体单元和薄板单元的有限元解收敛性与合适的单元尺寸。例子中的结构参数为：$L=B=5\text{m}$，$h_1=0.22\text{m}$，$E_1=30\,000\text{MPa}$，$v_1=0.15$；$h_2=0.20\text{m}$、$E_2=3\,000\text{MPa}$、$v_2=0.25$，$L_{a1}=L_{a2}=B_{a1}=B_{a2}=1\text{m}$；k地基的反应模量是 $k=30\text{MN/m}^3$；局部方形荷载的接地面积为 0.04m^2。不等尺寸双层板各结构层最大荷载应力比 λ_i（$i=1$、2分别表示面层和基层）随单元尺寸减小变化的曲线见图4-3。图4-3中的横坐标为单元平面长、宽尺寸，纵坐标是以单元平面尺寸 $0.025\text{m}\times0.025\text{m}$ 为基准的弯曲应力相对比 λ_i。

计算结果表明，采用薄板单元时，面层最大弯曲应力在单元平面尺寸小于 $0.1\text{m}\times0.1\text{m}$ 时的误差可控制在2%之内，而基层弯曲应力的收敛稍慢一些，单元平面尺寸需小于 $0.05\text{m}\times0.05\text{m}$ 才能确保误差小于2%；对于20节点实体单元来说，欲达到与薄板单元相近的精度要求，即误差小于2%，除了平面尺寸与板单元相同之外，面、基层层厚方向还需划分四层。

4.1.3　基层超宽的影响

采用刚性、半刚性材料作基层，基层平面尺寸往往比面层大，即基层是超宽

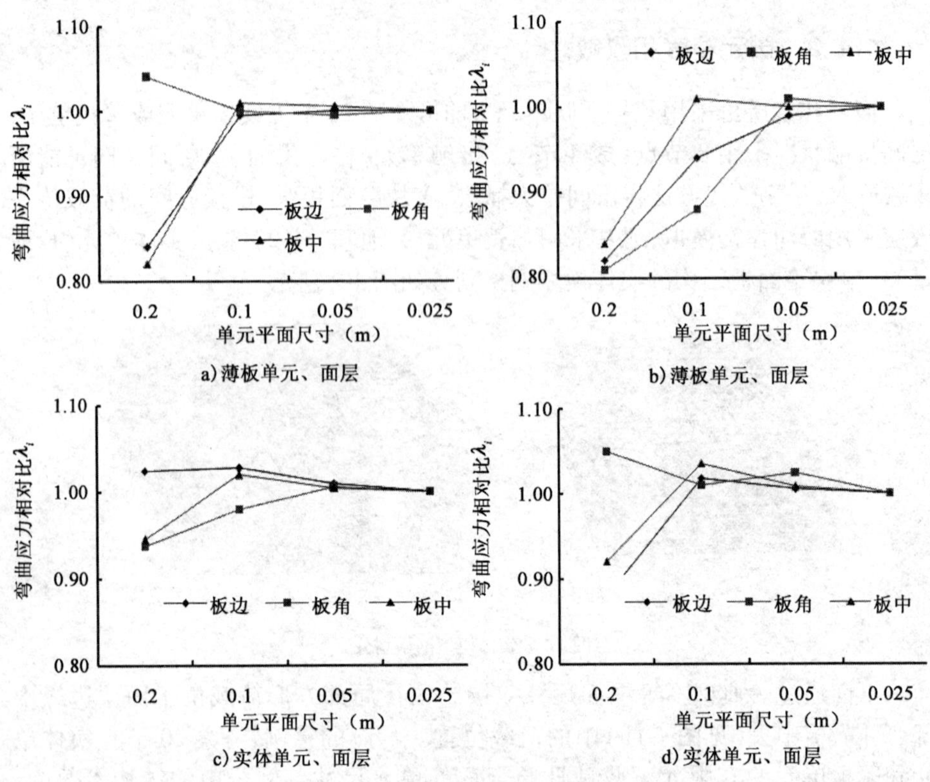

图 4-3　不等尺寸双层板弯曲应力收敛图

的，根据超宽方向的不同分为横向超宽和纵向超宽（如图 4-1 所示），对于半刚性基层，基层除了纵向超宽，还有横向超宽；刚性基层，由于要设置对应的横缝，基层仅有横向超宽。考虑基层纵横等向超宽和基层横向超宽两种情形，定义基层超宽对面层和基层自身应力的影响系数ξ如下：

$$\xi_i = \frac{\sigma_{ip\max} - \sigma_{ip\max}^0}{\sigma_{ip\max}^\infty - \sigma_{ip\max}^0} \qquad i = 1,2 \tag{4-9}$$

式中：$\sigma_{1p\max}$、$\sigma_{1p\max}^0$——面层板在基层超宽和无超宽时的最大荷载应力；

$\sigma_{2p\max}$、$\sigma_{2p\max}^0$——基层板超宽和无超宽的最大荷载应力；

$\sigma_{1p\max}^\infty$、$\sigma_{2p\max}^\infty$——基层无限超宽时面层板和基层板的最大荷载应力。

对常用路面结构：$E_1 = 30\ 000\text{MPa}$，$h_1 = 0.20 \sim 0.30\text{m}$，$E_2 = 3\ 000 \sim 28\ 000\text{MPa}$，$h_2 = 0.12 \sim 0.20\text{m}$，$k = 30 \sim 240\text{MN/m}^3$。大量计算表明，基层超宽降低了面层的应力，但却增大了基层自身的应力。纵横向等量超宽，比值 $\sigma_{1p\max}^\infty/$

$\sigma_{1p\max}^{0}=0.20\sim0.35$，$\sigma_{2p\max}^{\infty}/\sigma_{2p\max}^{0}=3.0\sim5.0$；横向单侧超宽，比值 $\sigma_{1p\max}^{\infty}/\sigma_{1p\max}^{0}=0.60\sim0.72$，$\sigma_{2p\max}^{\infty}/\sigma_{2p\max}^{0}=3.9\sim5.5$。基层超宽影响系数 ξ 与 B_a/r_2 之间有较好的相关关系（图4-4中散点为有限元计算值，曲线代表拟合线）。

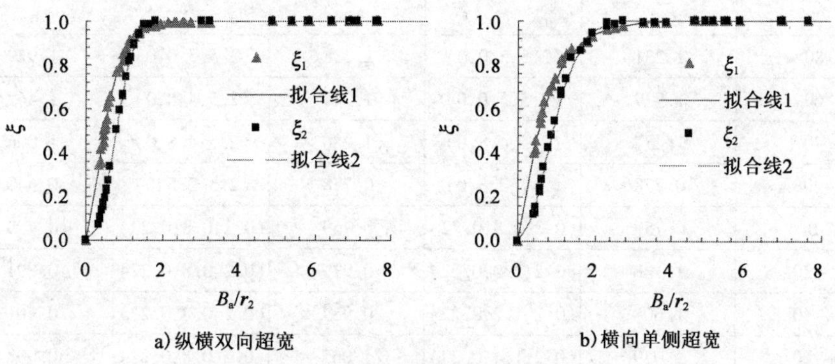

图4-4　基层超宽系数 $\xi\sim B_a/r_2$ 关系曲线

从图4-4中可见，基层纵横双向超宽和横向单侧超宽对基层超宽系数有一定程度的影响。基层超宽系数 ξ 近似计算式如下：

$$\xi_i=1-\exp\left[-c_i\cdot\left(\frac{B_a}{r_2}\right)^{d_i}\right]\tag{4-10}$$

式中：c、d——回归常数。

对应于超宽系数 ξ_1，基层纵横向超宽，$c_1=1.89$、$d_1=1.39$；基层横向超宽，$c_1=1.18$、$d_1=2.57$。就超宽系数 ξ_2 而言，基层纵横向超宽，$c_2=1.17$、$d_2=2.41$；基层横向超宽，$c_2=0.792$、$d_2=2.00$。

4.1.4　温度翘曲效应

水泥混凝土路面板裸露于大气中，受环境温度（温度梯度）的影响而发生翘曲变形，正温度梯度（板顶温度大于板底温度）作用下，板角隅与板边部分与地基接触，板中部区域可能出现脱空；负温度梯度作用下，板角隅与板边部分与地基脱开而出现脱空，在自重荷载作用下，路面板内产生翘曲应力。

结构参数同第4.3节，计算分析表明，层间不分离，耦合应力与叠加应力相等。层间可分离，荷载作用于单块板角隅（参见图4-1），坐标原点设置在面层板底面角点，以耦合应力点及应力点（温度应力或荷载应力最大的点）作为应力叠加点，提取荷载和温度梯度分别作用下的应力分量 σ_{1px}、σ_{1py}、τ_{1pxy} 和 σ_{1tx}、σ_{1ty}、τ_{1txy}，然后按材料力学的公式计算叠加主应力的大小 $\sigma_{1\max}$。板角隅受荷与温度梯度共同作用下，水泥混凝土路面结构产生的耦合应力与荷载和温度梯度分别作用然后叠加的应力结果列于表4-2中。

层间可分离时温度梯度作用下路面板结构应力(MPa) 表4-2

T_g(℃/m)	耦合方法	耦合点叠加法		应力点叠加法	
	σ_{1max}	耦 合 点	σ_{1max}	应 力 点	σ_{1max}
80	2.231	(2.5,5.0,0)	2.238	(2.5,5.0,0)	1.929
60	1.739	(2.5,5.0,0)	1.745	(2.5,4.8,0)	1.462
40	1.277	(2.5,4.8,0)	1.286	(2.5,4.8,0)	1.006
20	0.778	(2.5,2.5,0)	0.778	(2.5,2.5,0)	0.640
0	0.759	(0.2,0.8,0.22)	0.759	(0.2,0.8,0.22)	0.759
-20	1.148	(0.2,1.0,0.22)	0.919	(0.2,0.8,0.22)	0.891
-40	1.608	(0.2,1.2,0.22)	0.987	(0.2,0.8,0.22)	0.901
-60	2.079	(0.2,1.4,0.22)	1.065	(0.2,0.8,0.22)	0.908

从表4-2中可以看到,在上述给定的计算参数条件下,板角受荷载与温度梯度共同作用下,层间可分离,正温度梯度下,按耦合点叠加荷载应力和温度应力,结果与耦合方法的几乎相同,随着温度梯度的降低,耦合点由板边中部向板中移动;按应力点(温度应力或荷载应力最大点)叠加荷载应力和温度应力,结果小于耦合方法的应力。负温度梯度下,耦合应力大于叠加应力(耦合点)大于叠加应力(应力点),耦合应力与叠加应力(耦合点)比较,耦合应力是叠加应力的1.2~2.0倍,随着温度梯度绝对值的增大,耦合点离开板角隅向板边中部而去。

显然,层间可分离,在板角隅受荷载与负温度梯度共同作用下,采用叠加方法(应力点)计算水泥混凝土路面板角隅处的应力将引起较大的偏差,造成大大低估路面板角隅处的综合应力的情况。为了控制水泥混凝土路面板角隅的断裂,采用耦合方法计算路面板角隅处的综合应力是十分必要的。

4.2 重载交通普通混凝土路面结构应力计算

4.2.1 荷载图式

行驶在路面上的汽车有客车和货车两大类。其中,客车可分为小客车、中客车(面包车或其他双轴四轮车辆)和公共汽车(双轴和三轴)三类;货车可分为整车、牵引式半拖车和拖车三类,按轴型和轴数的不同,又可细分为若干类。显然,分别研究各种车辆荷载对路面的作用的难度巨大。为此,必须对车辆荷载进行简化、分类。

车辆荷载分四种基本类型：单轴—单轮，单轴—双轮，双轴—双轮和三轴—双轮，载重卡车的双轮中心轮距变化在25～34cm之间，轮距为165～186cm，轴距为112～140cm。根据我国主要载货汽车的情况和保守原则（路面结构不利），四种基本类型荷载图式如图4-5所示。

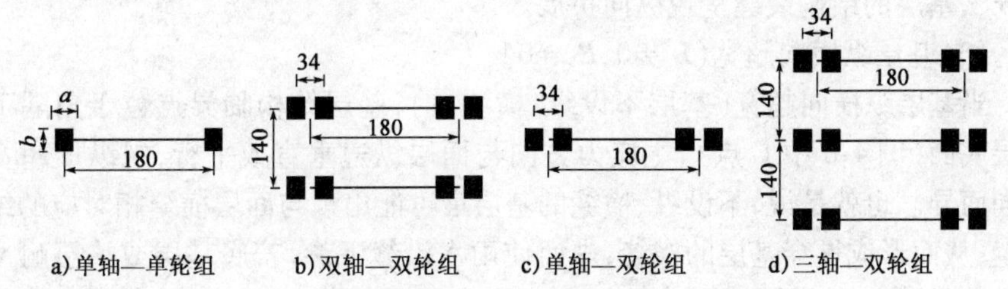

图4-5　4种基本类型车辆荷载图式（尺寸单位：cm）

依据山西省运煤专线车辆轴重及轮胎充气压力调查资料，单轴—双轮轴载质量一般都在20～30t，双轴—双轮轴载质量在40～60t，三轴—双轮轴载质量在60～90t，轮胎充气压力在1.4～1.5MPa的情况下，轮胎压印（接地形状）采用矩形，其宽度取24cm，轮胎的接地压力用Ikeda给出的轮胎接地压力与轮重和内压的经验关系式计算，轮胎接地宽度与接地压力按表9-5取用，而车辆的双轮中心距、轮距和轴距见图4-5。其中，双轮中心距统一取0.34m，轮距统一取1.80m，轴距统一为1.40m。

4.2.2　最大荷载应力位置

已有研究表明：面层结构临界点位于纵缝边缘中部荷位下方面层底面位置（图4-6中A、B点）。在单向两条或两条以上行车道的公路上，重车道为靠路肩侧的慢车道，面层结构临界点位于快车道或慢车道的纵缝边缘中部的底面（图4-6中A点或B点），具体情况视基层超宽、纵缝拉杆传荷效率而定。

基层结构临界点变化较为复杂，因基层超宽不同而异，表现为如下几种情况：

（1）基层与面层同平面尺寸（$L_a=0, B_a=0$）

当基层平面尺寸与面层平面尺寸相同时，基层与面层构成了真正意义上的双层板，基层结构临界点位于纵缝边缘中部下方基层底面，对应纵缝边缘中部荷位（图4-6中A点或B点）。具体情况视基层超宽而定。

(2)基层纵向无超宽,但横向有超宽($L_a=0,B_a\neq0$)

当基层纵向无超宽,但横向有超宽时,基层结构临界点位于角隅下方基层底面,对应角隅荷位(图4-6中C点)。基层横向无超宽或超宽量较小时,C点的主应力方向平行面层纵边,刚性或半刚性基层的结构裂缝呈横向形态产生和发展,当基层横向超宽量较大时,C点的主应力方向垂直面层纵边,即主应力由σ_{2y}转为σ_{2x},基层的结构裂缝呈现纵向扩展。

(3)基层纵横向超宽($L_a\neq0,B_a\neq0$)

当基层纵横向超宽(基层不设纵、横缝)时,基层结构临界点位于角隅下方基层底面(图4-6中C点),主应力方向与面层纵边垂直或平行,视纵横超宽量不同而异。也就是说,不设纵、横缝的基层最可能出现与面层横缝相对应的结构裂缝,从而形成贯穿基层的横缝,进而使雨水沿缝下渗,若底基层或垫层耐冲刷能力不足时会发展为唧泥、脱空和错台等病害。

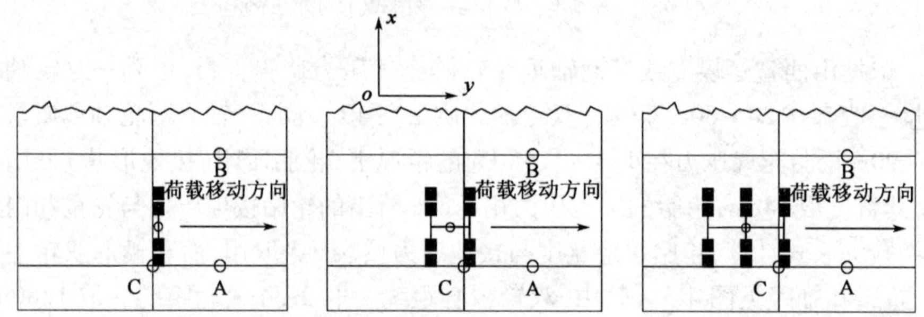

图4-6　轴载作用示意图

由于计算模型中假设材料是线弹性的,角点为应力奇异点,随着单元网格尺寸细分,荷载应力还会不断增大。实际上当角点下方基层应力超过某一数值时,材料进入屈服状态,基层自身荷载应力因重新分配而大大减小。

综上,标准轴载作用下,面层最大荷载应力位置位于纵缝边缘中部荷位下方面层的底面。而基层最大荷载应力位置随基层超宽不同而变化,或者位于纵缝边缘中部荷位下方基层的底面;或者位于板角隅荷位紧靠横缝和纵缝相交处下方基层的底面。鉴于面层荷位在路面设计中的重要性,下面分析纵缝边缘中部荷位下水泥混凝土路面结构层的荷载应力变化。

4.2.3　面层荷载应力计算

(1)双层板面层荷载应力一般式

双层板面层最大荷载应力位置在纵缝边缘中部。基层横向超宽会使面板弯沉减小弯曲变缓，基层横向超宽条件下纵缝边缘中部的面层荷载应力σ_{1p}可表示为：

$$\sigma_{1p} = \sigma_{1p0}(1 - \varphi_1) \tag{4-11}$$

式中：σ_{1p0}——等尺寸双层板纵边边缘中部荷位对应的面层荷载应力；

φ_1——基层超宽系数。

$$\varphi_1 = \frac{\Delta\sigma_{1p}}{\sigma_{1p0}}\xi_1 \qquad \Delta\sigma_{1p} = \sigma_{1p}^{\infty} - \sigma_{1p0} \tag{4-12}$$

式中：σ_{1p}^{∞}——基层横向无限超宽时的荷载应力；

ξ_1——基层超宽量影响系数。

(2)等尺寸双层板面层应力σ_{1p0}

对于等尺寸双层板，轴载位于临界荷位(面层纵边边缘中部)时，面层最大荷载应力σ_{1p0}可采用式(4-13)形式回归：

$$\sigma_{1p0} = \frac{A}{1 + a\lambda}\frac{r_g^m P^n}{h_1^{2\theta_1}} \tag{4-13a}$$

或

$$\sigma_{1p0} = \frac{A}{1 + \lambda}\frac{r_g^m P^n}{h_1^{2\theta_1}} \tag{4-13b}$$

式中：r_g——水泥混凝土路面结构总的相对刚度半径；

A、m、n——回归常数。

$$r_g = \left(\frac{D_g}{k}\right)^{\frac{1}{4}}$$

$$r_1 = \left(\frac{D_1}{k}\right)^{\frac{1}{4}}$$

$$r_2 = \left(\frac{D_2}{k}\right)^{\frac{1}{4}} \tag{4-14a}$$

$$a = \left(\frac{h_1}{h_2}\right)^{0.4} \tag{4-14b}$$

$$\theta_1 = 1 + 0.31h_1 - 2.05h_1^2 \tag{4-14c}$$

式(4-13)中回归常数A，m和n见表4-3。

等平面尺寸面层荷载应力式回归常数 **A,m 和 n** 表 4-3

轴—轮型	公　式	面层		
		A	m	n
单轴—单轮	(4-13a)	0.002 18	0.622	0.926
单轴—双轮		0.001 65	0.801	0.943
双轴—双轮		0.000 723	0.764	0.938
三轴—双轮		0.000 425	0.493	0.932
单轴—单轮	(4-13b)	0.002 26	0.624	0.915
单轴—双轮		0.001 59	0.800	0.948
双轴—双轮		0.000 754	0.765	0.928
三轴—双轮		0.000 440	0.495	0.924

采用回归式(4-13a)(即:$a=(h_1/h_2)0.4$)时,各轴—轮型作用下的面层最大荷载应力与回归结果的相对误差 err1j(j 代表轴—轮型,$j=1$ 单轴—单轮,$j=2$ 单轴—双轮,$j=3$ 双轴—双轮,$j=4$ 三轴—双轮)随总相对刚度半径 r_g 变化,相对误差的方差分别为:1.6%(单轴—单轮)、2.0%(单轴—双轮)、2.6%(双轴—双轮)、2.5%(三轴—双轮)。

若采用形式上稍简单的式(4-13b)(即 $a=1$)时,回归结果的相对误差略大,相对误差的方差分别为:2.7%(单轴—单轮)、2.0%(单轴—双轮)、2.7%(双轴—双轮)、2.5%(三轴—双轮)。

特别地,当 $\lambda=0$ 时,回归公式(4-13)可退化为单层板纵边中部荷位荷载应力计算式。在等单轴重情况下,不同轴型所产生的荷载应力与单轴—双轮的荷载应力的比值 β_1 分别为:1.21~1.37,平均 1.29(单轴—单轮)、0.81~0.86,平均 0.83(双轴—双轮)、0.66~0.85,平均 0.74(三轴—双轮)。

(3)基层超宽系数 φ_1

基层超宽系数 φ_1 的实质为基层无限超宽情况下面层应力的相对降幅 $\Delta_{\sigma 1p}/\sigma_{1p0}$ 与基层超宽量影响系数 ξ_1 的乘积。

计算结果表明,随着轴数增多,面板的曲率变缓,通过缝边基层传递至基层超宽部分的荷载有所减小,因此,单轴时的基层超宽对应力的减小贡献率比双轴时的稍大,双轴时的贡献率大于三轴的贡献率。

基层横向无限超宽时的荷载应力 $\sigma_{1p\infty}$ 与等尺寸双层板的面层荷载应力 σ_{1p0} 之差与 σ_{1p0} 的比值主要取决于基层与面层抗弯刚度比 λ 的大小,近似计算式为:

$$\frac{\Delta\sigma_{1p}}{\sigma_{1p0}}=a_i-0.25\exp(-4.0\lambda) \tag{4-15}$$

式中：a_i——与轴数有关的回归常数，单轴为0.32，双轴为0.30，三轴为0.26。

单轴—双轮荷载下的面层应力相对降幅$\Delta_{\sigma 1p}/\sigma_{1p0}$随基层与面层抗弯刚度比$\lambda$变化的散点及回归曲线如图4-7所示。

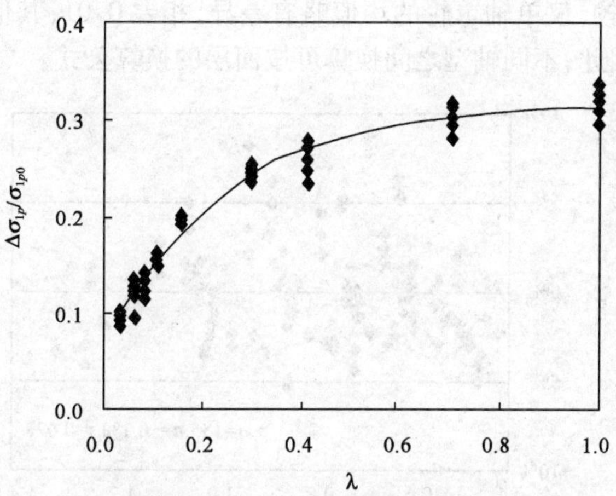

图4-7　$\Delta\sigma_{1p}/\sigma_{1p0}\sim\lambda$散点及回归曲线

从a_i数值可以看出，随着轴数增加，超宽基层的扩散荷载能力有所减弱，双轮比单轴少了2%，三轮比单轴少了6%。也就是说，若基层超宽时，按同尺寸双层板结果进行轴载换算是不安全的。双轮应力应增加2%，三轮应力增加6%。

轴型对超宽量影响系数ξ_1的影响较小，系数ξ_1与基层相对超宽B_a/r_2有较好的相关关系，其近似回归式如下：

$$\xi_1 = 1 - \exp\left(-1.53\frac{B_a}{r_2}\right) \tag{4-16}$$

4.2.4　基层荷载应力计算

(1)等尺寸板的荷载应力

标准轴载(单轴—双轮)在纵边中部荷位下基层最大荷载应力σ_{2p0}的回归式为：

$$\sigma_{2p0} = \frac{\lambda}{1+\lambda}\frac{0.00171 r_g^{0.843} P^{0.943}}{h_2^{2\theta_2}} \tag{4-17}$$

$$\theta_2 = 1 + 0.25h_2 - 2.5h_2^2 \tag{4-18}$$

回归式(4-17)的相对误差err22～r_g散点图见图4-8。

等尺寸双层板的基层最大应力位于纵边中部层底。等单轴重情况下，不同轴型在纵边中部基层层底所产生的荷载应力与单轴—双轮的荷载应力的比值 β_2 分别为:1.20～1.40,平均 1.30(单轴—单轮)、0.81～0.87,平均 0.83(双轴—双轮)、0.67～0.86,平均 0.75(三轴—双轮)。比值 β_2 与面层的不同轴型的比值 β_1 相比较,仅单轴单轮的均值略有差异,相差 0.01;其他轴型范围和均值基本相同。因此,不同轴型之间换算可按面层的换算公式。

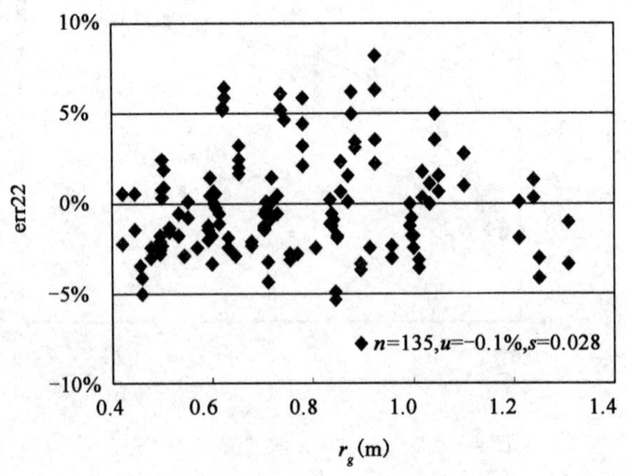

图 4-8　回归式的误差图

(2)横向超宽的荷载应力

标准轴载(单轴—双轮)作用的最大荷载应力 σ_{2pL} 的回归形式同式(4-17):

$$\sigma_{2pL} = \frac{\lambda}{1+\lambda}\frac{0.004\,36 r_g^{1.21} P^{0.943}}{(f_2 h_2)^2} \tag{4-19}$$

式中:f_2——基层横向无限超宽时的基层厚度修正系数。

$$f_2 = (1.65 - 0.814 e^{-4.95\lambda_E})\lambda_h + 0.481 - 0.433 e^{-2.37\lambda_E}$$

$$\lambda_E = \frac{E_2/(1-v_2^2)}{E_1/(1-v_1^2)} \tag{4-20}$$

$$\lambda_h = \frac{h_2}{h_1}$$

基层横向无限超宽时,基层荷载应力相对误差 err22 ～ r_g 散点如图 4-9 所示。

基层横向无限超宽时,基层的最大荷载应力垂直于纵缝。等单轴重情况下,不同轴型的荷载应力与单轴—双轮的荷载应力的比值 β_2 分别为:1.33～1.58,平均 1.42(单轴—单轮)、1.03～1.48,平均 1.19(双轴—双轮)、1.03～1.67,平均 1.28(三轴—双轮)。比值 β_1 与面层的不同轴型的比值 β_1 相比较,差异较

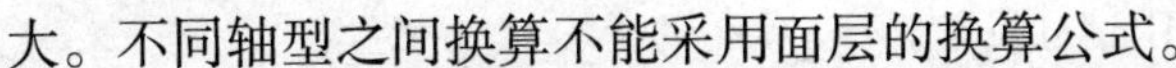

大。不同轴型之间换算不能采用面层的换算公式。

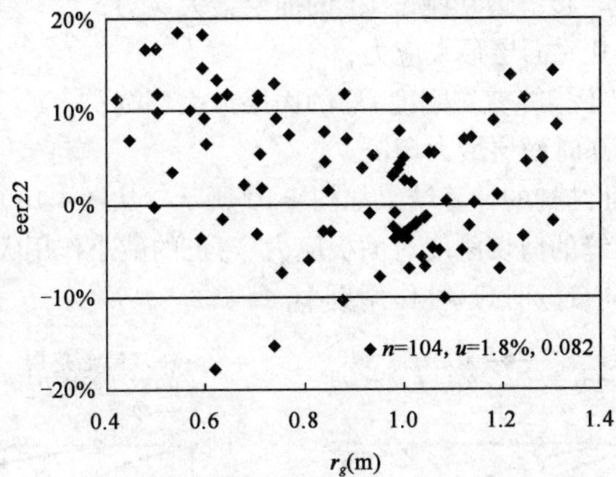

图 4-9　横向无限超宽基层荷载应力相对误差 err2 ~ r_g 散点

4.3　基层超宽对接缝传荷的影响

接缝间因设拉杆、传力杆，或嵌挤作用而具有一定传递荷载能力。在以前的邻板影响的研究中，一是忽略了基层的存在，将基层的荷载传递作用计入了接缝传递能力中；二是将面层与基层或地基之间视为可承受拉应力的连续体系，从而使基层或地基的变形扩散不适宜作为接缝荷载传递。

路面平面尺寸 $L=5\text{m}, B=3.75\text{m}$。两块板并排，基层不设纵缝（基层横向超宽 3.75m）。单个矩形荷载（$P=50\text{kN}$，作用面积为 0.04m^2）作用于纵缝中部，接缝缝隙 $\delta=10\text{mm}$。路面结构为无基层、弱基层和强基层三种：

①无基层：$h_1=0.22\text{m}, E_1=30\,000\text{MPa}, v_1=0.15; k=30\text{MN/m}^3$；

②弱基层：$h_1=0.22\text{m}, E_1=30\,000\text{MPa}, v_1=0.15; h_2=0.20\text{m}$、$E_2=3\,000\text{MPa}$、$v_2=0.25, k=30\text{MN/m}^3$；

③强基层：$h_1=0.20\text{m}, E_1=30\,000\text{MPa}, v_1=0.15; h_2=0.20\text{m}$、$E_2=28\,000\text{MPa}$、$v_2=0.20, k=30\text{MN/m}^3$。

接缝传荷效率采用面层最大应力比 $\lambda_{\sigma1}$、弯沉比 λ_{w1} 表征：

$$\lambda_{\sigma1}=\frac{\sigma_1(C_w)}{\sigma_1(0)} \tag{4-21}$$

$$\lambda_{w1}=\frac{w_1(C_w)}{w_1(0)} \tag{4-22}$$

式中：C_w——接缝剪切刚度（MPa/m）；

$\sigma_1(C_w)$——对应于接缝剪切刚度 C_w 的面层最大应力；

$\sigma_1(0)$——$C_w=0$ 时面层最大应力；

$w_1(C_w)$——对应于接缝剪切刚度 C_w 的面层最大弯沉；

$w_1(0)$——$C_w=0$ 时面层最大弯沉。

上述三个路面结构的计算结果如图4-10所示。从图4-10中可以看到，当存在超过基层时，接缝的剪切刚度对面板应力、弯沉的减小作用大大减弱，若面、基层的层间假设竖向接续时，这种作用更小。

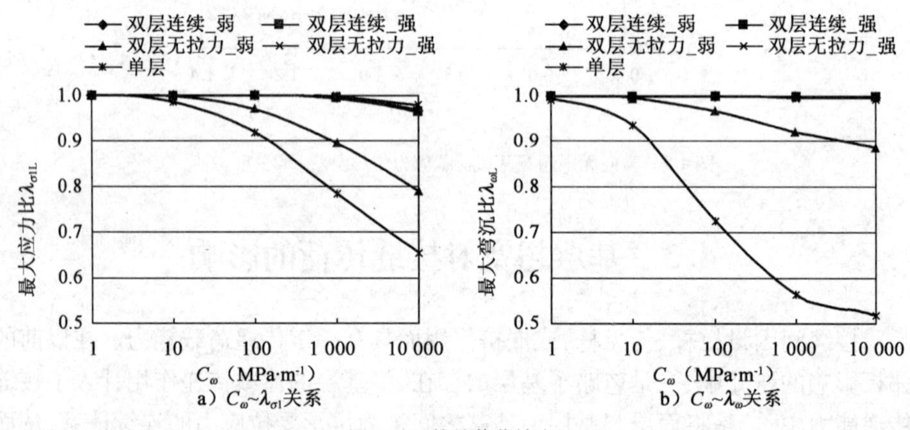

a）$C_\omega \sim \lambda_{\sigma 1}$关系　b）$C_\omega \sim \lambda_\omega$关系

图4-10　接缝传荷效应

在实际工程中，纵缝接缝剪切刚度 C_w 值一般不超过300MPa/m，横缝传力杆的剪切刚度 C_w 值一般2 000～5 000MPa/m之间。上例中，接缝设置间距0.5m ϕ14mm的传力杆，C_w 在88～235MPa/m之间变化，可使层间无拉力条件下（层间连续不再讨论）的面层最大应力下降1%～8%左右（弱基层时对应低值；强基层时对应高值）。

第5章　重载交通普通水泥混凝土路面结构设计

5.1　结构设计准则

重载水泥混凝土路面的损坏主要是指路面结构断裂和因基层被水冲刷引发板底唧泥、脱空和错台。对于后者，可通过采用如贫混凝土、碾压混凝土和水泥处治碎石等耐冲刷材料修筑基层，横缝加设传力杆，以及基层适度超宽的方法加以控制。

对于已采用耐冲刷刚性或半刚性基层、横缝传力杆、基层适度超宽的重载水泥混凝土路面，其结构设计的目标应是控制路面不出现结构断裂，即：控制行车荷载作用下产生的路面结构层（面、基层）荷载疲劳应力和环境条件（温度梯度）作用产生的温度疲劳应力不超过面层混凝土和基层材料的弯拉强度。考虑目标可靠度的面层和基层综合疲劳准则为：

$$\gamma_r(\sigma_{1pr} + \sigma_{1tr}) \leqslant f_{1r} \tag{5-1a}$$

$$\gamma_r(\sigma_{2pr} + \sigma_{2tr}) \leqslant f_{2r} \tag{5-1b}$$

式中：σ_{1pr}、σ_{1tr}——面层荷载疲劳应力和温度疲劳应力；

σ_{2pr}、σ_{2tr}——基层荷载疲劳应力和温度疲劳应力；

f_{1r}、f_{2r}——面层和基层材料的弯拉强度。

γ_r 为面层和基层的可靠度系数，依据所选公路等级、目标可靠度及材料变异水平等级，由表5-1确定。

可靠度系数　　表5-1

公路等级		高速公路	一级公路	二级公路	三、四级公路
面层目标可靠度（%）		95	90	85	80
变异水平等级	低	1.20~1.33	1.09~1.16	1.04~1.08	—
	中	1.33~1.50	1.16~1.23	1.08~1.13	1.04~1.07
	高	—	1.23~1.33	1.13~1.18	1.07~1.11
基层目标可靠度（%）		85	80	—	—

续上表

公 路 等 级		高速公路	一级公路	二级公路	三、四级公路
变异水平等级	低	1.04～1.08	—	—	—
	中	1.08～1.13	1.04～1.07	—	—
	高	1.13～1.18	1.07～1.11	—	—

5.2 结构临界位置

5.2.1 面层板的疲劳临界位置

根据荷载应力的计算和分析，叠加温度应力后，设置刚性或半刚性基层和横缝传力杆，以及基层适度超宽的重载水泥混凝土路面面层板的疲劳临界点（$\sigma_{pr}+\sigma_{tr}$的最大点）仍位于纵边边缘中部，如图5-1所示。

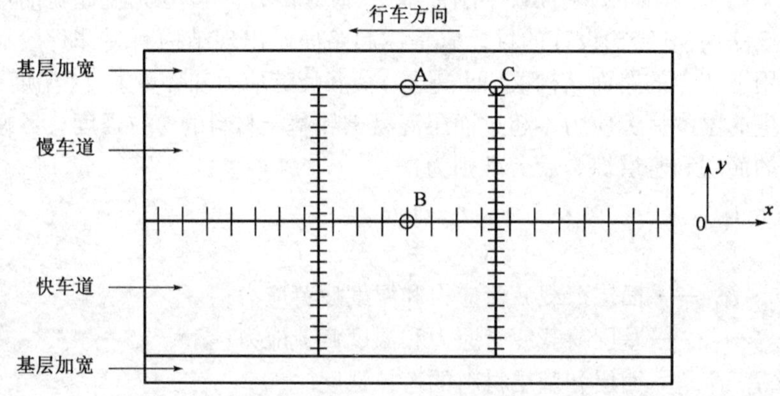

图5-1　面层板结构临界点示意图

5.2.2 基层板的疲劳临界位置

刚性或半刚性基层的情况较为复杂，疲劳临界点的位置与基层是否超宽，以及基层预设缩缝等条件有关。

（1）基层板与面层板的平面同尺寸

当基层板平面尺寸与面层板平面尺寸相同时，基层与面层构成了真正意义上的双层板，两者的疲劳临界点位置在平面上是相同的，在深度方向上对应板纵边边缘中部（图5-2中的A点）的各自板底。

(2)基层纵、横缝与面层板相同,但外侧有超宽

当基层纵、横缝与面层板相同,但外侧超宽时,基层疲劳临界点位于板纵边边缘中部(图 5-2 中的 A 点或 B 点)。但在绝大多数情况下,疲劳临界点为 A 点,A 点的主应力方向随着基层超宽量的增大,由平行于板边的方向转变为垂直板边的方向,即主应力由 σ_x 转为 σ_y。也就是说,在基层无超宽或超宽量较小时,刚性或半刚性基层的结构裂缝呈横向形态产生和发展,当基层超宽量较大时,基层的结构裂缝出现在沿面层板边缘走向。

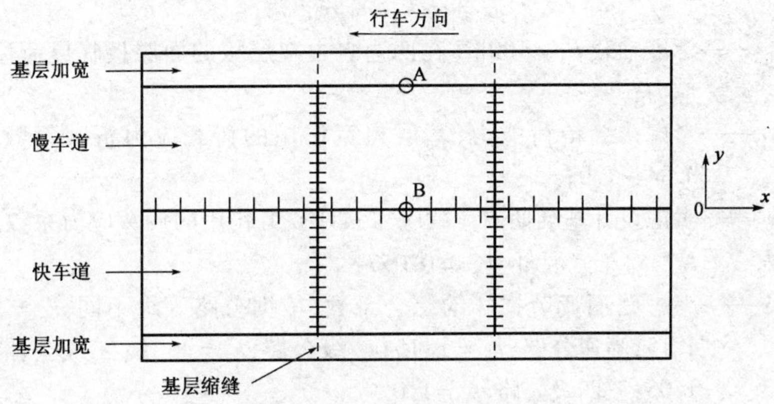

图 5-2 基层板结构临界点示意图

(3)基层无纵缝,横缝与面层板相同

当基层板只设与面层板相同的横缝,而不设置纵缝时,基层疲劳临界点仍为板纵边边缘中部(图 5-2 中的 A 点或 B 点),但主应力方向均垂直于板边,即主应力为 σ_y。

(4)基层不设纵、横缝

当基层不设纵、横缝时,基层的疲劳临界点则在面层板的横缝下方的基层底部(图 5-2 中的 C 点),主应力方向与面层板横缝垂直。也就是说,不设纵、横缝的基层最可能出现与面层板横缝相对应的结构裂缝,从而形成贯穿基层的横缝,进而使雨水沿缝下渗,若底基层或垫层耐冲刷能力不足时会发展为唧泥、脱空和错台等病害。

对于基层纵向,和(或)横向超宽的情况,角点下方基层因超宽而导致应力过大,从材料选择方面来说是难于控制的,但是可通过接缝设置适当的传力杆、基层下设置 4 ~ 6cm 厚的沥青混凝土隔层,以及采用连续配筋钢筋混凝土面层等工程措施来大大减缓。这样基层的疲劳临界点将与面层板的是一致的,即均位于纵缝边缘中部荷位下方各层的底面位置。

5.3 面层的疲劳应力

5.3.1 面层疲劳荷载应力

重载水泥混凝土路面的面层板的设计疲劳荷载应力计算式,在形式上与一般水泥混凝土路面的设计疲劳荷载应力计算式相同。即:

$$\sigma_{1pr} = k_{1r}k_{1f}k_c\sigma_{1ps} \tag{5-2}$$

式中:σ_{1ps}——标准轴载 $P_s = 100\text{kN}$ 在四边自由双层板的面层板临界荷位荷载应力;

k_{1r}——考虑接缝传荷能力、基层超宽作用的荷载应力折减系数,$k_r = 0.84 \sim 1.0$;

k_{1f}——考虑设计基准期内荷载应力累计疲劳作用的疲劳应力系数,$k_{1f} = N_e^v$,对于素混凝土,$v = 0.057$;

k_c——考虑路面疲劳损坏的综合系数,依据公路等级不同,$k_c = 1.0 \sim 1.15$,高速公路,$k_c = 1.15$;一级公路,$k_c = 1.10$;二级公路,$k_c = 1.05$;三四级公路,$k_c = 1.0$。

在式(5-2)中,应力折减系数 k_{1r} 赋予两层含义,它除保留了原考虑接缝传荷能力效应之外,添加考虑基层超宽对荷载应力的折减作用;另外两个系数的含义不变,可按现行规范确定。

标准轴载 $P_s = 100\text{kN}$ 在四边自由双层板的面层板临界荷位荷载应力 σ_{ps1} 为:

$$\sigma_{1ps} = \frac{1.45 \times 10^{-3}}{1 + \dfrac{D_2}{D_1}} r_g^{0.65} h_1^{-2} P_s^{0.94} \tag{5-3a}$$

$$D_1 = \frac{E_1 h_1^3}{12(1 - v_1^2)}, D_2 = \frac{E_2 h_2^3}{12(1 - v_2^2)} \tag{5-3b}$$

$$r_g = 1.23\left(\frac{D_1 + D_2}{E_t}\right)^{1/3} \tag{5-3c}$$

5.3.2 面层疲劳温度应力

重载水泥混凝土路面的面层板疲劳温度应力的含义与计算方法与一般水泥混凝土路面相同,临界荷位处的混凝土面层板温度疲劳应力按式(5-4)计算:

$$\sigma_{1tr} = k_{1t}\sigma_{1t\max} \tag{5-4}$$

式中：σ_{1tr}——临界荷位处的混凝土面层板温度疲劳应力（MPa）；

k_{1t}——考虑温度应力累计疲劳作用的温度疲劳应力系数，按式（5-5）确定；

$\sigma_{1t\max}$——最大温度梯度时混凝土面层板最大温度应力（MPa），按式（5-6）确定。

温度疲劳应力系数 k_t 按式（5-5）计算：

$$k_{1t} = \frac{f_{1r}}{\sigma_{1t\max}}\left[a\left(\frac{\sigma_{1t\max}}{f_{1r}}\right)^c - b\right] \tag{5-5}$$

式中：a、b 和 c——回归系数，按所在地区的公路自然区划查表 5-2 确定。

回归系数 a，b 和 c　　表 5-2

系数	公路自然区划					
	Ⅱ	Ⅲ	Ⅳ	Ⅴ	Ⅵ	Ⅶ
a	0.828	0.855	0.841	0.871	0.837	0.834
b	0.041	0.041	0.058	0.071	0.038	0.052
c	1.323	1.355	1.323	1.287	1.382	1.270

面层板临界荷位处的最大温度应力为：

$$\sigma_{1t\max} = \frac{\alpha_1 E_1 h_1 T_g}{2}B_{1L} \tag{5-6}$$

式中：α_1——混凝土面层的热膨胀系数，$\alpha_1 = 0.000\,01$；

T_g——公路所在地 50 年一遇的最大温度梯度；

B_{1L}——计入温度内应力和翘曲应力的温度应力系数。

综合温度翘曲应力和内应力的温度应力系数 B_L 按式（5-7）计算：

$$B_{1L} = 1.77e^{-4.48h_1}C_{1L} - 0.131(1 - C_{1L}) \tag{5-7a}$$

$$C_{1L} = 1 - \frac{H\left(\dfrac{L}{3r_g}\right)}{1 + \xi} \tag{5-7b}$$

$$H(t) = \frac{\mathrm{sh}t\cos t + \mathrm{ch}t\sin t}{\cos t\sin t + \mathrm{sh}t\,\mathrm{ch}t} \tag{5-7c}$$

$$\xi = -\frac{(k_v r_g^4 - D_1)r_\beta^3}{(k_v r_\beta^4 - D_1)r_g^3} \tag{5-7d}$$

$$r_\beta = \left[\frac{D_1 D_2}{(D_1 + D_2)k_v}\right]^{\frac{1}{4}} \tag{5-7e}$$

$$k_v = \frac{1}{2}\left(\frac{h_c}{E_c} + \frac{h_b}{E_b}\right)^{-1} \tag{5-7f}$$

式中：C_{1L}——混凝土面层板的温度翘曲应力系数，按式(5-7b)计算；

$H(t)$——式(5-7c)所示函数；

L——混凝土路面板的横缝间距，即板长(m)。

ξ——与双层板结构有关的参数，按式(5-7d)计算；

r_β——层间接触状况参数，按式(5-7e)计算；

k_v——面层与基层之间竖向接触刚度，基层上不设沥青混凝土夹层时按式(5-7f)计算，设沥青混凝土夹层时，k_v取3 000MPa/m。

5.4 基层的疲劳应力

5.4.1 基层疲劳荷载应力

考虑纵缝边缘中部下方基层底面点作为临界荷位，基层板的设计疲劳荷载应力的计算式仍可采用式(5-2)形式，但下标需要作相应变动，为：

$$\sigma_{pr2} = k_{2f} k_c \sigma_{ps2} \tag{5-8}$$

式中：σ_{ps2}——标准轴载$P_s = 100\text{kN}$在四边自由双层板的下层板临界荷位荷载应力；

k_{2f}——考虑设计基准期内荷载应力累计疲劳作用的疲劳应力系数，$k_{2f} = N_e^{\,v}$，贫混凝土基层，$v = 0.065$，一般半刚性材料基层，$v = 0.075$。

标准轴载$P_s = 100\text{kN}$在四边自由双层板的下层板临界荷位荷载应力σ_{ps2}为：

$$\sigma_{ps2} = \frac{1.41 \times 10^{-3}}{1 + \dfrac{D_1}{D_2}} r_g^{0.68} h_2^{-2} P_s^{0.94} \tag{5-9}$$

5.4.2 基层疲劳温度应力

对于重载水泥混凝土路面的刚性或半刚性基层板来说，其本身的温度非均匀分布的影响是可予忽略不计的。

运营期间,在重复的交通荷载和环境因素(如温度梯度)共同作用下,层间产生松动,板底出现脱空,面层与基层的接触状况不再是结合的。这种情况下基层的温度梯度较小,基层的最大温度应力 $\sigma_{2t\max}$ 数值不大,由此产生的疲劳温度应力就较小,通常略去不计,取 $\sigma_{tr2} \approx 0$。

5.5 双层板下基层顶面当量模量换算

对于实际的路面结构,由多层组成,包括面层、基层、底基层、垫层、路床等,当基层采用刚性、半刚性材料修筑时,基层视为双层板的下层板,底基层、垫层、路床等可等效为一当量回弹模量 E_t。新建公路基层顶面当量回弹模量 E_t 按式(5-10a)计算。

$$E_t = \left(\frac{E_x}{E_0}\right)^a E_0 \tag{5-10a}$$

$$a = 0.86 + 0.26\ln h_x \tag{5-10b}$$

$$E_x = \frac{\sum_{i=1}^{n} h_i^2 E_i}{\sum_{i=1}^{n} h_i^2} \tag{5-10c}$$

$$h_x = \sum_{i=1}^{n} h_i \tag{5-10d}$$

式中:E_0——路床回弹模量(MPa);

a——与基层、底基层及垫层的当量厚度 h_x 有关的回归系数,按式(5-10b)计算;

E_x——基层、底基层及垫层的当量回弹模量(MPa),按式(5-10c)计算;

h_x——基层、底基层及垫层的当量厚度(m),按式(5-10d)计算;

n——基层、底基层及垫层的总层数;

E_i、h_i——第 i 结构层的回弹模量(MPa)与厚度(m)。

在旧柔性路面上铺筑水泥混凝土面层时,原柔性路面顶面的当量回弹模量可根据落锤式弯沉仪(荷载 50kN、承载板半径 150mm)的中心点弯沉的测定结果按式(5-11a),或根据贝克曼梁(后轴重 100kN 的车辆)的弯沉的测定结果按式(5-11b)计算确定。

$$E_t = \frac{18\,621}{w_0} \tag{5-11a}$$

$$E_t = 13\,739 w_0^{-1.04} \tag{5-11b}$$

$$w_0 = \bar{w} + 1.04\sigma_w \tag{5-11c}$$

式中：w_0——路段代表弯沉值(0.01mm)，由式(5-11c)计算；

$\bar{w}$——路段弯沉平均值(0.01mm)；

σ_w——路段弯沉的均方差(0.01mm)。

5.6　结构设计流程

重载交通普通混凝土路面结构设计可遵循以下步骤进行，设计流程如图5-3所示。

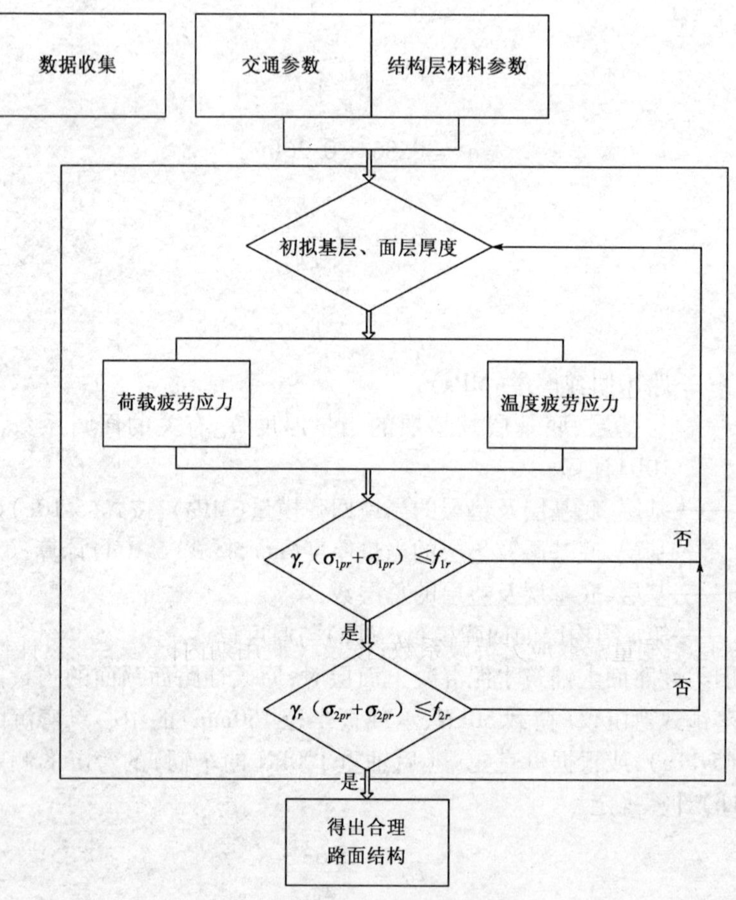

图 5-3　路面结构设计流程

(1)收集并分析交通参数:采集日交通量、日货车交通量和轴载组成数据,确定方向分配系数和车道分配系数,计算各结构层的轴载换算系数和设计车道标准轴载日作用次数,选定设计使用期和交通量平均增长率,计算设计使用期内标准轴载的累计作用次数。

$$N_e = \frac{N_s \times [(1+g_r)^t - 1] \times 365}{g_r}\eta \tag{5-12}$$

式中:N_e——面层临界荷位处标准轴载累计作用次数;

N_s——面层临界荷位处标准轴载日作用次数;

T——设计基准期;

g_r——交通量年平均增长率;

η——临界荷位处的车辆轮迹横向分布系数,按表5-3选用。

车辆轮迹横向分布系数　　　表5-3

公路等级		纵缝边缘处
高速公路、一级公路、收费站		0.17~0.22
二级及二级以下公路	行车道宽>7m	0.34~0.39
	行车道宽≤7m	0.54~0.62

(2)初拟路面结构:按交通、环境(气温和降水)、土基(土质、地下水位)和材料供应等条件及使用经验,选择路面结构层次组合及各层的类型和材料组成,拟定各结构层厚度、面层板平面尺寸、基层超宽量及接缝类型和构造。

(3)混合料组成设计及设计参数确定:设计面层和基层混合料的配合比,试验确定面层混凝土及刚性或半刚性基层的设计弯拉强度和弹性模量,以及垫层或(和)土基的回弹模量,计算垫层和土基的当量模量和设计模量值。

(4)计算荷载疲劳应力:计算标准轴载作用结构临界点处(面层板纵缝边缘中部、纵缝处基层中部、横缝处基层)面层和基层的最大荷载应力;按纵向接缝类型及基层超宽量选取应力折减系数;按设计使用期内标准轴载累计作用次数计算面层和基层荷载应力疲劳系数;按交通等级选定综合安全系数;综合以上结果计算面层和基层荷载疲劳应力 σ_{1pr} 和 σ_{2pr}。

(5)计算温度疲劳应力:由所在地公路自然区划选择最大温度梯度;按路面结构、面层板平面尺寸及基层超宽量计算面层最大温度翘曲应力 $\sigma_{1t\max}$;按自然区划、$\sigma_{1t\max}/f_{1r}$ 确定面层的温度应力疲劳系数;综合上述结果计算面层的温度疲劳应力 σ_{1tr}。

(6)检验:检验面层和基层综合疲劳应力 $\sigma_{1pr}+\sigma_{1tr}$ 及 $\sigma_{2pr}+\sigma_{2tr}$($\sigma_{2tr}\approx 0$)是

否满足式(5-1)的要求。如满足,则初拟的面层和基层厚度可以作为设计厚度,初拟路面结构可作为设计结构。如不满足,则重新选定面层和基层厚度或路面结构,重复上述步骤,直到满足要求为止。

值得指出的是,对纵缝处基层,并不总是由 y 轴方向上的综合疲劳应力控制。事实上,当基层超宽量较小或基层板抗弯刚度较大时 x 轴向的综合疲劳应力起控制作用,由于影响因素较多,建议对两个方向上的综合疲劳应力进行验证,直至满足式(5-1)的要求。

第6章 重载交通普通混凝土路面传力杆设计

传统的水泥混凝土路面设计时缩缝大多采用假缝构造,荷载传递主要依靠混凝土断裂面上的集料嵌锁作用实现。在重载交通作用下假缝靠骨料嵌锁传递荷载存在一些问题,当车轮作用于其中一块路面板边缘时,缩缝处相邻两块板将产生差异沉降,假缝沿路面板深度断开,混凝土的骨料嵌锁作用降低,缩缝传荷性能无法满足重载交通的需要,从而引起板底脱空、唧泥、错台和断板等早期病害,严重影响混凝土路面的使用性能和使用寿命。设置传力杆的意义和作用尤为重大。

6.1 概 述

在缩缝处增设传力杆后,当车轮作用于路面缩缝处,可将一部分轮载传递到相邻路面板上,减少受荷板的变形和板边拉应力,使相邻的两块板变形协调,从而降低进入接缝的水和细颗粒产生的不利影响及缝隙宽度变化对传荷能力及其耐久性的影响。张军等人通过现场测试,结果表明传力杆在车辆通过时应变呈现出拉应变与压应变交替变化的特征,且压应变峰值大于拉应变的峰值;通过对比两种不同轴载通过时的应变响应,发现车轮压力增大31.62%,压应变峰值增大121.37%,拉应变峰值增大46.3%,说明重型车辆对缩缝受力影响很大。由此可见,重载交通水泥混凝土路面缩缝采用传力杆是非常必要的。

目前水泥混凝土路面设计已普遍引入传力杆,现行设计规范和以往研究中,多将混凝土面板以下等效为半空间地基或Winkler地基,并据此计算传力杆正常布设时的接缝传荷能力。实际上,面层与基层层间接触状况对接缝传荷能力有显著影响,尤其是路面结构形式采用重载交通典型结构时,通常基层模量较大,这时计算结果误差更大。此外,传力杆的设置偏差和功能损失也将造成传荷能力的下降。

鉴于此,本章在建立Winkler地基上考虑层间接触状况的双层结构模型(重载交通典型结构模型)的基础上,考查传力杆几何尺寸、空间位置、与混凝土的结合状况及布设方式对接缝传荷能力、路面应力以及传力杆自身内力的影响,以期为重载交通普通混凝土路面传力杆设计提供依据。

6.2 设置传力杆路面的有限元分析模型

传力杆在水泥混凝土路面接缝中使用已有半个多世纪了,许多研究人员对此也进行了相关研究。其中有限元分析时常用的模型有 Tabatbaie 模型、郭骅模型、Hunag&Chuo 模型等。

在力学分析模型中,采用弹性地基板理论,传力杆常被简化为梁,即弹性悬臂梁连接板。假设传力杆为梁单元,荷载应力只通过弯矩发生在传力杆和混凝土接触点处,而埋设在混凝土中传力杆不承受任何应力作用,即传力杆承受纯剪切作用,传力杆和混凝土板之间刚性连接,混凝土板内的传力杆不允许有运动。实际上,剪切梁模型单元的刚度远高于实际传力杆的刚度,当荷载作用在横缝边缘时,埋设在混凝土中这部分传力杆与混凝土一起变形,即更接近于弯剪梁模型。弯剪梁模型认为传力杆与混凝土板并不以刚性相连,而是允许混凝土内的传力杆可以运动,这就是 Tabatbaie 模型。

Tabatbaie 模型有效地减少了传力杆的刚度,较纯剪切模型更为合理,但是由于假设传力杆为无限长,致使传力杆与混凝土板之间仍可能形成刚体运动。因此,该模型仍局限于剪切梁模型。1992 年郭骅考虑传力杆长度对接缝传荷能力的影响,提出了一种理论上更为严格的计算单元刚度矩阵的方法,减小了传力杆刚度,使单元刚度矩阵更符合实际。Ball 和 Childs 研究表明,接缝闭合时可以传递部分弯矩,接缝张开时,弯矩的传递可忽略不计,即接缝处主要是靠剪力($c_0=0$)传荷。当用传力杆传递剪力时,可假设传力杆集中在节点上。若传力杆间距为 S_b,每个节点处的传力杆数量为 L/S_b。L 为接缝处节点的平均间距,将通过弹簧作用在两块板上的节点力除以传力杆数量就可得到作用在每根传力杆上的力。

上述模型都人为引入了两个刚度,即基础模量 k 和支撑传力杆的支承模量 K。这两个参数由于过于简单,因此模型必须通过实验数据对此加以修正,而这通常比较困难的,尤其关于 K 值,其变化范围很大,如从 0.8 到 800GPa/m。

为了有效模拟传力杆与混凝土界面、路面结构层层间接触状况,同时考虑温度变化和荷载应力的影响,本文采用 EverFE 有限元软件,建立 Winkler 地基上考虑层间接触状况的双层结构模型(重载交通典型结构模型)的基础上,考察传力杆几何尺寸、空间位置、与混凝土的结合状况及布设方式对接缝传荷能力、路面应力以及传力杆自身内力的影响，对路面结构内有关应力应变的影响规律和传力杆与混凝土界面的接触应力分布规律进行深入研究。

6.2.1　重载交通典型结构模型的建立

路面的力学计算模型为 Winkler 地基上的双层结构模型，如图 6-1a）所示，h_1、E_1、μ_1 分别为面层的厚度、弹性模量、泊松比；h_2、E_2、μ_2 分别为基层的厚度、弹性模量、泊松比；k 为地基反应模量；P 为轴重。面层板块间通过传力杆连接，接缝传荷由集料嵌锁和传力杆共同完成。面层与基层存在一定摩阻，接触状况服从 Walraven 模型。荷载为轴重 100kN 的单轴双轮组荷载，作用于横缝中部，如图 6-1b）所示，每个轮子等效为 20cm × 15cm 矩形荷载。

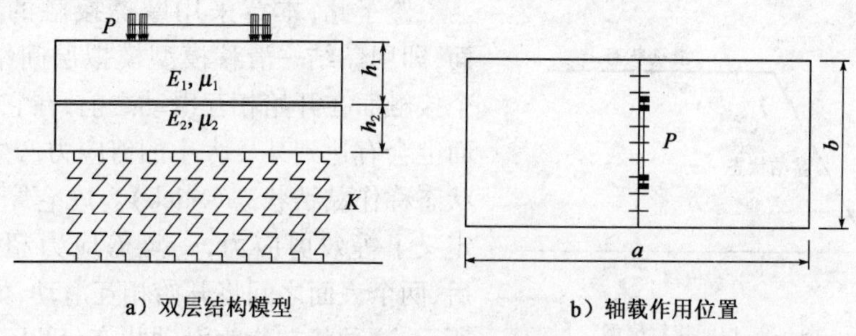

图 6-1　双层结构模型

面层、基层分别按照 40cm × 32cm × 5cm、40cm × 32cm × 4cm 进行网格划分，如图 6-2 所示。

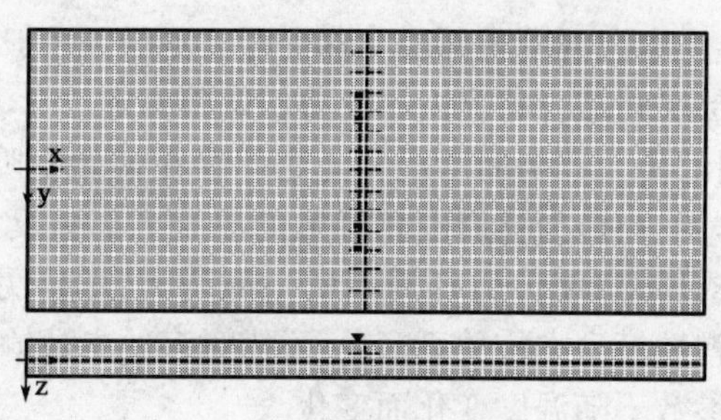

图 6-2　网格划分

6.2.2　接触模型

在建模过程中必须考虑水泥混凝土路面结构各种界面的接触条件，包括混凝土板与基层以及传力杆与其周围的混凝土等。合理的接触模型对于正确分析路面结构的力学行为是十分关键的。

混凝土板与基层的接触面具有可滑动性。在混凝土板受交通荷载和温度梯度的共同作用下，板必然会产生收缩或膨胀、翘曲或拱起变形。变形使得板在基层上产生部分滑移，滑移时板与地基处于部分接触状态。为了简化路面力学分析，通常采用完全连续或完全光滑假设。实际中，路面结构中各种界面既非完全连续也非完全光滑，在交通荷载和温度梯度作用下，传力杆与混凝土界面、混凝土与基层界面的接触状态是比较复杂的，难以简单地用完全光滑或完全连续来模拟。在求解问题之前，各接触区域的表面之间是接触或分开是未知的，也是突然变化的，这随载荷、材料、边界条件和其他因素而定，而这些接触问题涉及到摩擦模型的选择。

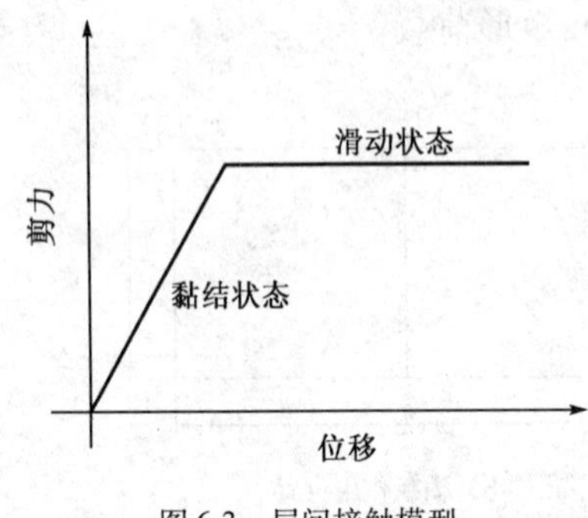

图6-3　层间接触模型

鉴于此，本章采用摩擦接触的滑动界面，即用黏结—滑移模型模拟层间结合，两个接触面在开始相互滑动之前，在它们的界面上会有达到某一大小的剪应力产生，这种状态称作黏结状态(Stick)。库仑摩擦模型定义了等效剪应力，一旦剪应力超过此值后，两个表面之间将开始相互滑动，如图6-3所示，这种状态称为滑动状态(Sliding)。因此，这种界面模型更多接近于半连续半光滑接触状态，较符合实际情况。

6.2.3　材料及模型参数选定

路面结构组合为水泥混凝土面层＋贫混凝土基层。一般参数的选取根据经验进行，面层与基层层间结合状况由层间剪切试验确定。

埋在混凝土内的传力杆与周围混凝土之间存在初始空隙，随着交通荷载和温度梯度的反复作用，与传力杆周围相接触的混凝土部分反复受到较大的承压应力，而出现磨损或压缩，使传力杆周围的空隙增大，即传力杆的松动量增加。在有限元分析中，弹性模型本构关系简单，不需过多的参数输入，因此，采用弹性模型，且假设材料参数不随温度变化而变化。

1)荷载模型

(1)温度荷载

沿混凝土板厚内温度变化分两种情况：①板厚范围内温度线形变化；②温度沿板厚的非线性分布，通常用温度梯度来表示，即：板顶温度与板底温度之差。本章在路面板厚内施加线性变化的温度梯度，沿厚度方向的温度梯度为+83℃/m。

(2)交通荷载

采用现行路面设计规范规定的标准轴载 BZZ-100 作为交通荷载,并将车轮荷载按照单轴双轮组简化成当量的矩形均布荷载进行分析计算。交通荷载作用位置及当量尺寸如图6-4所示。

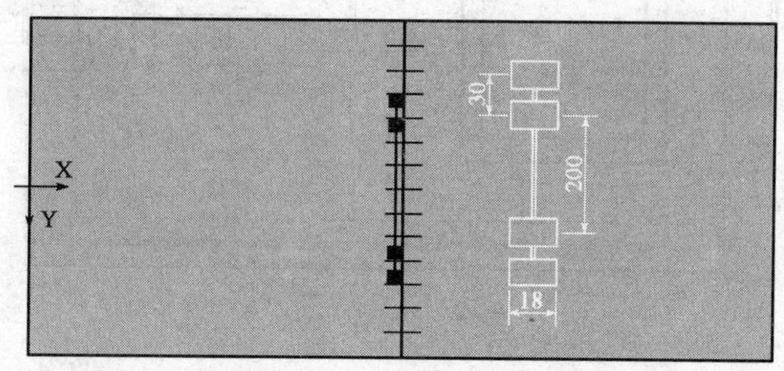

图6-4 车辆荷载模型

2)一般参数设定

水泥混凝土面层参数:平面尺寸为500cm×400cm,厚度 h_1 为26cm,弹性模量 E_1 为 30GPa,泊松比 μ_1 为 0.15,线膨胀系数 α 为 10^{-5},密度 ρ_1 为2 400kg/m^3;贫混凝土基层参数:平面尺寸为500cm×400cm,厚度 h_2 为20cm,弹性模量 E_2 为25GPa,泊松比 μ_2 为0.2,密度 ρ_2 为2 350kg/m^3;传力杆模量 E 为200GPa,泊松比 μ 为0.3;地基的反应模量 $k(E_0、\mu_0)$ 为30MPa/m;接缝处集料嵌锁剪切刚度为20MPa/m,接缝张开量为0.5mm。

3)接触模型参数选定

面层与基层的层间剪切参数通过顶推试验确定。试验先成型90cm×90cm×20cm的贫混凝土基层,养生后表面采用乳化沥青处置,浇筑80cm×80cm×26cm的水泥混凝土面层,标准养生28d。试件制备完成后,整体置于顶推试验槽中(如图6-5所示)。基层通过千斤顶与试验槽四周固定,水平放置的MTS作用在面层侧面,以0.1mm/min的速度加载,并记录剪力—位移曲线,如图6-6所示。由图可知,层间剪切刚度为0.02MPa/mm,拐点处滑动位移为4.1mm。

6.2.4 弯沉传荷系数的计算方法

一般认为接缝传力杆主要传递剪力,接缝传荷模式由接缝剪切刚度 C_w 表征,接缝的荷载传递能力及效率采用弯沉传荷系数 L_T 和应力折减系数 λ_σ 表征,

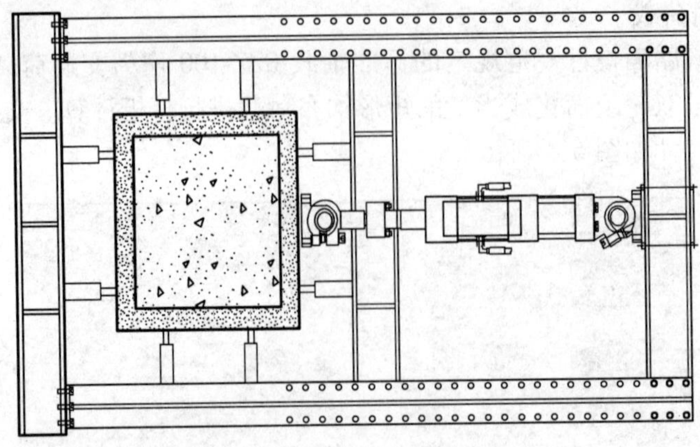

图 6-5　层间剪切试验

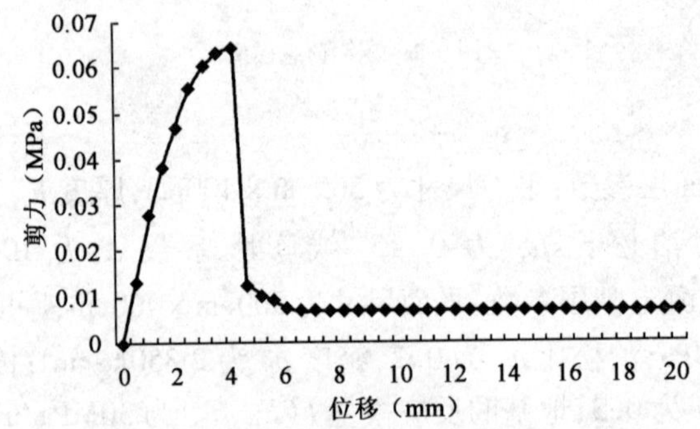

图 6-6　剪力—位移曲线

C_w、L_T、λ_σ 均与传力杆的间距、直径、模量、混凝土的松动量及混凝土对传力杆的支撑模量有关。本文采用接缝处弯沉传荷系数 L_T 来评价接缝传荷能力。

$$L_T = \frac{w_u}{w_l} \tag{6-1}$$

式中：w_u——未受荷板边缘的最大弯沉；

w_l——受荷板边缘的最大弯沉。

6.3　传力杆设置方式对路面结构的力学影响

为明确传力杆各设置因素对弯沉传荷系数、传力杆内力及结构层板底应力的影响，采用单因素分析法（如表 6-1 所示），逐一计算各水平下传力杆长度、直径、设置深度等因素的结果。例如，分析传力杆直径的影响时，直径分别取 28mm、30mm、32mm、34mm、36mm，其他因素均取基准值。

因素水平表　　　　表6-1

序号	影响因素		基准	水平							
1	几何尺寸	长度(mm)	500	420	440	460	480	500			
2		直径(mm)	32	28	30	32	34	36			
3	空间位置	设置深度(cm)	0	−1	0	+1	+2				
4		水平偏角(°)	0	0	5	10	15				
5		竖直偏角(°)	0	0	5	10	15				
6	与混凝土结合状况	松动量/mm (Gap A/Gap B)	0/0	0/0	0.05/10	0.10/20	0.15/30	0.20/40	0.25/50		
7		杆—混凝土支撑模量(MPa)	1 200	0	400	1 200	3 600	10 800			
8		混凝土—杆约束模量(MPa)	0	0	400	1 200	3 600	10 800			
9	布设方式		B	A	B	C	D	E	F	G	H

注:①设置深度:面层中间为0,中间向上为“-”,向下为“+”;

②水平偏角与竖直偏角:所有传力杆均向左/右或上/下偏离;

③布设方式:A、8 根单层均匀,间距450mm;B、13 根单层均匀,间距300mm;C、20 根单层均匀,间距200mm;D、8 根单层轮迹带,间距300mm;E、8 根单层轮迹带,间距200mm;F、20 根单层轮迹带,间距100mm;G、20 根双层均匀,间距200mm;H、20 根双层轮迹带,间距100mm。

6.3.1　传力杆几何尺寸的影响

不同直径、长度的传力杆对应的接缝两侧弯沉、面层底部应力及传力杆内力如表6-2所示。

接缝两侧弯沉、面层底部应力及传力杆内力　　　　表6-2

编号	直径(mm)	长度(mm)	Δ_u(mm)	Δ_l(mm)	σ_u(MPa)	σ_l(MPa)	$V_{杆}$(10^3N)	$M_{杆}$(N·mm)
1	28	460	0.600	0.530	0.031	0.004	-2.06	-63 800
2	30	460	0.600	0.532	0.030	0.005	-2.14	-73 500
3	32	460	0.599	0.534	0.029	0.006	-2.21	-84 000
4	34	460	0.600	0.537	0.028	0.007	-2.29	-94 000
5	36	460	0.600	0.539	0.027	0.007	-2.44	-106 000
6	32	420	0.600	0.534	0.029	0.005	-2.20	-83 500
7	32	440	0.600	0.534	0.029	0.006	-2.20	-83 500
8	32	460	0.599	0.534	0.029	0.006	-2.21	-84 000
9	32	480	0.599	0.534	0.029	0.006	-2.20	-83 500
10	32	500	0.599	0.535	0.029	0.006	-2.21	-83 500

(1)传力杆几何尺寸对接缝传荷能力的影响

由表6-2接缝两侧的弯沉值可以计算接缝的弯沉传荷系数,如图6-7所示。

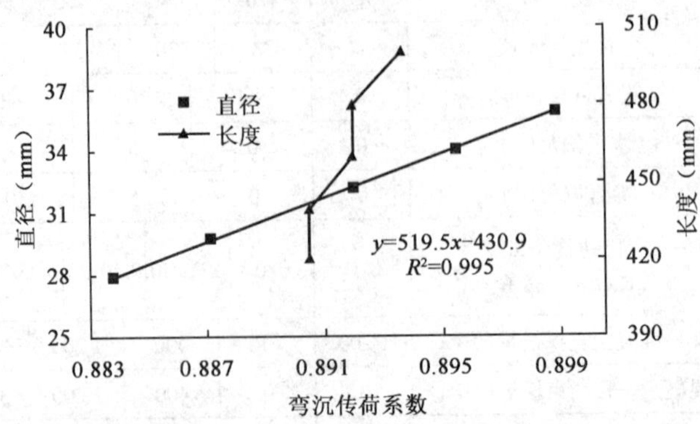

图6-7 直径、长度对应的弯沉传荷系数

(2)传力杆几何尺寸对传力杆内力的影响

不同直径、长度的传力杆变化对传力杆弯矩幅值和剪力幅值的影响如图6-8所示。直径由28mm增大到36mm时,传力杆内力的比较如图6-9所示。长度由420mm增长到500mm时,传力杆内力的比较如图6-10所示。

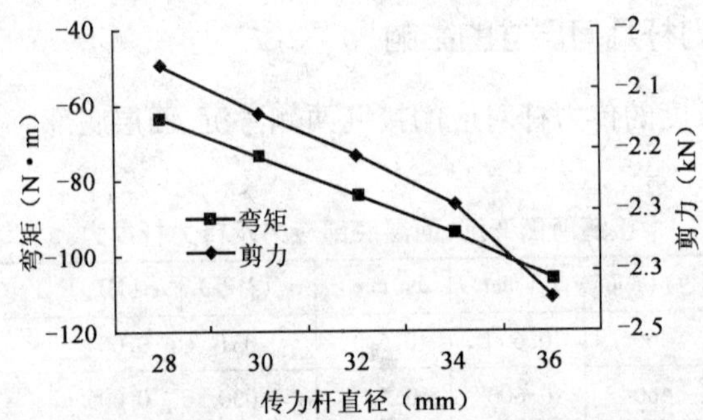

图6-8 直径、长度对应的传力杆内力幅值

(3)传力杆几何尺寸对结构层应力的影响

传力杆的直径、长度变化时,面层底部的应力分布如图6-10~图6-14所示。图6-10、图6-12分别是直径为28mm、36mm的应力分布图,图6-13、图6-14分别是长度为420mm、500mm的应力分布图。

综上:传力杆直径从28mm增大到36mm,传荷系数仅提高1.7%,面层底部的最大应力降低约12.9%。传力杆长度从420mm延长到500mm,传荷系数、板底应力均无明显变化。因此,试图通过增加传力杆直径、长度来提高传荷能力的

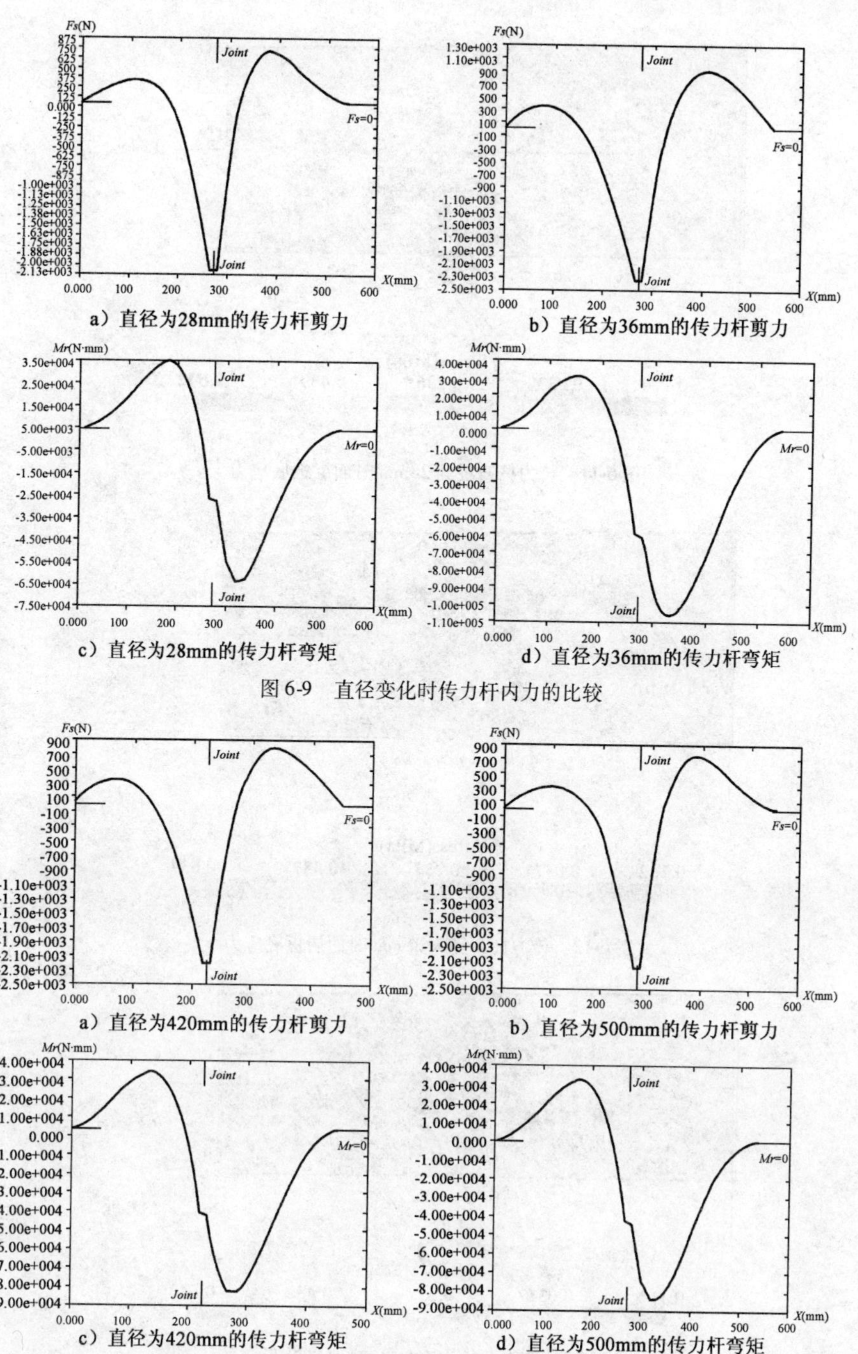

a）直径为28mm的传力杆剪力　　b）直径为36mm的传力杆剪力

c）直径为28mm的传力杆弯矩　　d）直径为36mm的传力杆弯矩

图6-9　直径变化时传力杆内力的比较

a）直径为420mm的传力杆剪力　　b）直径为500mm的传力杆剪力

c）直径为420mm的传力杆弯矩　　d）直径为500mm的传力杆弯矩

图6-10　长度变化时传力杆内力的比较

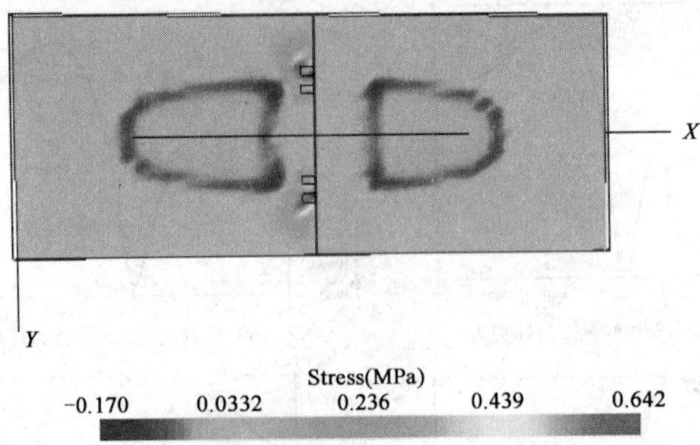

图 6-11　传力杆直径为 28mm 时面层板底应力

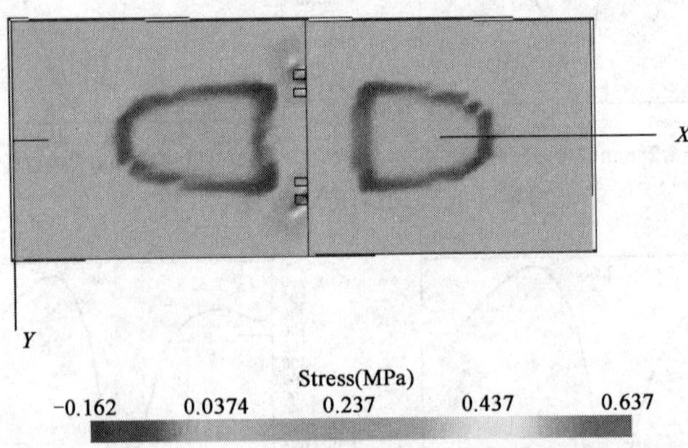

图 6-12　传力杆直径为 36mm 时面层板底应力

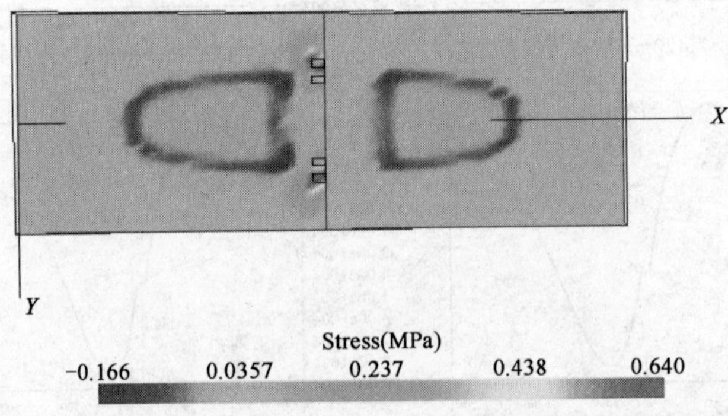

图 6-13　传力杆长为 420mm 时面层板底应力

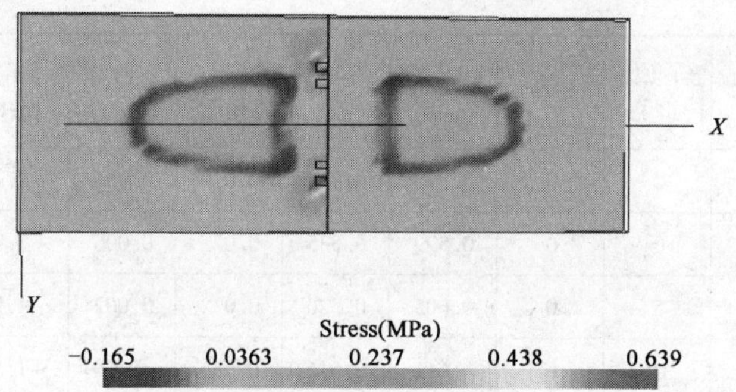

图 6-14　传力杆长度为 500mm 时面层板底应力

做法效果并不明显。但传力杆直径增大后，随自身承受内力的不断增大，也有效降低着面层底部的最大应力。

此外，由图 6-11 ~ 图 6-14 可知，板底应力云图的蓝色区域（图中深色区域）呈马蹄形分布，这与板内的温度梯度引气的翘曲关系密切，图 6-15 为编号 3 对应的工况下，路面结构的翘曲情况（变形比例因子：500）。

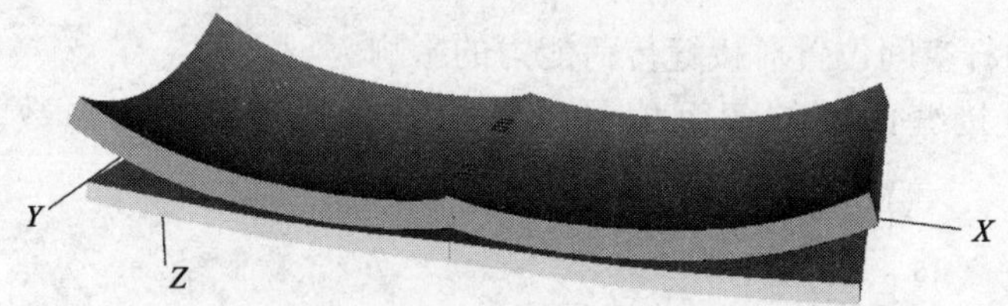

图 6-15　工况 3 时路面结构的翘曲（变形比例因子：500）

6.3.2　传力杆空间位置的影响

传力杆空间位置对接缝传荷能力、结构受力及传力杆自身内力的影响从传力杆设置的偏差角度和设置层位考查。不同水平偏角、竖直偏角及层位的传力杆对应的接缝两侧弯沉、面层底部应力及传力杆内力如表 6-3 所示。

接缝两侧弯沉、面层底部应力及传力杆内力　　表 6-3

编号	水平偏位（°）	竖直偏位（°）	层位	Δ_u (mm)	Δ_l (mm)	σ_u (MPa)	σ_l (MPa)	$V_{杆}$ (10^3N)	$M_{杆}$ (N·mm)
1	0	0	0	0.599	0.535	0.029	0.006	-2.21	-84 500
2	5	0	0	0.599	0.534	0.029	0.006	-2.19	-83 100
3	10	0	0	0.599	0.534	0.029	0.006	-2.23	-83 500

续上表

编号	水平偏位（°）	竖直偏位（°）	层位	Δ_u（mm）	Δ_l（mm）	σ_u（MPa）	σ_l（MPa）	$V_{杆}$（10^3N）	$M_{杆}$（N·mm）
4	15	0	0	0.599	0.534	0.029	0.006	−2.20	−83 500
5	0	0	0	0.599	0.535	0.029	0.006	−2.21	−84 500
6	0	5	0	0.605	0.526	0.032	0.002	−1.90	−77 500
7	0	10	0	0.611	0.516	0.036	−0.001	−1.54	−70 000
8	0	15	0	0.615	0.505	0.039	−0.001	−1.18	−62 200
9	0	0	−1	0.601	0.531	0.030	0.007	−2.05	−80 500
10	0	0	0	0.599	0.535	0.029	0.006	−2.21	−84 500
11	0	0	+1	0.601	0.531	0.028	0.005	−2.05	−80 500
12	0	0	+2	0.601	0.531	0.027	0.005	−2.05	−80 500

（1）传力杆空间位置对接缝传荷能力的影响

由表6-3 接缝两侧的弯沉值可以计算接缝的弯沉传荷系数，如图 6-16 所示。

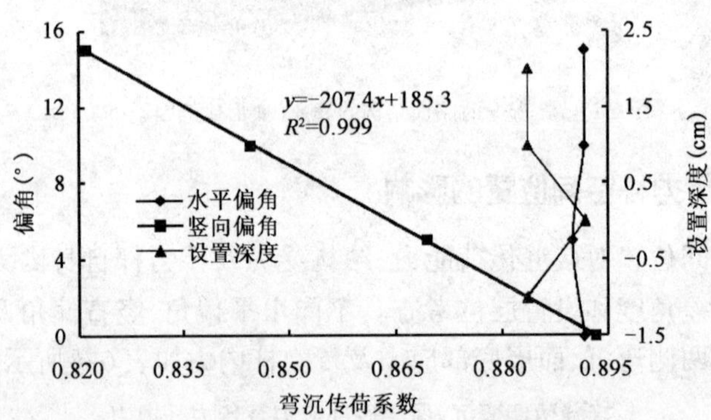

图 6-16　水平、竖直偏角及设置深度对应的弯沉传荷系数

（2）传力杆空间位置对传力杆内力的影响

传力杆竖直偏角变化对传力杆内力幅值的影响如图 6-17 所示。竖直偏角由 0 增长到 15°时，传力杆内力的比较如图 6-18 所示。水平偏角和设置深度对传力杆内力影响不大。

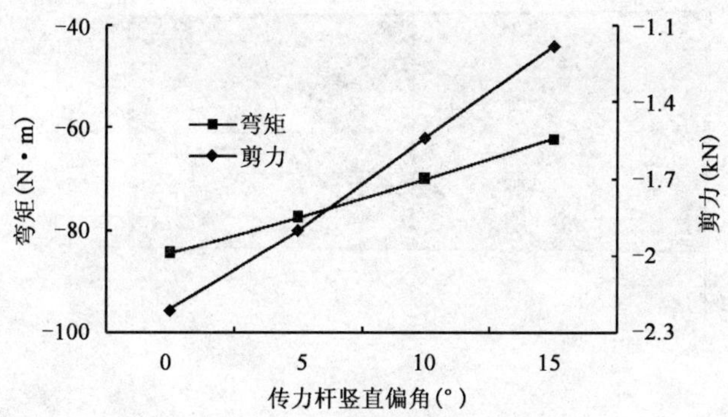

图6-17　竖直偏角对传力杆内力幅值的影响

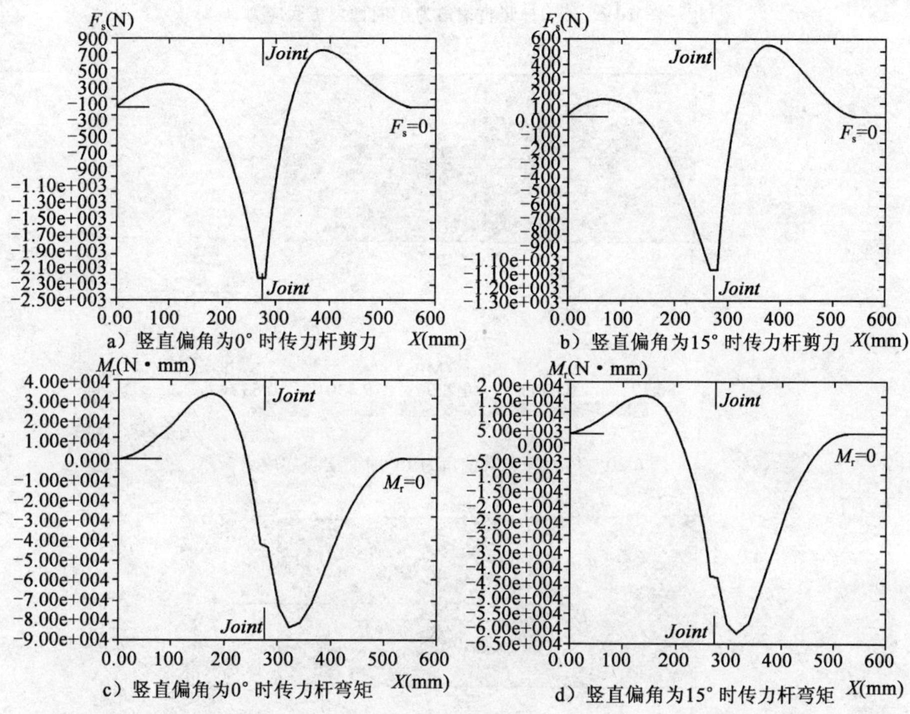

图6-18　竖直偏角对传力杆内力的影响

(3)传力杆空间位置对结构层应力的影响

图6-19、图6-20分别是传力杆竖直偏角为0°和15°时面层底部的应力分布图。图6-21所示为传力杆位于面层中部和中部偏下2cm处面层底部的应力分布图。

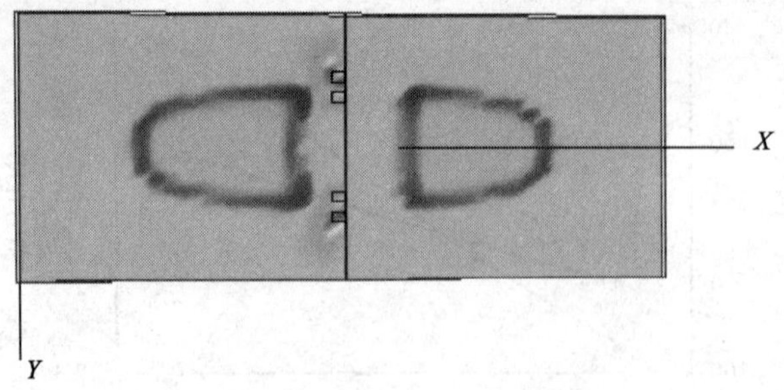

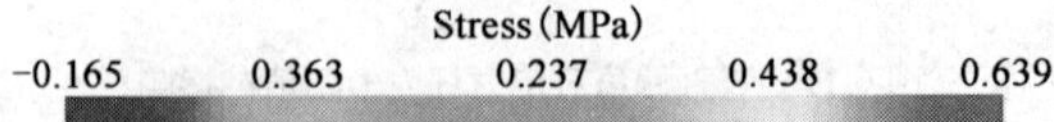

图 6-19　传力杆竖直偏角为 0°时面层板底应力

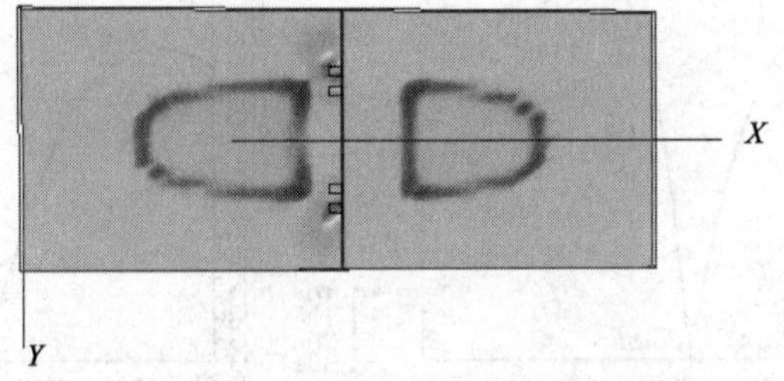

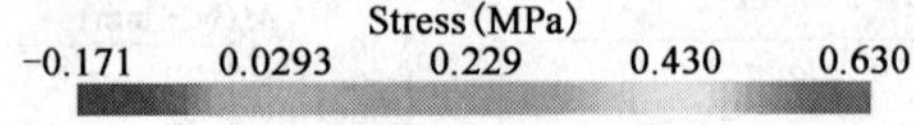

图 6-20　传力杆竖直偏角为 15°时面层板底应力

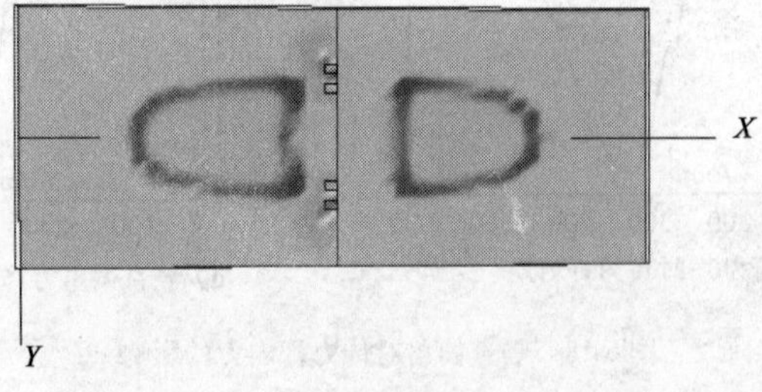

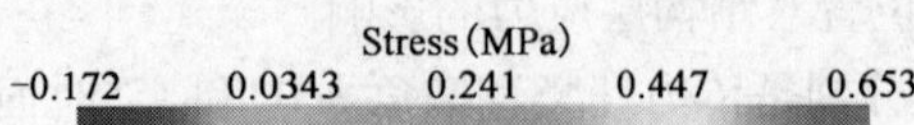

图 6-21　传力杆位置面层中部偏下 2cm 时面层板底应力

综上,水平偏角对传荷系数的影响很小,可忽略不计。竖直偏角则存在较大影响,随竖直偏角的增大传荷系数近乎线性下降,偏离15°时,传荷系数降低约8.1%。竖直偏角对传力杆自身内力也存在较大影响,随偏角的增大,传力杆剪力幅值、弯矩幅值均大幅降低,尤其是剪力幅值,偏离15°时降幅达46.6%,同时板底最大应力升高约34.5%。

传力杆的埋设深度对传荷系数也存在较大影响。当传力杆位于面层中间时,传荷系数最大,埋设位置偏上或偏下都将引起传荷系数的下降,偏下2cm时降幅可达10%。但埋设深度对自身剪力、弯矩幅值及板底应力均无显著影响。

此外,传力杆剪力幅值发生在传力杆中部,即接缝中间位置,剪力沿杆端至中部近似对称分布,两侧均先增大再减小、再增大至幅值。但弯矩幅值并非发生在传力杆中部,而在距中部约50~80mm处,且发生在未受荷板一侧。

6.3.3　传力杆与混凝土接触状况的影响

传力杆与面层混凝土的接触情况可分为两类:第一类是传力杆和混凝土紧密贴合,第二类是传力杆和混凝土存在一定间隙,即存在松动量。当传力杆与混凝土紧密贴合时,二者的接触状况可用传力杆对混凝土的竖向支撑模量和混凝土对传力杆的水平约束模量进行评价;当二者存在一定间隙时,接触状况可用松动量进行评价,间隙的水平长度记为Gap A,最大宽度记为Gap B。两类接触状态下,接缝两侧弯沉、面层底部应力及传力杆内力如表6-4、表6-5所示。

接缝两侧弯沉、面层底部应力及传力杆内力　　表6-4

编号	杆—混凝土支撑模量(MPa)	杆—混凝土约束模量(MPa)	Δ_u (mm)	Δ_l (mm)	σ_u (MPa)	σ_l (Mpa)	$V_{杆}$ (10^3N)	$M_{杆}$ (N·mm)
1	400	0	0.609	0.512	0.036	0.006	-1.24	-60 500
2	1200	0	0.599	0.534	0.029	0.006	-2.21	-84 000
3	3600	0	0.590	0.555	0.025	0.005	-3.38	-104 000
4	10800	0	0.584	0.568	0.019	0.005	-4.60	-119 000
5	1200	400	0.590	0.525	0.032	0.009	-2.22	-84 500
6	1200	1200	0.590	0.524	0.035	0.012	-2.22	-84 000
7	1200	3600	0.589	0.524	0.044	0.021	-2.21	-83 400
8	1200	10800	0.589	0.524	0.063	0.040	-2.20	-82 500

接缝两侧弯沉、面层底部应力及传力杆内力　　表6-5

编号	Gap A (mm)	Gap B (mm)	Δ_u (mm)	Δ_l (mm)	σ_u (MPa)	σ_l (MPa)	$V_{杆}$ (10^3 MPa)	$M_{杆}$ (N·mm)
1	0	0	0.615	0.614	0.079	0.078	5.00	-189 000
2	0.05	10	0.588	0.668	0.049	0.059	6.19	-222 000
3	0.10	20	0.583	0.578	0.035	0.048	6.19	-222 000
4	0.15	30	0.582	0.572	0.027	0.042	6.80	-234 000
5	0.20	40	0.584	0.566	0.023	0.037	7.40	242 000
6	0.25	50	0.588	0.559	0.023	0.032	7.40	242 000

(1)传力杆与混凝土接触状况对接缝传荷能力的影响

当传力杆和混凝土处于第一类接触时,接触状况对传荷系数的影响如图6-22所示。当约束模量一定时,传荷系数随支撑模量的增大呈指数增加,传力杆内力也随之增加。支撑模量由400MPa增大到10 800MPa时,传荷能力提高约15.7%。

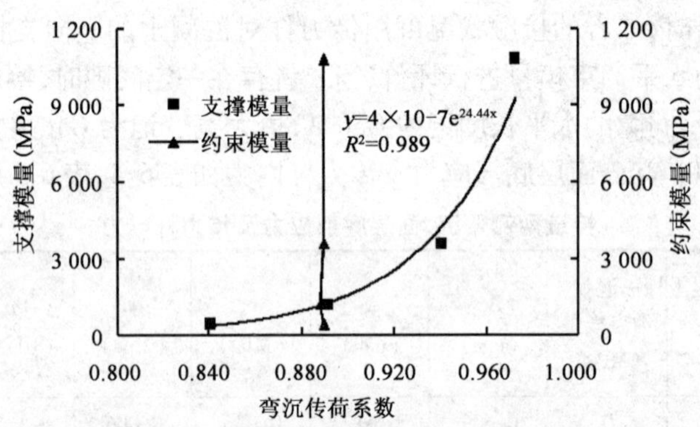

图6-22　第一类接触时弯沉传荷系数的变化

当传力杆与面层混凝土处于第二类接触状态时,随着松动量的增大,传荷系数呈二次曲线迅速下降,如图6-23所示。当松动长度为5cm、宽为0.25mm时,传荷系数下降了4.8%。综上,在一定松动范围内,传力杆与混凝土处于第二类接触状态时,传荷能力均优于第一类。

(2)传力杆与混凝土接触状况对传力杆内力的影响

当传力杆和混凝土处于第一类接触时,支撑模量对传力杆内力幅值的影响如图 6-24 所示。剪力、弯矩幅值分别升高 271%、96.7%。相比之下，水平约束模量对传力杆内力影响较小。当传力杆和混凝土处于第二类接触时，随松动量增大，传力杆剪力、弯矩幅值均不断增大。当松动长度为 5cm、宽为 0.25mm 时，剪力幅值降低了 48%。

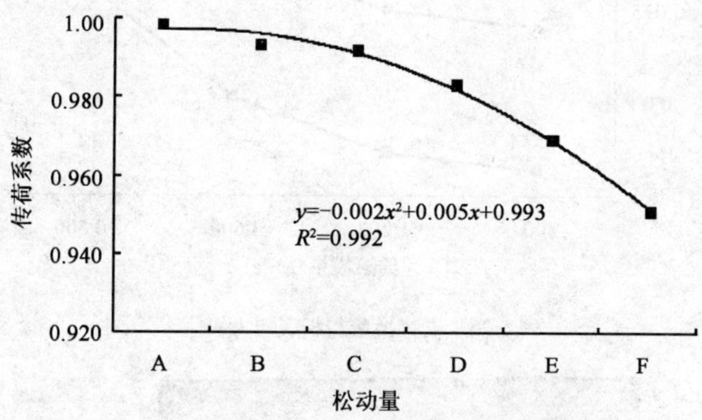

图 6-23　第二类接触时弯沉传荷系数的变化

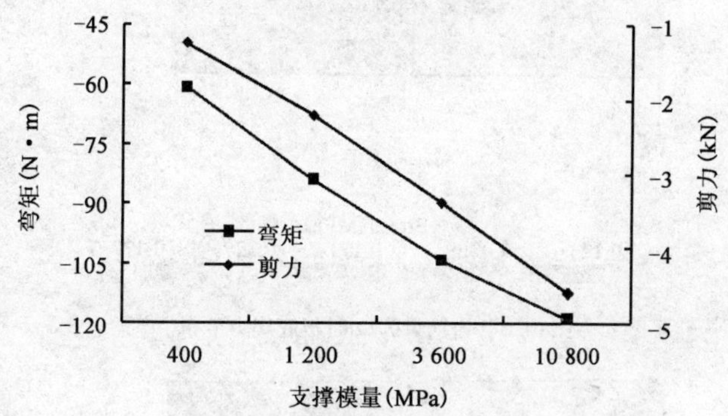

图 6-24　支撑模量与传力杆内力幅值

(3)传力杆与混凝土接触状况对结构层应力的影响

当传力杆和混凝土处于第一类接触时，支撑模量对面层底部最大应力影响较大。当约束模量一定，支撑模量由 400MPa 增大到 10 800MPa 时，面层底部最大应力降低约 47.2%。相比之下，水平约束模量的增大不仅不能降低板底应力，还造成了应力的大幅提升。由图 6-25 可知，水平约束模量从 400MPa 增大到 10 800MPa，板底最大应力增加约 96.9%。

当传力杆与面层混凝土处于第二类接触状态时，随着松动量的增大，板底应力大幅减少。图 6-26、图 6-27 分别为松动量为 A、F 时板底应力的分布图。

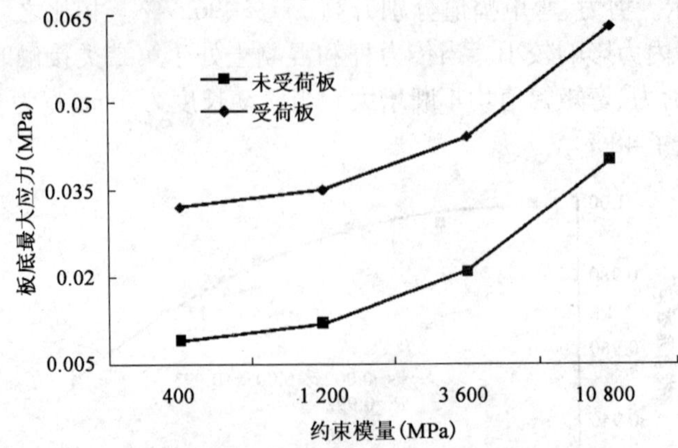

图 6-25　支撑模量与板底应力幅值

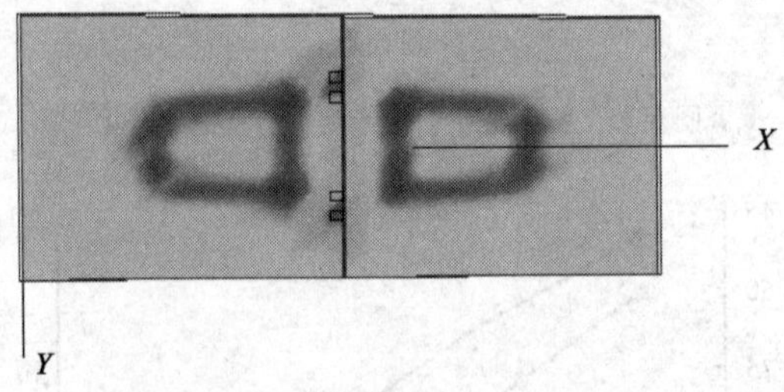

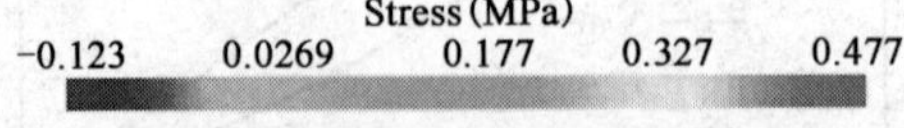

图 6-26　松动量为 A 时板底应力分布

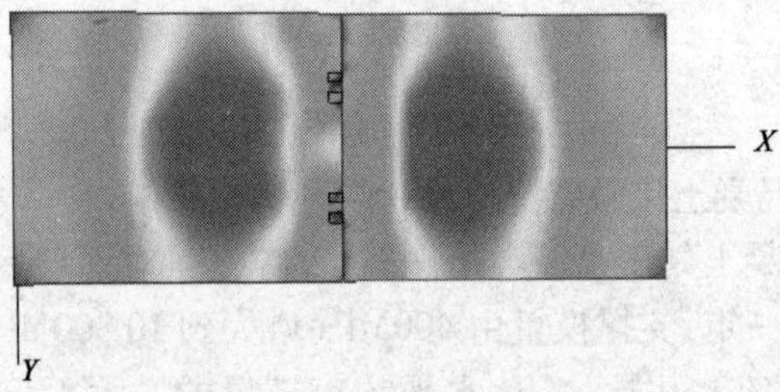

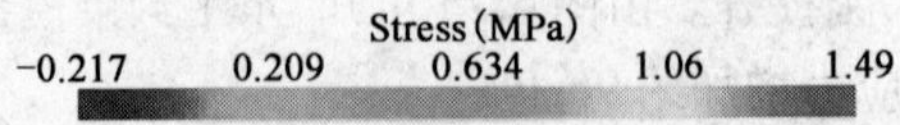

图 6-27　松动量为 F 时板底应力分布

此外,松动量对路面结构的翘曲也有明显影响,松动量为A、F时,路面的翘曲如图6-28示意,竖向变形比例因子为500。

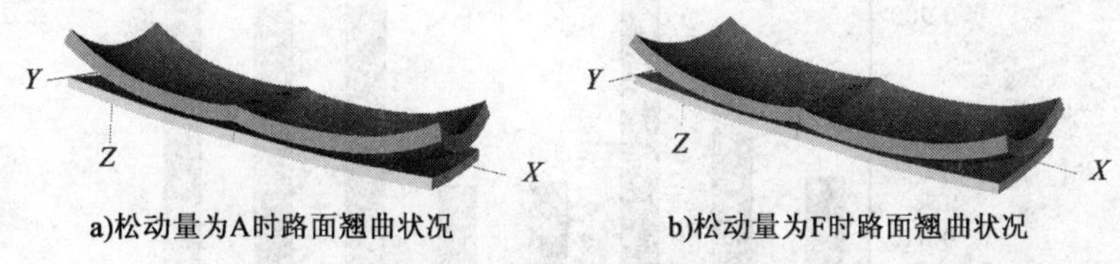

a)松动量为A时路面翘曲状况　　b)松动量为F时路面翘曲状况

图6-28　路面翘曲状况(竖向变形比例因子:500)

6.3.4　传力杆布设方式的影响

本节从传力杆间距、层数和布设位置(均匀/轮迹带)3个角度考查布设方式对接缝传荷能力的影响,设置方式对接缝两侧弯沉、面层底部应力及传力杆内力幅值的影响如表6-6所示。

接缝两侧弯沉、面层底部应力及传力杆内力　　表6-6

编号	布设方式	Δ_u (mm)	Δ_l (mm)	σ_u (MPa)	σ_l (MPa)	$V_{杆}$ (10^3N)	$M_{杆}$ (N·mm)
1	A	0.605	0.518	0.035	0.009	-2.29	-88 500
2	B	0.602	0.529	0.03	0.006	-2.05	-82 000
3	C	0.599	0.542	0.026	0.014	-1.75	-73 500
4	D	0.606	0.518	0.035	0.010	-2.25	-85 500
5	E	0.607	0.518	0.035	0.011	-2.20	-84 000
6	G	0.598	0.544	0.026	0.013	-1.45	-65 800
7	H	0.599	0.542	0.025	0.015	-1.75	-73 900
8	I	0.599	0.543	0.028	0.014	-1.44	-66 000

(1)传力杆布设方式对接缝传荷能力的影响

由表6-6接缝两侧的弯沉,计算不同布设方式下弯沉传荷系数如图6-29所示。当传力杆单层布设时,由A、B、C知,沿横缝均匀布设的传力杆间距越密,传荷能力越高。间距由45cm缩减至20cm,传荷系数增大约5.7%。而从D、E看来,当传力杆数量相同时,传荷系数几乎不随间距变化。对比A和D以及C和G可知,当传力杆数量相同时,布设在轮迹带上与均匀布设传荷能力变化不大。对比C、H,当传力杆单层布设变为双层时,弯沉传荷系数增加约1.4%。同时,由G、H可知,即使布设在轮迹带上、间距减小,传荷系数仍变化不大。

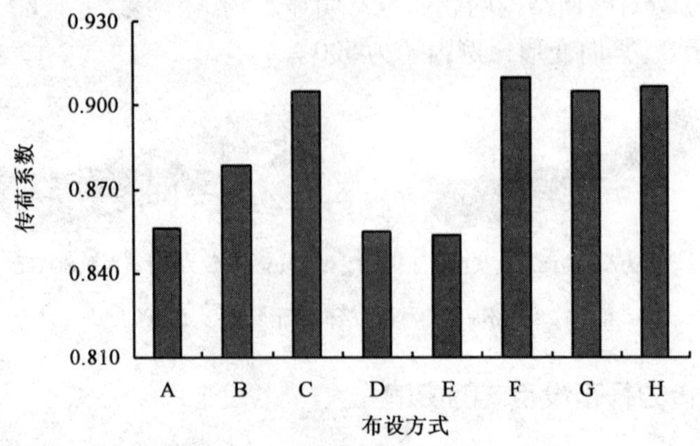

图6-29 布设方式与传荷系数

(2)传力杆布设方式对传力杆内力的影响

由表6-6知,传力杆设置方式对自身剪力影响有限,对弯矩幅值的影响如图6-30所示。对比A和D以及C和G可知,当传力杆数量相同时,布设在轮迹带上与均匀布设传力杆内力也基本相同。

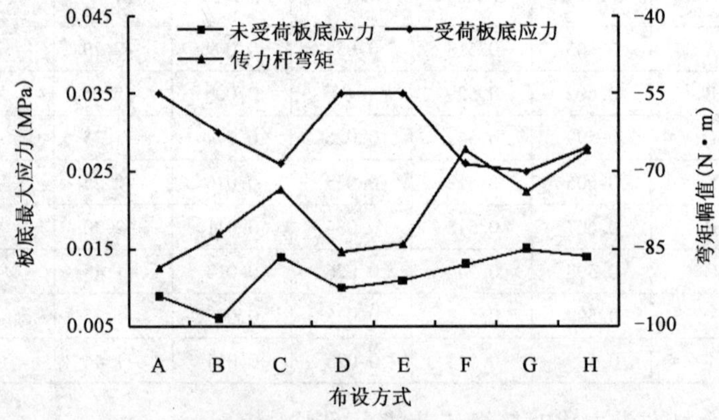

图6-30 布设方式与应力幅值

(3)传力杆布设方式对结构层应力的影响

传力杆设置方式对板底最大应力的影响如图6-30所示。选取图6-30中受荷板应力较大和较小时的工况A、F对应的板底应力分布图列出,如图6-31、图6-32所示。工况C、H对应的板底应力分布如图6-33、图6-34所示。

对比工况A、C不难看出,均匀分布时,随传力杆数量增加,板底大应力较大的区域也在扩大。对比C、F可知,当传力杆数量相同时,双层均匀设置和单层

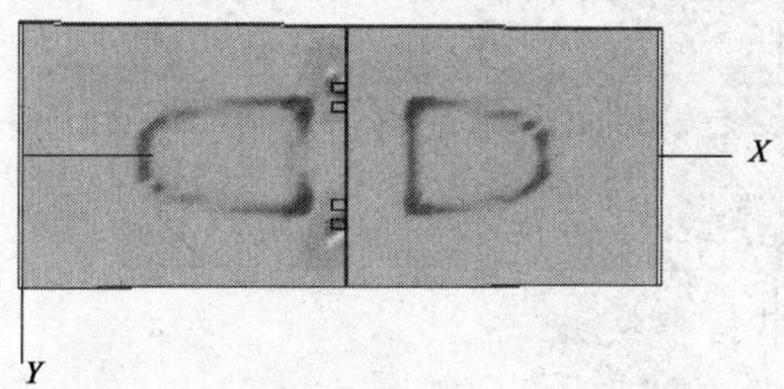

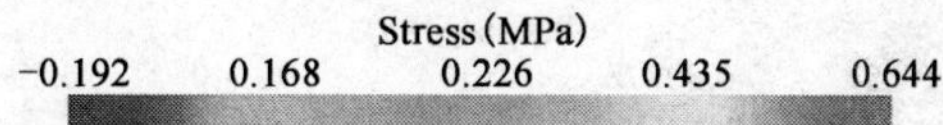

图 6-31　工况 A 对应对应的板底应力分布

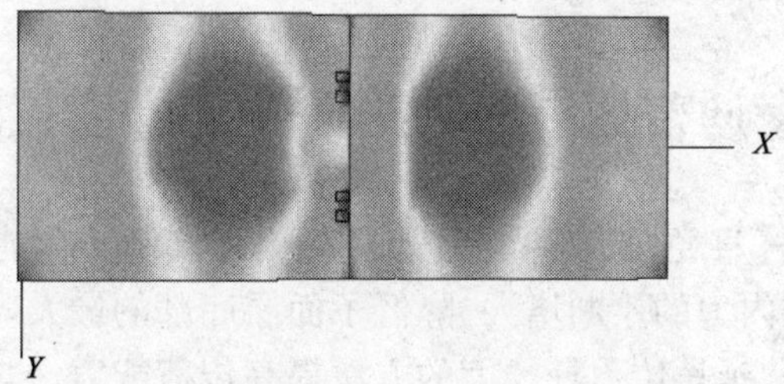

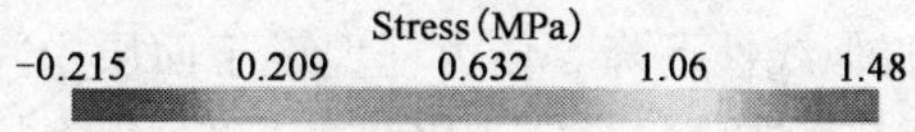

图 6-32　工况 F 对应对应的板底应力分布

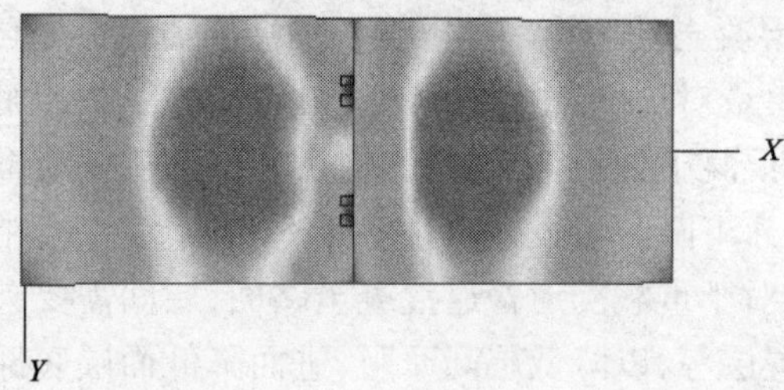

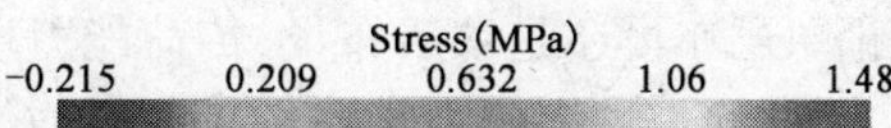

图 6-33　工况 C 对应对应的板底应力分布

均匀，板底应力分布基本相同。对比 F、H 可以发现，当传力杆数量相同时，布置

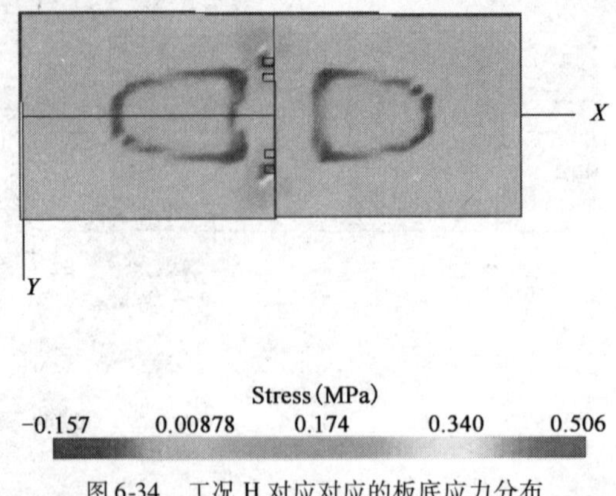

图 6-34 工况 H 对应对应的板底应力分布

在轮迹带上，可有效减小板底应力较大的区域。

6.4 重载交通普通混凝土路面传力杆设置的改进建议

(1)增加传力杆直径、长度不能有效提高提高接缝传荷能力。直径加粗后，随传力杆能够承受内力的不断增大，降低了面层底部的最大应力。因此，不能通过加粗传力杆直径、延长传力杆长度的方法提高传荷能力。

(2)传力杆水平偏角对弯沉传荷系数的影响可忽略不计，但随竖直偏角的增大，弯沉传荷系数近似线性下降。传力杆埋设于面层中间时，传荷系数最大，埋设位置偏上或偏下都将造成传荷能力降低。因此，传力杆设置时要注意避免竖直方向上的偏位。

(3)传力杆和混凝土处于第一类接触时，弯沉传荷系数随支撑模量的增大呈指数增大，约束模量对传荷能力贡献极小，还造成了面板底部应力的大幅提升。传力杆与面层混凝土处于第二类接触状态时，随着松动量的增大，接缝传荷能力呈二次曲线迅速下降。水平松动量小于 5cm 时，第二类接触状态的传荷能力均优于第一类。对于重载交通普通混凝土路面，层间需要进行处理，如设置沥青层、乳化沥青处置层等，以降低层间摩阻，进而降低面层底部的最大应力。

(4)传荷能力在一定范围内随传力杆数量的增加而提高，达到一定数量后，均匀设置的传力杆无论单层布设还是双层布设，传荷能力均无明显变化。但若双层布设在轮迹带上，面层底部的大应力区域则较双层均匀布设明显缩小。从这个角度看，传力杆的数量达到一定数目后，宜布设在轮迹带上。

第7章　重载交通普通混凝土路面典型结构

按照第5章建立的面层和基层综合疲劳准则，考虑面层和基层累计当量标准轴载作用次数的差异性，对不同公路等级极端条件下的重载交通普通混凝土路面典型结构进行了详细的分析，推荐了适宜于重载交通的典型路面结构，并给出了面层、基层厚度的上、下限范围。

7.1　重载交通普通混凝土路面设计参数的选择

(1)自然区划及温度梯度的确定

山西省位于公路自然区划Ⅲ区，查表可得到温度疲劳应力相应的回归常数：$a=0.855$，$b=0.041$，$c=1.355$。对不同水泥混凝土面层的最大温度梯度标准值T_g，可按照公路所在地的公路自然区划按表7-1选用。

最大温度梯度标准值 T_g　　表7-1

公路自然区划	Ⅱ、Ⅴ	Ⅲ	Ⅳ、Ⅵ	Ⅶ
最大温度梯度(℃/m)	83～88	90～95	86～92	93～98

注：海拔高时，取高值；湿度大时，取低值。

(2)设计参数的选择

山西省路面最大温度梯度变化范围为$T_g=90～95$℃/m，可靠度系数γ_r依据公路等级、安全等级按表5-1取值。水泥或石灰粉煤灰稳定粒料等半刚性材料作基层，弯拉强度与弹性模量关系见表7-2。

半刚性材料弯拉强度及弹性模量经验值　　表7-2

弯拉强度(MPa)	0.60	0.70	0.80
弯拉弹性模量(GPa)	2 000	2 500	3 000

水泥混凝土、贫混凝土等刚性材料作基层，其弯拉强度及弹性模量可按表7-3确定。

水泥混凝土弯拉强度及弹性模量经验值　　表 7-3

弯拉强度(MPa)	1.0	1.5	2.0	2.5	3.0
抗压强度(MPa)	5.0	7.7	11.0	14.9	19.3
弯拉弹性模量(GPa)	10	15	18	21	23
弯拉强度(MPa)	3.5	4.0	4.5	5.0	5.5
抗压强度(MPa)	24.2	29.7	35.8	41.8	48.4
弯拉弹性模量(GPa)	25	27	29	31	33

(3)重载交通累计轴载作用次数预估

鉴于山西省重载交通线路货车轴重大、轮压高、多轴化、交通量增长快,加上超载严重,以第 3 章交通量调查资料(表 3-4 和表 3-5)为例,估算北京—大同高速年平均日货车交通量 ADTL = 3 591,夏家营—汾阳段的 ADTL = 6 544。取全断面车辆综合标准轴载次数系数 x = 450 000,假设年平均交通量增长率为 8%,对应于高速公路的车辆轮迹横向分布系数 η = 0.22,交通量方向分配系数 0.5,车道分配系数 0.4(按双向 6 车道考虑),以此预估不同年限的累计标准轴载作用次数,相应结果见表 7-4。

累计标准轴载作用次数 N_e　　表 7-4

路　段	年限(年)	累计标准轴载作用次数 N_e
北京 - 大同	1	2.60×10^{10}
	3	8.43×10^{10}
	5	1.52×10^{11}
	10	3.76×10^{11}
	15	7.05×10^{11}
夏家营 - 汾阳	1	4.73×10^{10}
	3	1.54×10^{11}
	5	2.77×10^{11}
	10	7.85×10^{11}
	15	1.28×10^{12}

从表 7-4 可以看到,该道路的累计标准轴载作用次数惊人,约为 1×10^{10} ~ 2×10^{12}之间,按照 JTG D40—2011《公路水泥混凝土路面设计规范》属于极重交通荷载等级,远大于 JTG D40—2002《公路水泥混凝土路面设计规范》规定的特重交通等级对应的 2×10^7 次下界。1 年之内累计标准轴载作用次数就高达 2.60×10^{10} ~ 4.73×10^{10}次,这可以解释为何运煤重载道路建成开放交通仅 1 年

路面就出现比较严重的断板、破碎、错台和磨光等病害。

因此，运煤重载水泥混凝土路面结构设计时，必须充分考虑其上运行的车辆荷载特征，按极重交通荷载等级进行结构组合设计和材料选择。

7.2　重载交通普通混凝土路面典型结构

依据我国重载水泥混凝土路面设计使用的成败经验（山西、广东、广西等），以及世界其他一些国家（美国、德国、法国等）重载水泥混凝土路面结构的设计使用经验，路面结构是一个系统的整体，结构组合好坏决定设计使用的成败。结构组合应予以足够的重视，在充分发挥各结构层功能的基础上，最大限度地降低各自不利因素的影响。

7.2.1　常见路面结构组合及要求

基于此，推荐如下几种路面结构组合形式供重载交通、运煤重载混凝土路面设计时选择，路面结构组合如图7-1所示。

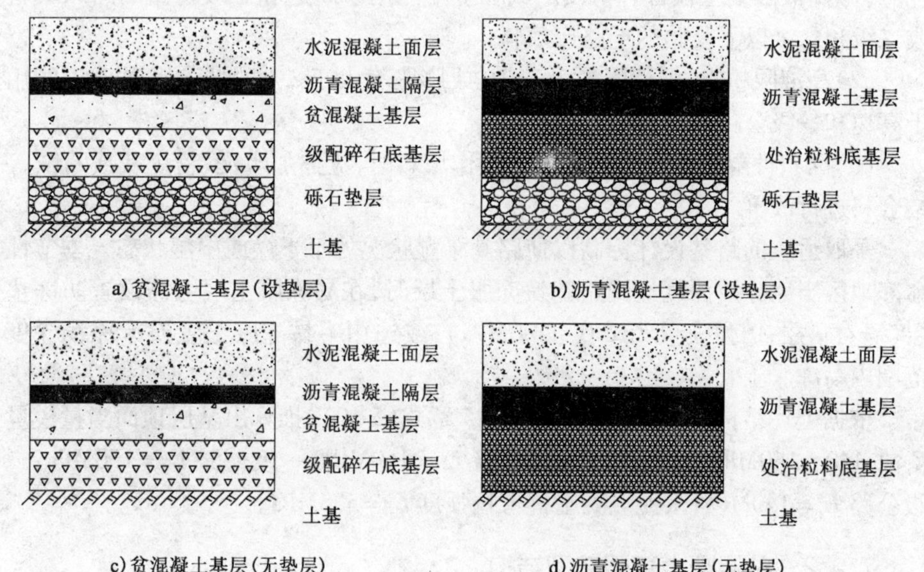

图7-1　普通混凝土结构组合形式

重载交通普通混凝土上沥青加铺层结构组合主要有2种形式，如图7-2所示。

鉴于本书限于水泥混凝土路面结构，以下典型结构将不涉及水泥混凝土层上加铺沥青层的情况,实践及理论分析表明,在极重交通道路上采用图7-2所示的路面结构非常有利。其次,还应充分考虑地表水的渗入和冲刷作用,采取疏排措施,防止渗入水积滞在路面结构内,并选用抗冲刷能力较强的材料做基层或底基层。路基应稳定、密实、均质,便于对路面提供均匀的支承。

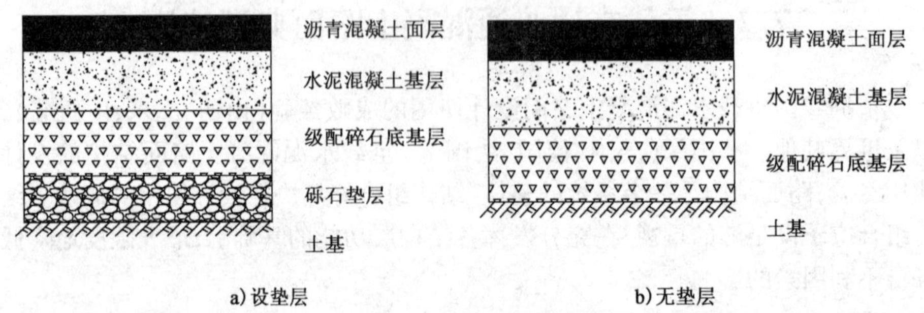

图7-2　普通混凝土上沥青加铺层结构组合形式

对于特重和极重交通荷载等级道路,路床顶的综合回弹模量值应不低于80MPa。总之,路基填料应满足下述要求:

(1)高液限黏土及含有机质的细粒土不能用于高速和一级公路的路床填料或二级和二级以下公路的上路床填料;

(2)高液限粉土、塑性指数大于16或膨胀率大于3%的低液限黏土不能用于高速和一级公路的上路床填料;

(3)因条件限制而必须采用上述土作填料时,应掺加水泥、粉煤灰或石灰等结合料进行改善。

采取适宜的路基设计标高以使路基干湿状况处于干燥或中湿状态。季节性冰冻地区当冰冻线深度达到路基易冻胀土层时,在易冻胀土层上需设置防冻垫层(砾石垫层,回弹模量为250~400MPa);或选用不易冻胀土置换冰冻线深度范围内易冻胀土。

依据上述结构组合、材料参数及第5章式(5-10),推算出基层顶面当量模量E_t在140~160MPa之间变化,高速公路$E_t=160$MPa,一级公路$E_t=150$MPa,二级公路$E_t=140$MPa,水泥混凝土抗弯拉强度$f_{1r}=5.5$MPa。

7.2.2　贫混凝土基层典型结构

(1)基层设纵、横缝

弯拉强度大于3.0MPa的贫混凝土(弯拉模量不小于25 000MPa)基层需设置与面层对应的纵、横缝。面层和基层厚度范围见表7-5。

贫混凝土基层设纵、横缝时路面面层、基层厚度　表7-5

作用次数(×10^{10})				1	50
高速公路	面层厚度(cm)			36 ~ 34	40 ~ 38
	基层厚度(cm)	E_1 (MPa)	27 000	12 ~ 16	15 ~ 21
			29 000	12 ~ 15	14 ~ 20
一级公路	面层厚度(cm)			34 ~ 32	38 ~ 36
	基层厚度(cm)	E_1 (MPa)	25 000	12 ~ 15	12 ~ 17
			27 000	12 ~ 14	12 ~ 17
二级公路	面层厚度(cm)			32 ~ 30	36 ~ 34
	基层厚度(cm)	E_1 (MPa)	25 000	12 ~ 13	12 ~ 13
			27 000	12 ~ 13	12 ~ 13

(2)基层设横缝

贫混凝土弯拉强度在1.8 ~3.0MPa(弯拉模量介于18 000 ~25 000MPa)间的基层需设置与面层对应的横缝。面层、基层厚度范围见表7-6。

贫混凝土基层横缝时路面面层、基层厚度　表7-6

作用次数(×10^{10})				1	50
高速公路	面层厚度(cm)			35 ~ 33	39 ~ 37
	基层厚度(cm)	E_1 (MPa)	21 000	12 ~ 15	12 ~ 19
			23 000	12 ~ 14	12 ~ 17
一级公路	面层厚度(cm)			33 ~ 31	37 ~ 35
	基层厚度(cm)	E_1 (MPa)	18 000	12 ~ 14	12 ~ 15
			21 000	12 ~ 13	12 ~ 14
二级公路	面层厚度(cm)			31 ~ 29	35 ~ 33
	基层厚度(cm)	E_1 (MPa)	18 000	13 ~ 14	12
			21 000	12	12

综上可知:采用贫混凝土基层,材料弯拉强度大于3.0MPa,基层需设与面层对应的纵、横缝,由于基层无超宽,面层需较大厚度。材料弯拉强度介于1.8 ~3.0MPa之间时,基层需设与面层对应的横缝,但不需设对应纵缝,即基层横向为超宽,此时基层超宽可降低面层临界荷位处的荷载应力,故面层厚度有所降低。材料弯拉强度小于1.8MPa的基层,虽然可不设纵横缝,但基层本身不能满足疲劳强度要求,故不予推荐。

7.2.3 沥青混凝土基层典型结构

采用沥青混凝土作基层时，基层不需设缝。基层不设缝路面面层及基层最小厚度范围见表7-7。

基层(沥青混凝土)不设缝路面面层、基层厚度　　表7-7

<table>
<tr><td colspan="4">作用次数($\times 10^{10}$)</td><td>1</td><td>50</td></tr>
<tr><td rowspan="3">高速公路</td><td colspan="3">面层厚度(cm)</td><td>≥34</td><td>≥38</td></tr>
<tr><td rowspan="2">基层厚度(cm)</td><td rowspan="2">E_1 (MPa)</td><td>4 500</td><td>5 ~ 7.5</td><td>5 ~ 7.5</td></tr>
<tr><td>5 500</td><td>5 ~ 7.5</td><td>5 ~ 7.5</td></tr>
<tr><td rowspan="3">一级公路</td><td colspan="3">面层厚度(cm)</td><td>≥32</td><td>≥35</td></tr>
<tr><td rowspan="2">基层厚度(cm)</td><td rowspan="2">E_1 (MPa)</td><td>4 500</td><td>5 ~ 7.5</td><td>5 ~ 7.5</td></tr>
<tr><td>5 500</td><td>5 ~ 7.5</td><td>5 ~ 7.5</td></tr>
<tr><td rowspan="3">二级公路</td><td colspan="3">面层厚度(cm)</td><td>≥30</td><td>≥33</td></tr>
<tr><td rowspan="2">基层厚度(cm)</td><td rowspan="2">E_1 (MPa)</td><td>4 500</td><td>5 ~ 7.5</td><td>5 ~ 7.5</td></tr>
<tr><td>5 500</td><td>5 ~ 7.5</td><td>5 ~ 7.5</td></tr>
</table>

综上可知：沥青混凝土基层不需设纵、横缝，基层超宽可部分降低面层的荷载应力，由于沥青基层抗弯刚度相对于水泥混凝土面层很小，其分担弯矩的能力有限，但可以降低温度应力作用，故采用沥青混凝土作基层时，面层水泥混凝土厚度不会增加，同贫混凝土基层比较，反而有所降低。

对于不设纵、横缝的基层，由于采用的双层板力学模型以线弹性理论为基础，不计基层受压(板角点处)后材料的非线性特性必然导致横缝处基层荷载应力被高估。另一方面，计算没有考虑横缝处基层因摩阻引起的温缩应力作用，使得设计偏于不安全。

因此，横缝处基层的实际荷载应力应为考虑基层材料非线性后的应力与温缩应力的叠加。横缝传力杆的传荷作用可有效减小该处面层板的挠曲变形，使得该处基层脱空的可能性降低，即使基层开裂不可避免，也可通过采取适当措施加以处理。例如，基层下应设置抗冲刷或透水垫层，或者面层板下纵、横缝处铺设防水土工布(如图7-3所示)，或在基层顶面喷涂一层薄的乳化沥青层，以防止雨水下渗，可有效减小基层下唧泥、脱空破坏。

图 7-3 基层上加铺土工布

7.3 重载交通普通混凝土路面典型结构的应力分析

目前,水泥混凝土路面面层普遍采用 26cm ~ 30cm 厚度、接缝设置传力杆的形式,然而基层类型以及厚度变化多样。这在扩展水泥混凝土路面结构组合的同时,也给路面结构应力状态带来了诸多不确定性。本节针对 7.1 节中提到的典型结构组合,建立 3 维有限元模型,分析路面面层、基层底部弯拉应力以及面层—基层层间剪切应力和面板脱空状态。同时结合《公路水泥混凝土路面设计规范》(JTG D40—2011)中重载交通路面面层、基层双控设计方法给 7.2 节中推荐的典型路面结构组合给出实用性建议。

7.3.1 重载交通典型结构模型

1) 结构模型

重载交通典型路面结构的力学计算模型如图 7-4a) 所示, h_1、E_1、μ_1 分别为面层的厚度、弹性模量、泊松比; h_2、E_2、μ_2 分别为基层的厚度、弹性模量、泊松比; h_3、E_3、μ_3 分别为底基层的厚度、弹性模量、泊松比; k 为地基反应模量; P 为轴重。面层与基层间的摩阻视基层类型及层间处置方式确定,接触状况服从库伦模型。荷载为轴重 100kN 的单轴双轮组荷载,分别作用于纵缝边缘中部和板边,如图 7-4b) 所示,每个轮子等效为 20cm × 15cm 矩形荷载。

面层、基层、底基层分别按照 20 × 18 × 3、20 × 18 × 2、20 × 18 × 2 进行网格划分,如图 7-5 所示。

在建模过程中必须考虑水泥混凝土路面结构层层间的接触条件,合理的接触模型对于正确分析路面结构的力学行为十分关键。本节按照6.2.3的方法进行层间剪切试验,确定不同基层类型及层间处理方式的接触模型。

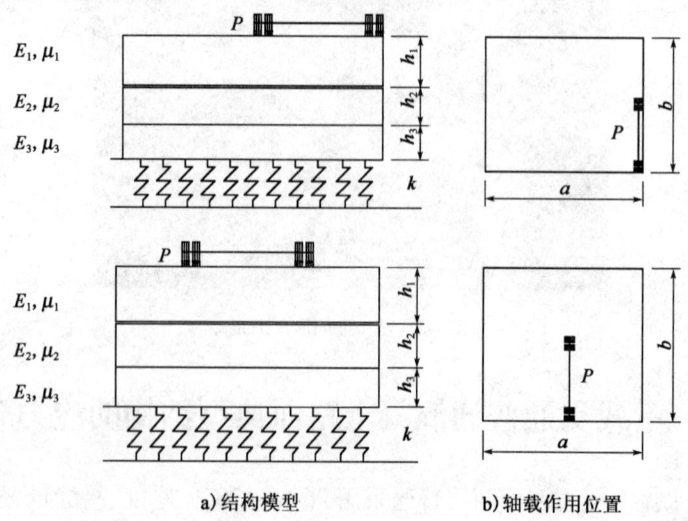

图7-4　结构模型

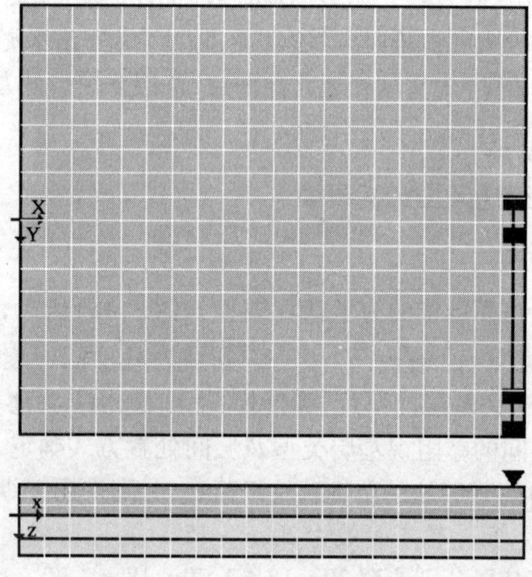

图7-5　网格划分

2)荷载模型

(1)温度荷载

温度沿混凝土板厚方向线形变化,温度梯度为 +83℃/m。

(2)交通荷载

采用现行路面设计规范规定的标准轴载 BZZ—100 作为车辆荷载,单轴双轮组荷载简化为当量的矩形均布荷载,荷载作用位置及当量尺寸如图 7-6 所示。

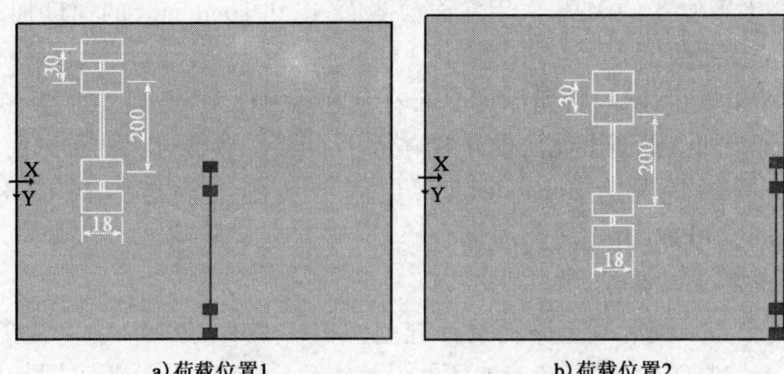

图 7-6　荷载作用位置及当量尺寸(尺寸单位:cm)

3)材料及模型参数选定

材料一般参数的确定按照经验进行,基层厚度及模量的范围依据常见的基层选取。

(1)一般参数设定

水泥混凝土面层参数:平面尺寸为 450cm × 400cm,厚度 h_1 为 26cm,弹性模量 E_1 为 30GPa,泊松比 μ_1 为 0.15,线膨胀系数 α 为 10^{-5},密度 ρ_1 为 2 400kg/m^3;基层参数:平面尺寸为 450cm × 400cm,厚度 h_2 为 20cm,弹性模量 E_2 为 25GPa,泊松比 μ_2 为 0.2,密度 ρ_2 为 2 350kg/m^3;底基层参数:平面尺寸为 450cm × 400cm,厚度 h_3 为 15cm,弹性模量 E_3 为 350MPa,泊松比 μ_2 为 0.35,密度 ρ_3 为 1 800kg/m^3;地基的反应模量 $k(E_0、\mu_0)$ 为 30MPa/m。

(2)基层厚度及模量的确定

20cm 贫混凝土模量取 20 000MPa,20cm 水泥稳定碎石模量取 10 000MPa,20cm 二灰碎石模量取 5 000MPa,20cm 沥青稳定碎石模量取 1 500MPa。

(3)层间接触参数的确定

面层与基层层间结合状况由层间剪切试验确定,参照 6.2.3 进行。分别采用贫混凝土、水稳碎石、沥青碎石及二灰碎石基层上浇筑面层混凝土的方式成型剪切试验试件,进行剪切试验。由于贫混凝土基层、水稳碎石基层与面层混凝土黏结牢固,层间抗剪强度大于试验机顶推量程,故浇筑面层混凝土前,层间采用乳化沥青处置。面层与基层的层间剪切参数通过顶推试验确定。

试验时,先成型 90cm×90cm×20cm 的贫混凝土基层,养生后表面采用乳化沥青处置,浇筑 80cm×80cm×26cm 的水泥混凝土面层,标准养生 28d。试件制备完成后,整体置于顶推试验槽中(如图 6-5 所示)。基层通过千斤顶与试验槽四周固定,水平放置的 MTS 作用在面层侧面,以 0.1mm/min 的速度加载,并记录剪力－位移曲线。

试验结果显示,层间剪切刚度分布在 0.02～0.2MPa/mm 之间。鉴于贫混凝土基层直接加铺混凝土无法推开的情况,层间接触参数分为两种,即:bonded、unbonded。接触状况为 unbonded 时,层间剪切刚度设定为 0.02MPa/mm、0.2MPa/mm、2MPa/mm。

4)计算参数及方法

鉴于《公路水泥混凝土路面设计规范》(JTG D40—2011)中重载交通水泥混凝土路面控制面层、基层疲劳破坏的设计方法,本章主要分析不同基层厚度、模量及层间接触状态下,面层、基层底部的最大弯拉应力、层间剪切应力,以及面层的翘曲脱空。

为了描述整块板的受力特性,文中选择板内具代表性的两条线作为测线,即测线 A 和测线 B,测定板体内不同位置的受力状况。每条测线上均布 11 个测点,如图 7-7 所示。测线上各测点对应的坐标如表 7-8 所示。

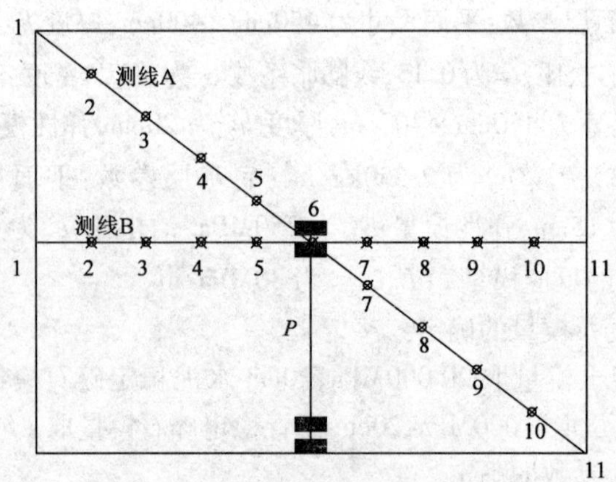

图 7-7 测线及测点位置

各测点坐标 表 7-8

测线	1	2	3	4	5	6
A	0,-2 000	450,-1 600	900,-1 200	1 350,-800	1 800,-400	2 250,0
B	0,0	450,0	900,0	1 350,0	1 800,0	2 250,0
测线	7	8	9	10	11	
A	2 700,400	3 150,800	3 600,1 200	4 050,1 600	4 500,2 000	
B	2 700,0	3 150,0	3 600,0	4 050,0	4 500,0	

为明确基层模量、厚度以及层间结合方式对面层、基层底部的最大弯拉应力、层间剪切应力,以及面层的翘曲脱空的影响,文中采用单因素分析法(如表 7-9 所示),具体水平组合见附表 2,逐一计算基层模量、厚度以及层间结合方式 3 因素各水平下的结果,经比较荷载作用于纵缝边缘的路面结构力学反应较中部强烈,故本章列出的计算结果均为荷载作用于位置 2 处所得。

因素水平表 表 7-9

序 号	影响因素	水 平			
1	基层模量(MPa)	1 500	5 000	10 000	20 000
2	基层厚度(cm)	15	20	25	
3	层间结合方式	A	B1	B2	B3

注:层间结合方式:A 为 bonded;B 为 unbonded,其中,B1 的剪切刚度为 0.02MPa/mm、最大推力位移为 5mm,B2 的剪切刚度为 0.2MPa/mm、最大推力位移为 3mm,B1 的剪切刚度为 2MPa/mm、最大推力位移为 1mm。

7.3.2 基层模量及厚度对面层、基层应力的影响

(1)基层模量对面层、基层应力的影响

当基层厚度为 15cm 时,模量对面层底部应力的影响计算结果如图 7-8 所示,图 a)为测线 A 计算结果,图 b)为测线 B 计算结果。模量对基层底部应力的影响如图 7-9 所示。

由图 7-8 可知,基层模量对受荷一侧板边和板中的面层底部应力有较大影响,但对其他区域的影响较小。随基层模量的增加,受荷一侧板边和板中的面层底部应力均有一定程度下降。由图 7-9 可知,基层模量对自身底部应力存在较

大影响,随模量的提高,自身应力不断下降。

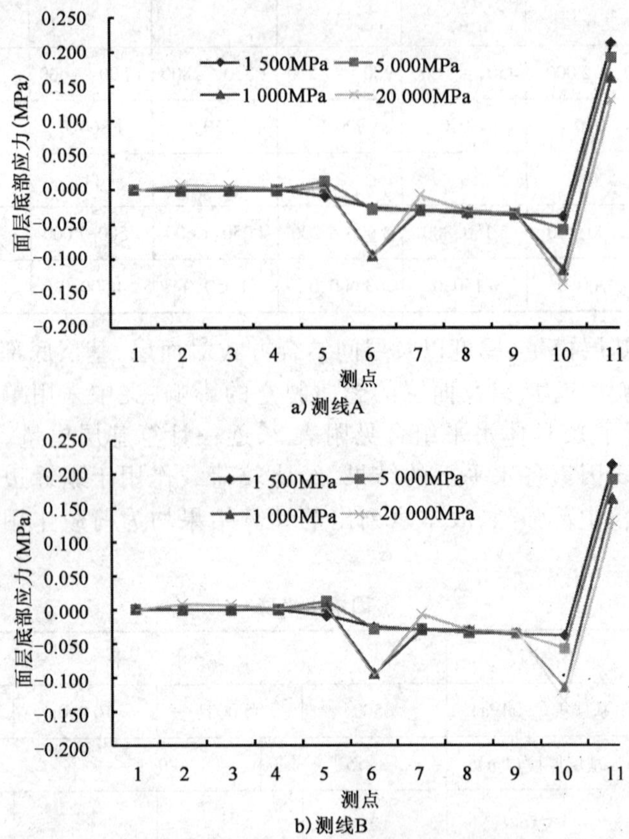

a)测线A

b)测线B

图7-8 基层模量对面层底部应力的影响

基层厚度为20cm、25cm时,模量变化对面层和基层应力的影响与基层厚度为15cm时的变化规律类似,这里不再赘述,详细计算结果见附表3。

(2)基层厚度对面层、基层应力的影响

当基层模量为1 500MPa时,厚度对面层底部最大应力的影响如图7-10所示,对基层应力的影响如图7-11所示。图7-12、图7-13分别是基层模量为20 000MPa时,厚度对面层、基层底部最大应力的影响。

由图7-10可知,基层厚度的提高总体上对面层底部的最大应力影响不大。尽管在受荷一侧的板边及板中部位,板厚的增加能降低面层应力,但降幅极为有限。由图7-11可知,基层厚度的增加可以有效降低自身底部最大应力,尤其是在板的右边区域,即受荷一侧。

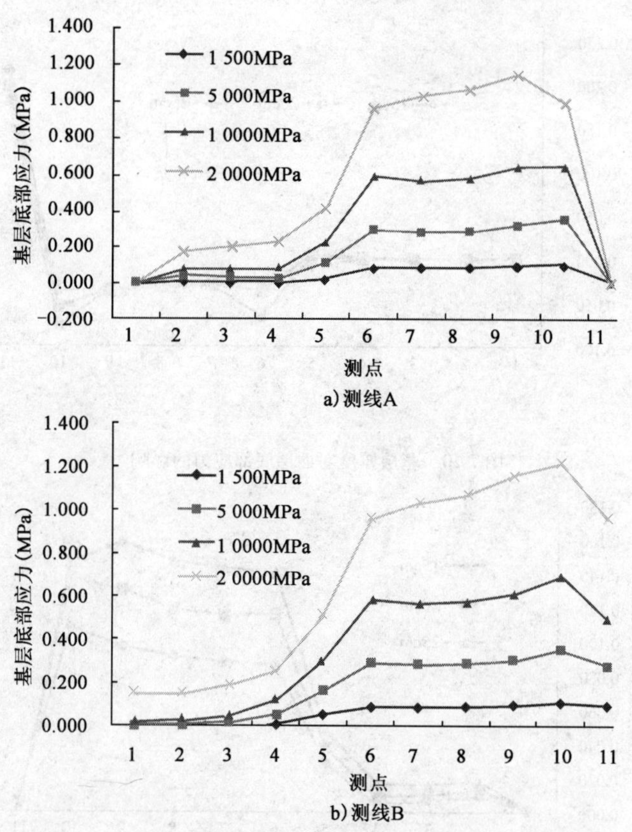

a)测线A

b)测线B

图7-9　基层模量对基层底部应力的影响

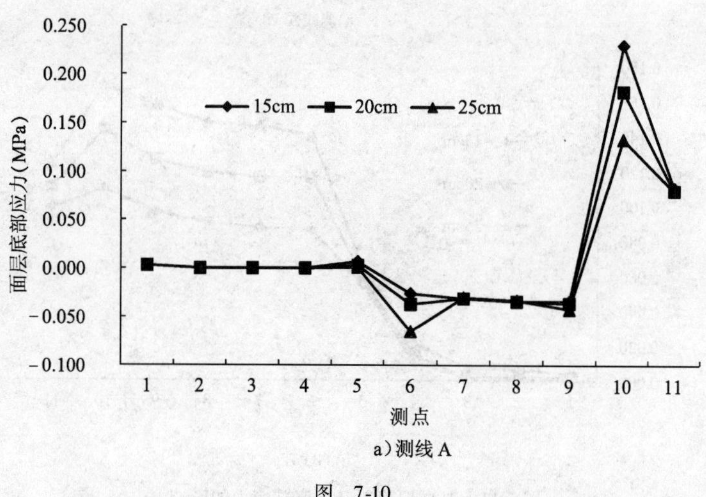

a)测线A

图　7-10

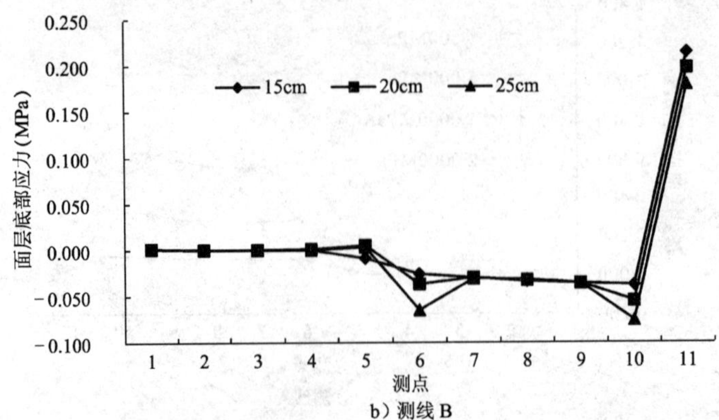

b）测线B

图7-10　基层厚度对面层底部应力的影响

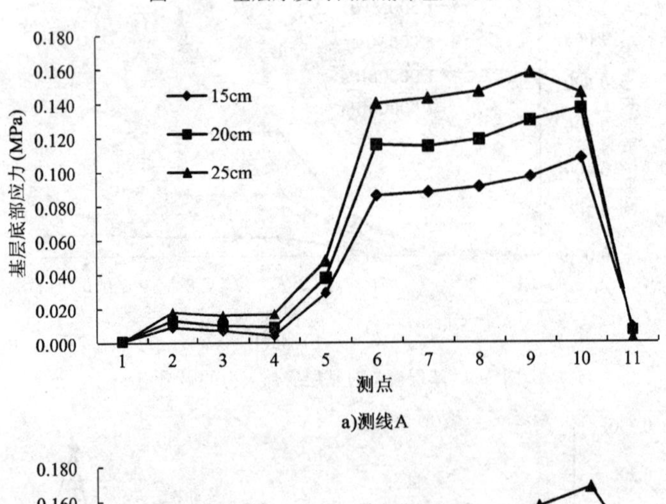

a)测线A

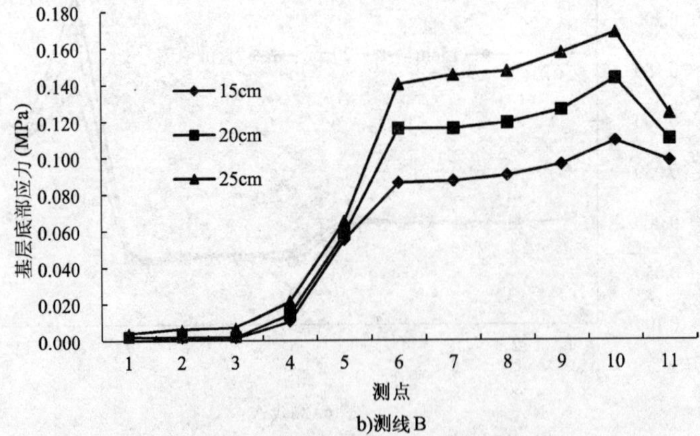

b)测线B

图7-11　基层厚度对基层底部应力的影响

当基层模量为20 000MPa时,基层厚度的增加对面层底部应力的影响不太明确。但由图7-10和图7-12可以看出,基层厚度的增加一定程度上降低了面层应力,最大值由0.25MPa降低至0.15MPa。此外,当基层厚度增加到25cm时,面层底部应力接近最大值的测点数明显增加。即:基层厚度的增加,在降低面层应力的同时,也扩大了面层内达到最大应力的区域。

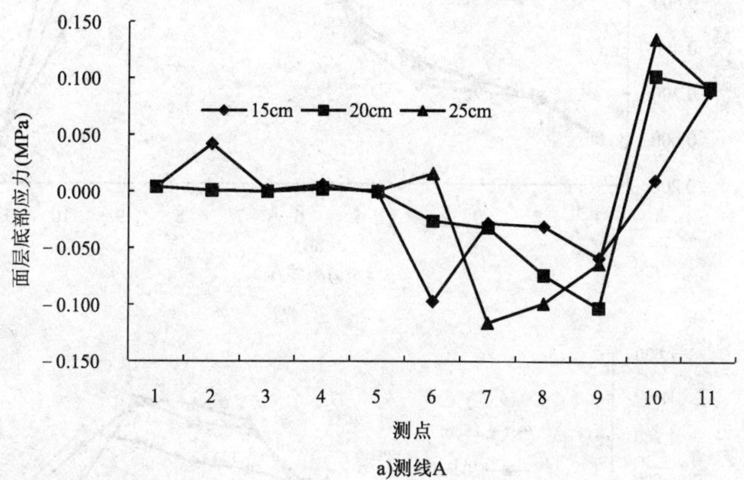

a)测线A

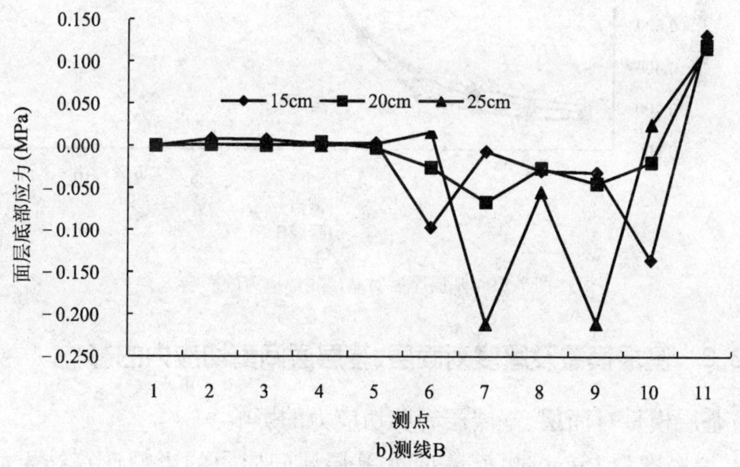

b)测线B

图7-12　基层厚度对面层底部应力的影响

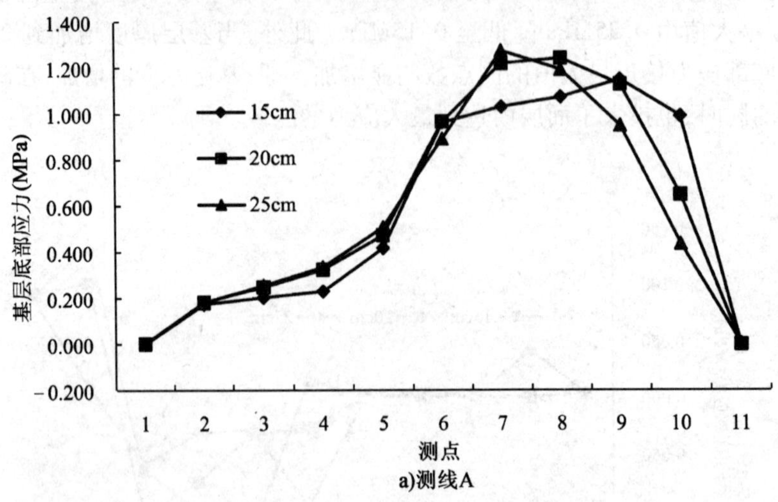

a)测线A

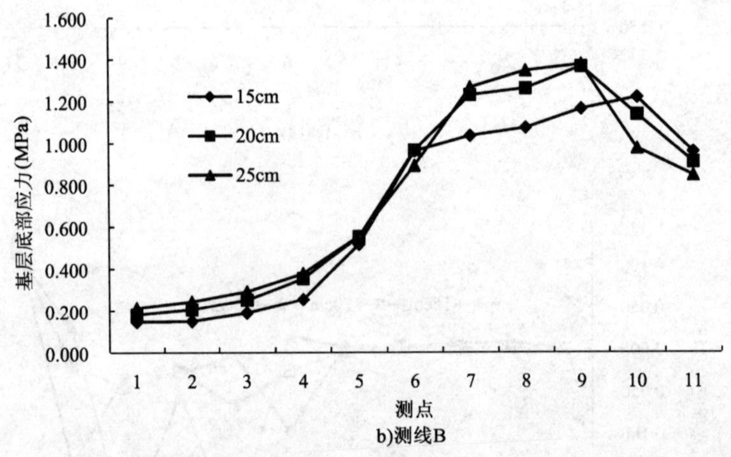

b)测线B

图 7-13　基层厚度对基层底部应力的影响

7.3.3　基层模量及厚度对面层、基层层间剪切应力的影响

(1)基层模量对面层、基层层间剪切应力的影响

当基层厚度为 15cm 时,模量对面-基层层间应力的影响计算结果如图 7-14 所示,图 a)为测线 A 计算结果,图 b)为测线 B 计算结果。由图可知,基层模量由 1 500MPa 增大到 10 000MPa 时,层间剪切应力变化并不明显,但模量达到

20 000MPa后,层间剪切应力在局部位置迅速增加。

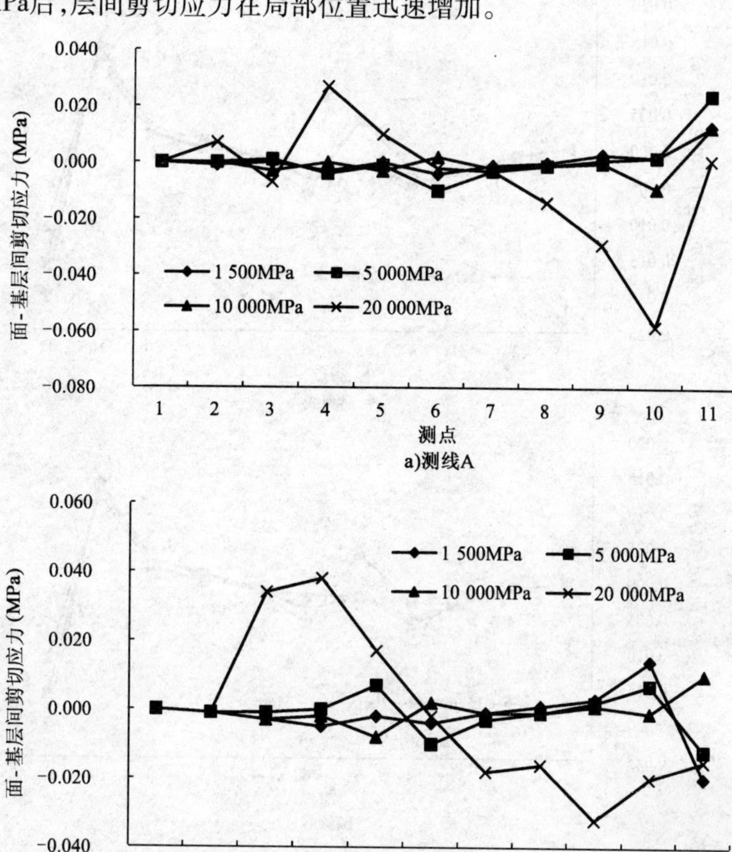

图7-14 基层模量对层间剪切应力的影响

(2)基层厚度对面层、基层层间剪切应力的影响

当基层模量为1 500MPa时,厚度对面-基层层间应力的影响计算结果如图7-15所示,图a)为测线A计算结果,图b)为测线B计算结果。图7-16所示是基层模量为20 000MPa时,厚度对面基层层间应力的影响。

由图7-16可知,当基层模量为1 500MPa时,基层厚度对层间剪切应力的影响并不明显。对比图7-16可知,当基层模量增加到20 000MPa时,厚度对剪切应力的影响才体现出来。基层厚度为25cm时,层间剪切应力相比基层厚度为15cm时有显著降低。同时,由图7-16测线B中20cm和25cm两条曲线可知,层间剪切应力并非随基层厚度增加而降低。

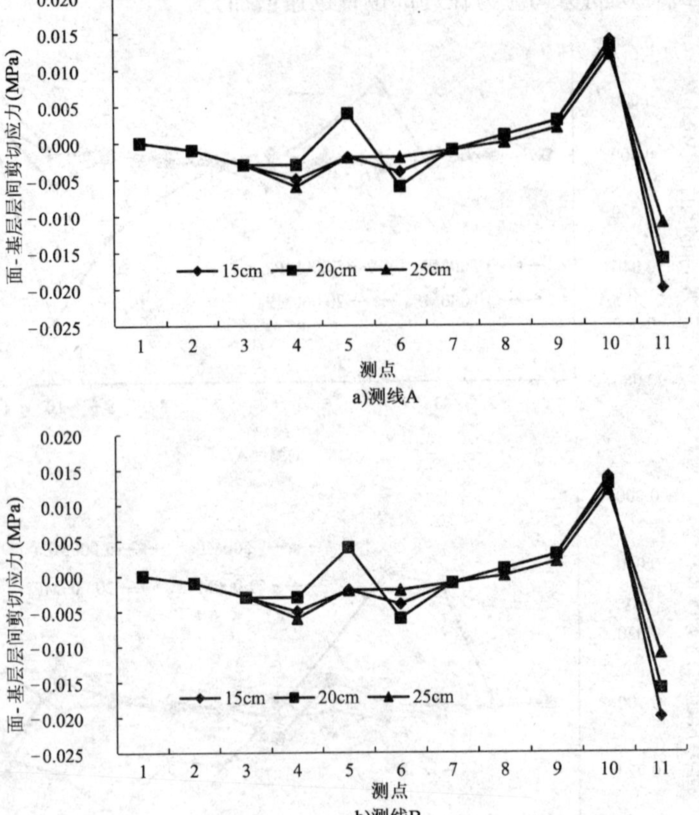

a)测线A

b)测线B

图 7-15　基层厚度对层间剪切应力的影响

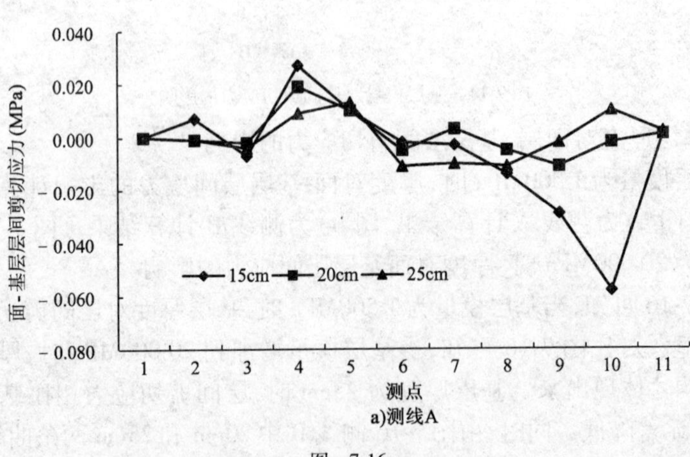

a)测线A

图　7-16

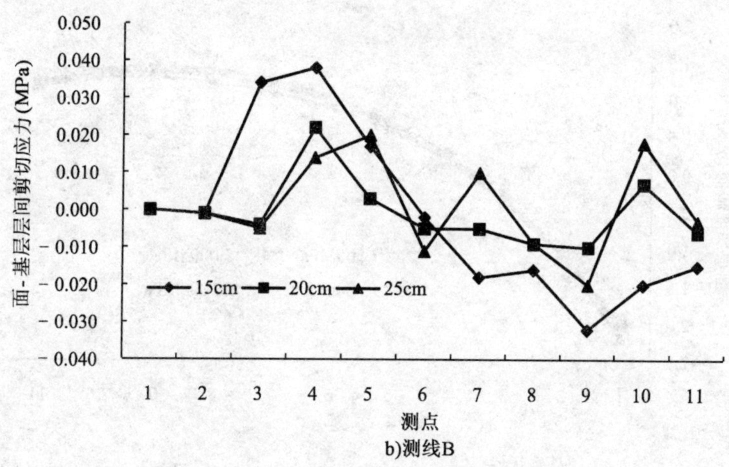

图 7-16 基层厚度对层间剪切应力的影响

7.3.4 基层模量及厚度对面层翘曲脱空的影响

(1)基层模量对面层翘曲的影响

当基层厚度为 15cm 时,模量对面层翘曲影响的计算结果如图 7-17 所示,由于测线 A 和测线 B 线形及走势几乎相同,测线 B 的翘曲程度较测线 A 大,故本节只列出测线 B 的计算结果。图 7-18、图 7-19 是基层厚度为 20cm、25cm 时,面层的翘曲情况。由图示可知,基层厚度相同时,模量的变化对面层翘曲影响较小。

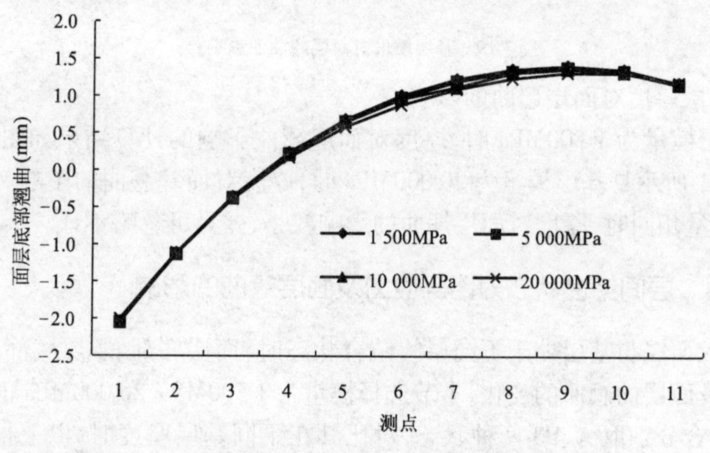

图 7-17 基层模量对面层翘曲的影响

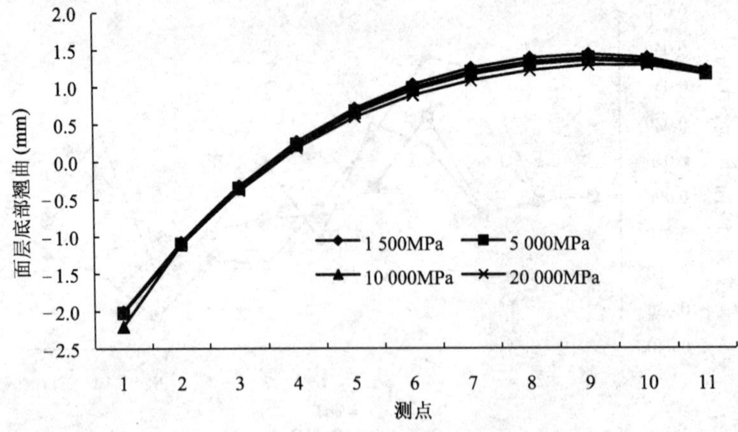

图 7-18 基层模量对面层翘曲的影响

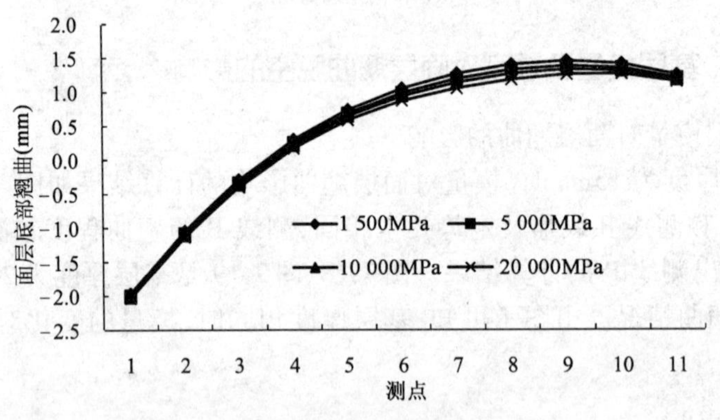

图 7-19 基层模量对面层翘曲的影响

(2)基层厚度对面层翘曲的影响

当基层模量为 1 500MPa 时,厚度对面层翘曲影响的计算结果如图 7-20 所示。图 7-21 所示是基层模量为 20 000MPa 时,厚度对面基翘曲的影响。由图可知,基层模量相同时,厚度对面层翘曲的影响较小,差异可忽略不计。

7.3.5 层间结合状态对路面应力及面层翘曲的影响

为比较面层与基层处于不同层间结合状态时,面层底部、基层底部、层间剪切应力以及面层的翘曲的变化,本节选择模量为 1 500MPa、20 000MPa 的两种基层,层间结合分别取 A、B3 两种状态,对比其在不同基层厚度时,以上指标的变化情况。

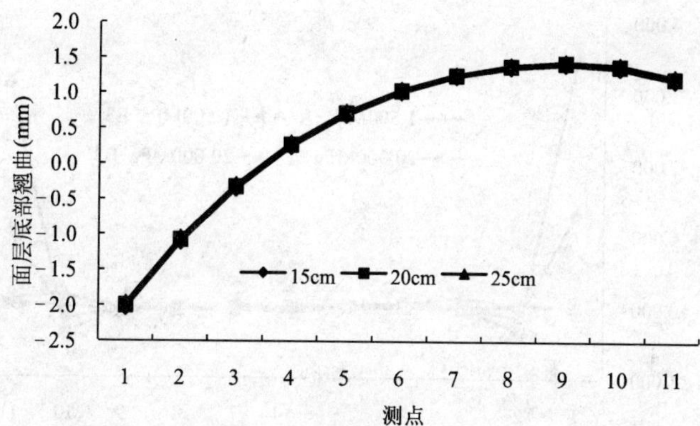

图7-20 基层厚度对面层翘曲的影响(基层模量为1 500MPa)

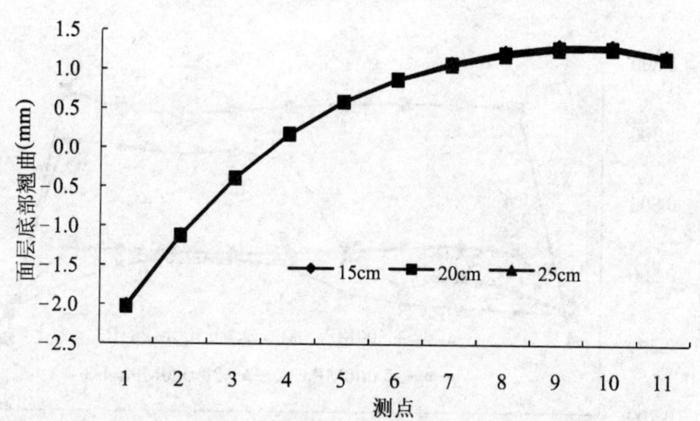

图7-21 基层厚度对面层翘曲的影响(基层模量为20 000MPa)

(1)基层厚度为15cm时层间结合状态的影响

图7-22所示为面层底部测线A的计算最大应力,由于测线B的线形及相应点的大小与A相近,本节只列出测线A的计算结果。图7-23所示为基层底部的最大应力。由图示可知,层间结合状态为B3时,面层底部应力接近0,且与基层模量大小关系不大;层间结合状态为A,即面层与基层黏结牢固、层间近似连续时,板边的面层应力明显大于其他区域,且随基层模量的增大显著增加。

由图7-23可知,基层底部的应力状态与面层有较大区别。层间结合状态对基层底部最大应力的影响小于基层模量,当基层模量增大到20 000MPa后,无论层间结合状态是A还是B3,基层底部最大应力均明显大于模量为1 500MPa时,尤其是板的右半边,即受荷边。

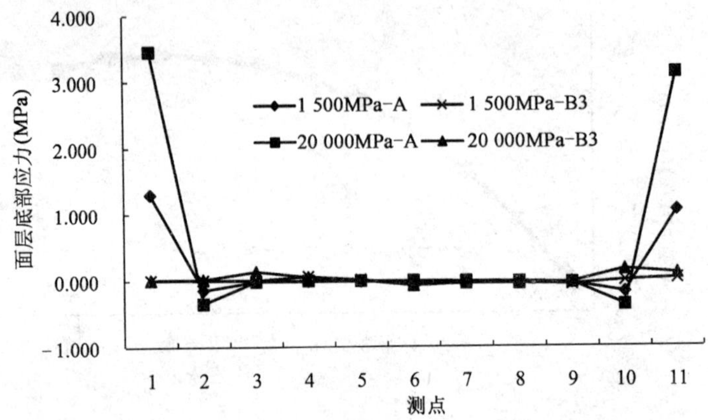

图 7-22　层间结合状态对面层底部应力的影响

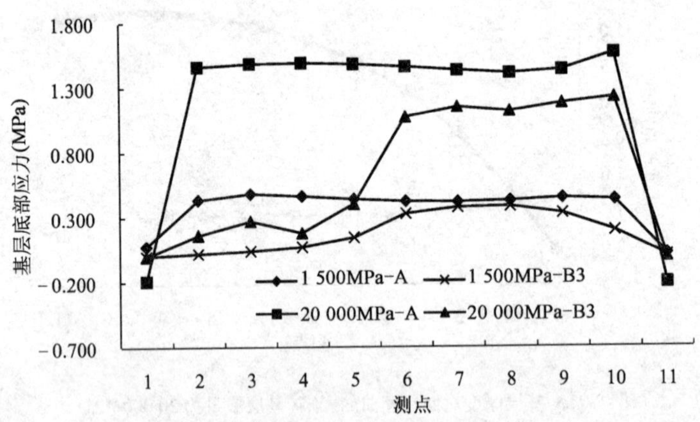

图 7-23　层间结合状态对基层底部应力的影响

图 7-24、图 7-25 分别为层间剪切应力和面层翘曲的计算结果。层间结合状态对剪切应力的影响较小,尤其是基层模量较小时。当模量增加到20 000MPa时,结合状态为 A 的板边测点的剪切应力显著增加,明显大于其他区域。相比之下,结合状态为 B3 时,板边测点的剪切应力较小,可能与板边翘曲引起的局部脱空后有关。这一点可以从图 7-25 得到印证,层间结合状态为 B3 时,未受核一侧的板边最大翘曲为 4mm,明显大于结合状态为 A 时的 1mm,脱空范围沿水平轴从 0 延长到 22.5cm 的区域内,也明显大于结合状态为 A 时的区域。对比相同结合状态是的基层模量,不难发现,模量对翘曲的影响远小于层间结合状态。

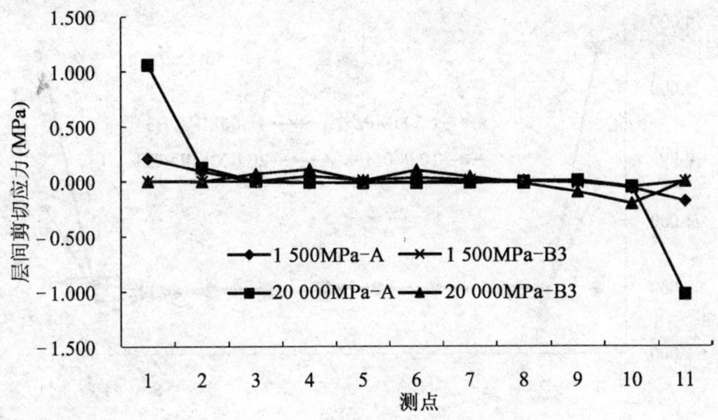

图7-24　层间结合状态对层间剪切应力的影响

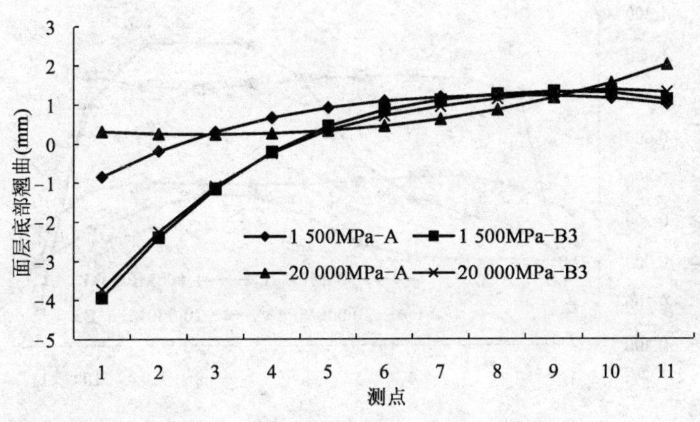

图7-25　层间结合状态对面层翘曲的影响

(2)基层厚度为20cm时层间结合状态的影响

基层厚度为20cm时,面层底部最大应力、基层底部最大应力、层间剪切应力和面层翘曲情况的计算结果分别如图7-26～图7-29所示。与基层厚度为15cm时相比,基层厚度的增加对面层底部最大应力以及层间剪切应力的影响均不大。

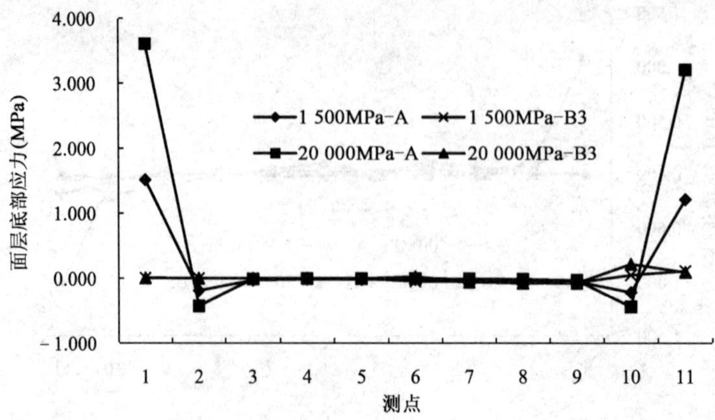

图 7-26 层间结合状态对面层底部应力的影响

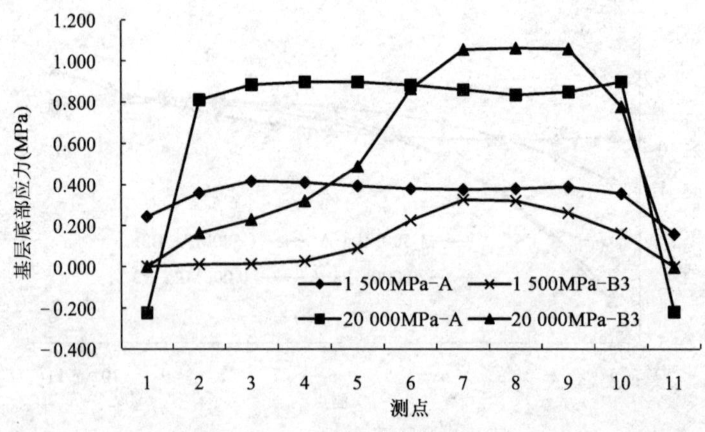

图 7-27 层间结合状态对基层底部应力的影响

但由图 7-27 可知，随基层厚度的增加，基层自身的底部最大应力明显下降，由 15cm 厚时的 1.6MPa 降低到 20cm 厚时的 1.1MPa。由图 7-29 可知，层间结合状态为 B3 的面层翘曲显著大于结合状态为 A 时，脱空范围也较结合状态为 A 时大。同时，基层模量对翘曲的影响远小于层间结合状态，几乎可以忽略。比较图 7-25 可知，基层厚度的增加对翘曲的影响较小。

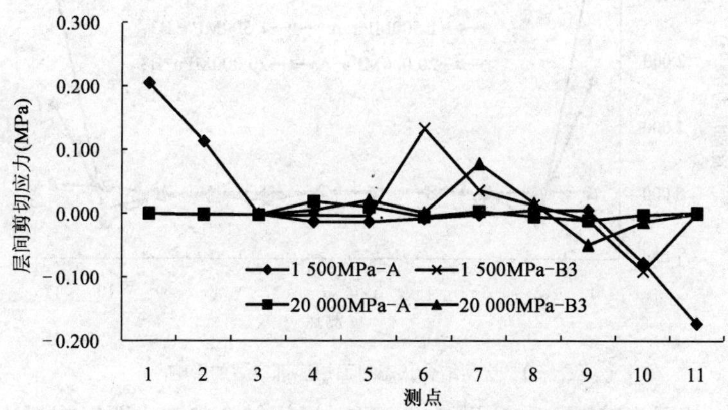

图7-28 层间结合状态对层间剪切应力的影响

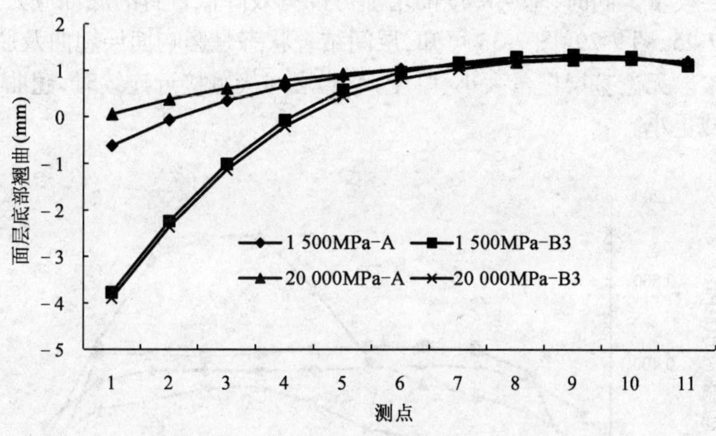

图7-29 层间结合状态对面层翘曲的影响

(3)基层厚度为25cm时层间结合状态的影响

基层厚度为25cm时,面层底部最大应力、基层底部最大应力、层间剪切应力和面层翘曲情况的计算结果分别如图7-30~图7-33所示。

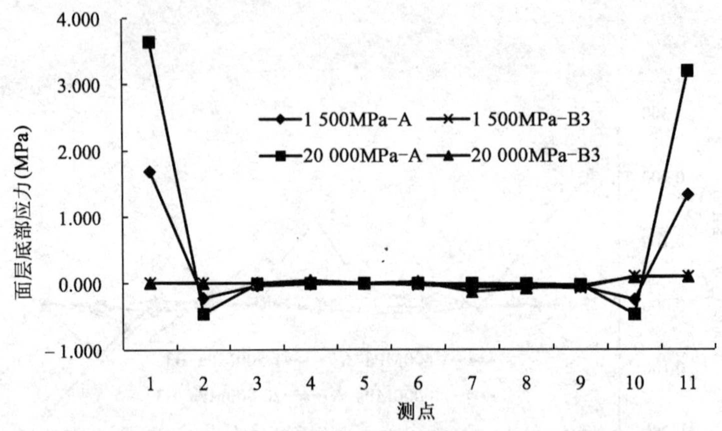

图 7-30　层间结合状态对面层底部应力的影响

综合对比图 7-22、图 7-26、图 7-30 可知，层间结合状态主要影响板边底部的应力，对其他区域影响较小。结合状态越牢固，板边位置的面层底部应力越大。同时，基层模量越大，面层底部应力越大。此外，基层厚度对面层底部应力的影响很小，可以忽略。由图 7-23、图 7-27、图 7-31 可知，影响基层底部应力的主要因素是基层模量。同时，基层厚度的增加可以有效降低自身的底部应力。

由图 7-25、图 7-29、图 7-33 可知，层间结合状态是影响面层翘曲及脱空区域的主要因素。无论基层模量大小、厚度大小，层间接触接近连续时，翘曲最小，同时脱空区域也小。

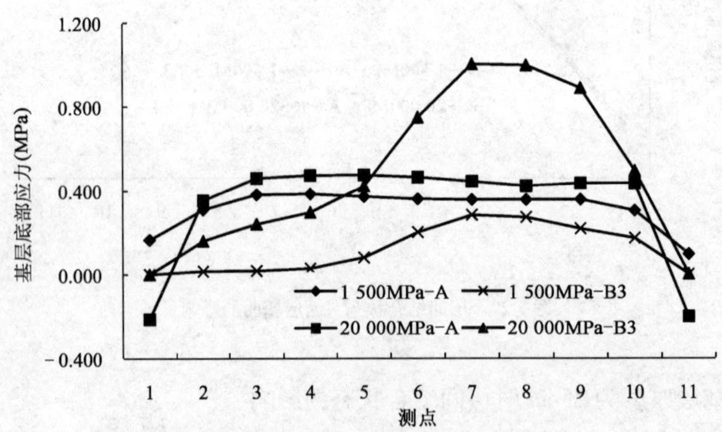

图 7-31　层间结合状态对基层底部应力的影响

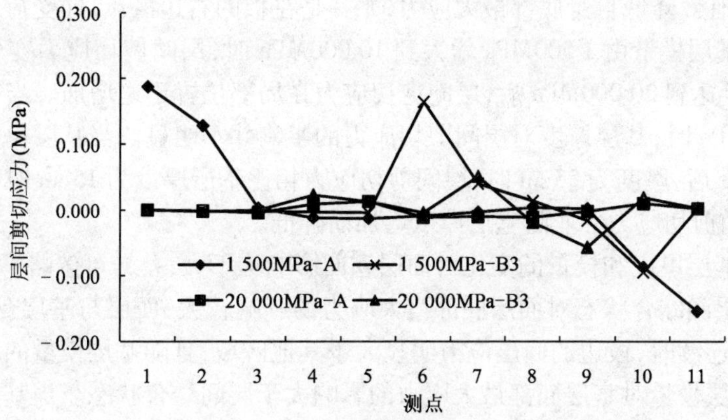

图 7-32 层间结合状态对层间剪切应力的影响

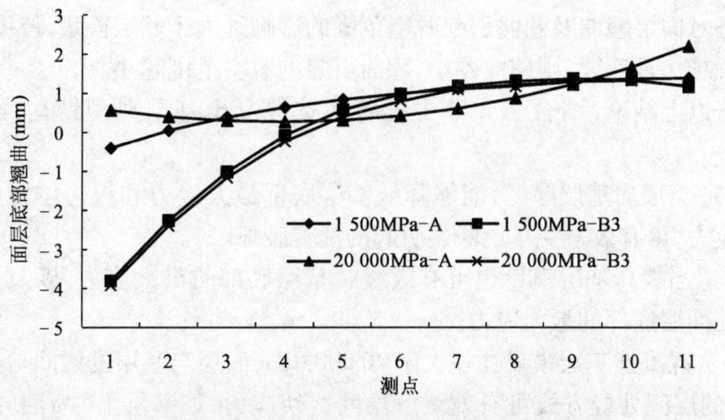

图 7-33 层间结合状态对面层翘曲的影响

7.4 重载交通普通混凝土路面典型结构的建议

综上可得到一下结论:

(1)基层模量对受荷一侧板边和板中的面层底部应力有较大影响,但对其他区域的影响较小。随基层模量的增加,受荷一侧板边和板中的面层底部应力不断降低。基层模量对自身底部应力存在较大影响,随模量的提高,自身应力不断下降。

(2)基层厚度的增加总体上对面层底部的最大应力影响不大。在受荷一侧的板边及板中部位,板厚的增加能降低面层应力,但降幅极为有限。基层厚度的增加可以有效降低自身底部最大应力，尤其是在板的右边区域，即受荷一侧。

(3)基层模量由 1 500MPa 增大到 10 000MPa 时，层间剪切应力变化并不明显，但模量达到 20 000MPa 后，层间剪切应力在局部位置迅速增加。当基层模量为 1 500MPa 时，基层厚度对层间剪切应力的影响并不明显。当基层模量增加到 20 000MPa 后，厚度为 25cm 时，层间剪切应力相比基层厚度为 15cm 时有显著降低，但层间剪切应力并非随基层厚度增加而降低。

(4)基层厚度和模量的变化对面层翘曲影响均不大，差异可忽略不计。

(5)层间结合状态对面层底部最大应力的影响较大，面层与基层黏结牢固、层间近似连续时，板边的面层应力明显大于其他区域，且随基层模量的增大显著增加。基层模量对基层底部最大应力的影响大于层间结合状态。当基层模量较小时，层间结合状态对剪切应力的影响较小，当模量增加到 20 000MPa 时，结合状态为“bonded”的板边测点的剪切应力显著增加，且明显大于其他区域。层间结合状态对面层翘曲及翘曲引起脱空范围的影响远大于基层模量、厚度的影响。层间接触越接近连续，则翘曲越小，翘曲引起的脱空范围越小。

鉴于以上结论，结合 7.2 节中推荐的贫混凝土基层典型结构，给出以下建议：

(1)适当增加基层厚度，能够降低基层底部最大应力和板边位置面层底部的最大应力，可有效避免基层断裂引起的疲劳破坏。

(2)适当提高基层模量也可有效缓解基层底部的最大应力，以及板边和板中位置处面层底部的最大应力。

(3)贫混凝土基层模量往往大于 20 000MPa，面层与基层的层间剪切应力较大，适当的层间处置方式可有效缓解层间剪切应力，如基层上“喷洒乳化沥青、加铺土工布、铺设沥青层”等。

(4)层间结合状态对面层应力和面层翘曲有较大影响，采用“喷洒乳化沥青、加铺土工布、沥青层”等层间处理方式、减小层间摩阻后，虽然可降低板边位置处面层底部的最大应力，但同时面层翘曲显著增大、翘曲引起的脱空范围也明显增大。因此，建议层间铺设沥青功能层，及可有效降面层板边最大应力，同时可缓解翘曲脱空。

第8章 重载交通连续配筋混凝土路面设计

连续配筋混凝土路面(简称 CRCP)是指混凝土面层内配有纵向连续钢筋,横向配有构造钢筋,不设横向接缝(施工缝及构造所需的胀缝除外)的混凝土路面。其行车舒适性好、承载能力大、使用寿命长、养护费用少,是一种名副其实的“耐久性路面”。CRCP 在很大程度上减轻了因接缝引起的震动与噪声,改善了路面平整度,提高了行车舒适性,延长了路面使用寿命。CRCP 在国外已应用了九十多年,实践表明,CRCP 是高等级重载交通公路路面结构的理想选择。本章内容包括连续配筋混凝土路面基本原理、美国 AASHTO CRCP 设计理论、设计方法实体工程验证及早期力学特性和裂缝发展行为。

8.1 连续配筋混凝土路面基本原理

8.1.1 连续配筋混凝土路面破坏标准

CRCP 以其良好的使用性能在许多发达国家得到应用,如美国、比利时、日本、法国、英国等都相继采用这种路面结构形式。其中,美国和比利时是使用 CRCP 最多的国家。由于 CRCP 沿路面纵向全程配置适量连续钢筋,且不设接缝,它具有如下优点:

(1)不存在横向接缝(施工缝和构造物两端设置的胀缝除外),使 CRCP 形成一个平整的行车表面,因此,在局部不均匀沉降地段,它的适应能力最强。理论上讲,在所有的路面中 CRCP 维修费用最低。

(2)连续配筋混凝土路面提高了裂缝处的传荷能力,改善了板角与板边的工作状态,减弱了荷载冲击对板的破坏作用,增加了路面的整体性,提高了路面的承载能力。

(3)在所有的刚性路面中,如果要加铺沥青磨耗层,则 CRCP 路面最合适。因为在横向接缝处,其位移最小。当今铺设的组合路面结构中,常见的有普通混凝土路面(JPCP) + SMA、钢筋混凝土路面(JRCP) + 沥青混凝土等。如果在 CRCP 路面上铺设一层 SMA 或者沥青混凝土,则这种组合路面结构不易产生反射裂缝,且不易产生水损害,更加适合于后期修建为复合式路面。

(4)连续配筋路面具有较高的整体性和良好的平整性,行车平顺舒适。国外曾经调查过不同路面的平整度,结果表明有接缝的路面板路段的平均平整度远不如CRCP好。

(5)随着社会的发展,人们对路面要求不但要耐用而且要低噪声。特别是穿过居民区的线路,如果要修建混凝土路面,一般采取使用特种混凝土的办法消除噪声,但是普通混凝土路面容易损坏,所以在这种条件下,可以采用开级配沥青磨耗层与CRCP的组合,是同时降低维修费用和噪音的最优方法。

美国长期路面性能项目(LTPP)CRCP试验路调查发现冲断(Punchout)是CRCP的最主要病害。冲断指两个间距很小(小于0.6m)的横向裂缝与短的纵向裂缝和路面边缘(或纵向接缝)所围成范围在基础失去支持的条件下形成的破坏模式(见图8-1和图8-2所示)。另外,CRCP还包括剥落、破碎等严重的"Y"形裂缝。CRCP的裂缝形态和分布模式是影响其路用性能和寿命周期的重要因素。CRCP面层内布置的纵向钢筋是控制裂缝形态和分布模式的关键因素。

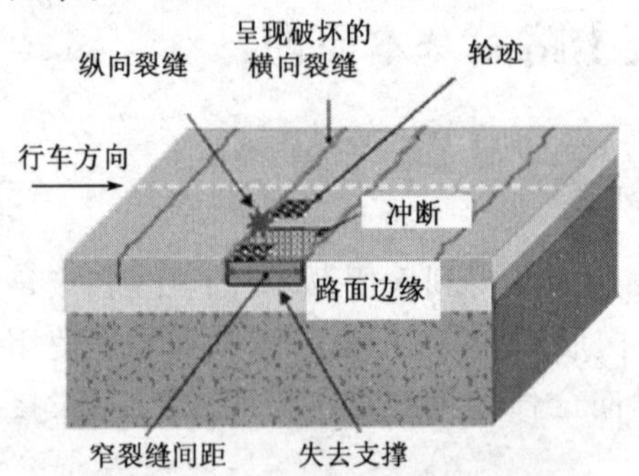

图8-1　CRCP冲断破坏概念图

图8-2　CRCP冲断破坏实例

冲断产生的机理如下:对新建的路面,由于加筋的作用,裂缝窄,传荷能力强。随后,由于重车的反复作用及温度和湿度波动导致裂缝宽度变化及板边缘局部支撑丧失,部分横向裂缝出现剥落现象。裂缝变宽或者剥落以后,盐和水会进入板底。板底的水加剧基层侵蚀、钢筋腐蚀、唧泥,最终板底失去支撑。由于裂缝处剥落及板底的不均匀支撑,在重车作用下板顶产生较大的横向拉应力。当车辆荷载反复作用时,由于累积疲劳而产生由上而下发展的纵向裂缝,进而出现冲断。

冲断的产生源自于以下几个条件:①窄的裂缝间距(小于0.6m);②裂缝传荷系数的降低;③板底边缘支撑的损失;④负向的温度、湿度梯度,它们产生的温度应力和湿度应力与车辆荷载应力进行了叠加;⑤车辆荷载过大,导致板顶横向拉应力过大。

8.1.2 连续配筋混凝土路面配筋设计原理

板厚设计和配筋设计是 CRCP 设计中的两个重要内容。由于 CRCP 面层内的纵向连续钢筋主要用来承担面板早期温度翘曲应力、混凝土干缩应力及面板与基层的摩擦剪应力引起的摩擦应力,并不主要承担开放交通后由于车辆通行引起的荷载应力,因此,在国内外的 CRCP 设计方法中,板厚设计和配筋设计是独立进行的。板厚设计采用普通混凝土路面(JPCP)和钢筋水泥混凝土路面(JRCP)设计方法。配筋设计的主要内容是配筋率的选取。

大量现场实测研究表明 CRCP 的横向裂缝一般产生在路面早期产生,横向裂缝的产生由混凝土材料特性、环境条件(温度和湿度)及配筋率大小决定。合理的配筋率可以保证裂缝的合理分布模式(宽度与间距),所以配筋率的选取直接影响 CRCP 的冲断破坏。Won 等人于 1991 年提出的 CRCP 配筋率的概念设计方法一直被作为 CRCP 的基本原理(图 8-3)。图 8-3 显示,横向裂缝的间距、宽度及钢筋应力随着配筋率的增大而减小,这是因为配筋率的增大会导致面板约束增大,进而导致裂缝数增多;而且配筋率的增大会导致面板中平均钢筋应力减小,进而使得钢筋的延伸率降低,最终使得横向裂缝宽度降低。合理的配筋率设计原则为:①使得横向裂缝间距在合理的范围内;②使得裂缝宽度尽量小;③使得钢筋应力在允许的范围内。

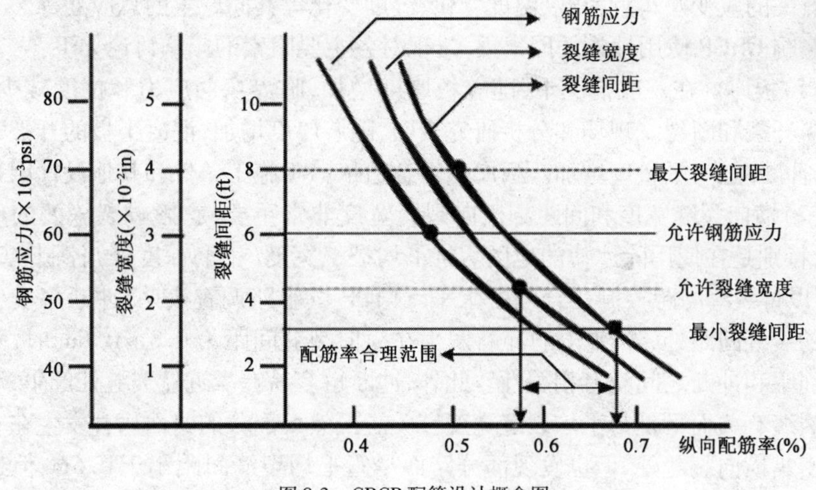

图 8-3 CRCP 配筋设计概念图

8.1.3 CRCP 破坏调查和影响因素分析

美国联邦公路局、得克萨斯州运输部等部门对 LTPP GPS－5 等 CRCP 试验路进行了广泛的调查,包括裂缝调查(间距、宽度、形状等)、板边及裂缝处的弯沉调查、行驶质量调查等。发现冲断、横向裂缝、纵向裂缝、疲劳裂缝、剥落、唧泥等病害,给出了调查和评价的方法,具体成果如下:

(1)CRCP 的最主要病害是剥落和边缘冲断。通过对 6 个州的 23 条 CRCP 调查,并利用 LTPP 中的 83 条 CRCP 调查数据,分析发现宽裂缝和冲断是 CRCP 的两大主要病害,其中宽裂缝会导致裂缝处剥落,冲断以边缘冲断为主。

(2)横向裂缝。尽管裂缝宽度是预估冲断的一个重要因素,但对其研究较少。部分学者利用显微镜测试路表下一定深度处的裂缝宽度,部分学者采用传感器等测试路表的裂缝宽度,或者在裂缝处钻取芯样测试裂缝宽度。McCullough 等发现早期产生的裂缝比后期产生的裂缝要宽,这更增加了裂缝的变异性。调查还发现裂缝宽度服从 Weibull 分布,初始的横向裂缝主要受由环境因素影响。裂缝的变宽主要是由钢筋锈蚀后有效断面减小,钢筋中的应力达到屈服或断裂强度引起的。

(3)纵向裂缝。伊利诺伊州运输部调查分析了纵向裂缝产生的原因。发现纵向裂缝通常伴随着嵌入的纵向钢筋,不是由于钢筋锈蚀、混凝土的蜕化或不适当的结构设计引起的,而是与施工时钢筋在混凝土内部下沉有关。

为分析病害产生的原因,部分学者还用振动线式传感器在试验线路测试与应力有关的应变及车辆荷载、温度变化、湿度变化等共同产生的总应变等。

影响 CRCP 使用性能的因素很多,现对各主要因素的影响讨论如下:

(1)板厚。在一般情况下,随着板厚度增加,临界弯曲应力和挠度减少,从而减少开裂和断裂。现场和分析研究表明,随着厚度增加,混凝土板的开裂大大减少,冲断减少,平整度增加。板厚是否合适依赖于施工条件和其他设计因素。

(2)横向裂缝宽度和间距。横向裂缝宽度非常重要,它影响裂缝处的传荷能力,特别是在使用除冰盐的地区。将平均裂缝宽度(钢筋深度处)控制在0.05cm 可以将裂缝间距控制在合理的水平。LTPP 试验路调查表明,冲断多发生在较窄的裂缝间距处,约 90% 的冲断发生在横向裂缝间距为 0.3～0.6m 时,平均裂缝间距和冲断之间没有相关性。此外,冲断也容易在靠近宽裂缝处产生,冲断与宽裂缝有关而不是与平均裂缝宽度有关。虽然大部分的路面病害发生在宽裂缝或密集横向裂缝处,但也发现部分路面尽管平均裂缝间距小于 0.6m,但道路路面仍然完好。

(3)混凝土材料。混凝土强度越高对路面越有利,模量、干缩系数和胀缩系数越小对路面越有利。强度的增大通常会伴随着高的模量、干缩和温度胀缩系数,会抵消强度增加的有利影响。温度胀缩系数对路面性能影响最大,粗集料类型对温度胀缩系数影响最大。得克萨斯大学运输研究中心发现使用石灰石做粗集料的 CRCP 具有较大的裂缝间距、较窄的裂缝宽度及更长的寿命,后来尝试对两种集料混合使用,但效果不理想。

(4)纵向配筋率。裂缝间距一般会随着钢筋用量的增加而降低。在美国(主要是寒冷地区)0.6% ~0.8%的配筋率会产生较好的裂缝开裂模式和性能。野外调查表明,增加钢筋用量会减少冲断和提高平整度。纵向配筋率是否合适依赖于施工条件和其他设计因素。

(5)纵向钢筋的埋置深度。研究表明,钢筋越靠近路表,裂缝宽度越小,冲断也越少,但是,会造成施工困难。建议在离路表 8.8cm 到板中这段深度内放置钢筋。得克萨斯州施工指南中对厚度超过 330mm 的混凝土板建议采用双层配筋。

(6)裂缝传荷能力。裂缝传荷能力对直接造成冲断的纵向裂缝非常重要,传荷系数应在 95% 以上。混凝土路面性能表明,基层侵蚀、集料嵌挤的的损失、钢筋的锈蚀、过宽的裂缝和其他类型的接缝损坏会减小裂缝剪切刚度。

(7)板宽。一般情况下,板宽与车道宽度相同。有少数工程也使用宽的路面板以提高路面性能。野外调查和分析表明,较宽的路面板使得车辆的轴载远离板的自由边,从而减少板边顶面的横向拉应力,因而减少边缘冲断的产生。

(8)横向加筋。横向加筋主要是固定纵向钢筋。但部分研究表明,横向裂缝经常与横向钢筋的位置重合。

(9)纵向接缝处的传荷能力。混凝土板与路肩之间的连接越强,板顶的拉应力越小,冲断越少。

(10)基层。混凝土板与基层之间的黏结影响裂缝的间距。放在沥青稳定基层上的 CRCP 的裂缝模式比较理想。而采用无结合料的碎石作为基层时裂缝间距较大。在水泥稳定基层上设一层薄的沥青混凝土层效果比较理想。如果 CRCP 直接修筑在水泥稳定碎石或贫混凝土上,基层和面层之间需要使用润滑剂,以减小层间黏结,防止反射裂缝的产生。基层模量和强度越高,冲断就越小。基层侵蚀造成的不均匀支撑对冲断也有很大影响。在开级配排水层上的 CRCP 容易破坏。南达科他州修建的 CRCP 过早出现了严重的横向裂缝,将 LTPP 数据根据基层类型划分成几个子数据库,该路的横向裂缝与粒料基层对应的回归方程比较吻合。综合以上情况,说明基层类型对 CRCP 的长期性能有较大的影响。

此外,底基层、路肩、地下排水系统和路基处治等也影响 CRCP 的性能。

8.2 连续配筋混凝土路面设计方法

8.2.1 板厚设计

在 CRCP 板厚设计时,由于认为 CRCP 使用后期的裂缝主要是行车荷载重复作用引起的板底疲劳开裂,故采用板底弯拉应力作为设计指标。在国内外设计方法中,CRCP 厚度设计方法与普通混凝土路面(JPCP)和钢筋水泥混凝土路面(JRCP)的厚度设计方法基本相同,主要差别在于 CRCP 允许采用稍小的传荷系数。

8.2.2 AASHTO—1993 设计方法

(1)设计方法

AASHTO—1993 设计指南在 CRCP 配筋设计中采用了以下三项设计标准:

①裂缝间距在 1.0 ~2.5m 之间,裂缝间距的上下限分别是为了防止裂缝处的剥落和冲断破坏;

②裂缝宽度应小于 1.0mm,以防止渗水和剥落;

③钢筋应力应小于极限拉伸强度的 75% 。

通过对已有的大量 CRCP 试验路的调查、统计和分析,AASHTO—1993 给出了 CRCP 配筋设计的计算经验公式。其中,当已知裂缝间距时,配筋率用下式确定:

$$P = \frac{1.062(1 + f_t/6\,894)^{1.457}(1 + 0.5\alpha_s/\alpha_c)^{0.25}(1 + 0.04\varphi)^{0.476}}{(3.278\overline{X})^{0.217}(1 + \sigma_w/6\,894)^{1.13}(1 + 1\,000Z)^{0.389}} - 1 \tag{8-1}$$

式中:P——配筋率(%);

$\overline{X}$——裂缝间距(m);

f_t——间接拉伸强度(kPa);

α_s,α_c——钢筋和混凝土的热膨胀系数;

φ——钢筋或钢丝直径(mm);

σ_w——轮载应力(kPa),是指路面早期由于工程车辆作用引起的应力;

Z——混凝土 28d 的干缩应变(mm/mm)。

当已知裂缝宽度,配筋率可用下式计算:

$$P = \frac{0.358(1 + f_t/6\,894)^{1.435}(1 + 0.04\varphi)^{0.484}}{(0.04 \times cw)^{0.220}(1 + \sigma_w/6\,894)^{1.079}} - 1 \tag{8-2}$$

式中:cw——裂缝宽度(mm)。

当已知钢筋应力，配筋率可用下式计算：

$$P = \frac{50.834(1 + DT_D/100)^{0.155}(1 + f_t/6\,894)^{1.493}}{(145\sigma_s)^{0.365}(1 + \sigma_w/6\,894)^{1.146}(1 + 1000Z)^{0.180}} - 1 \tag{8-3}$$

式中：σ_s——允许钢筋应力（MPa）；

DT_D——设计华氏温度差（℉）。

混凝土抗拉强度使用28d的劈裂强度（又称间接拉伸强度）或取28d抗弯拉强度的86%。混凝土的干缩应变与水灰比、水泥用量、养生方法等诸多因素有关，可近似看成与强度成反比，取值范围为0.000 2～0.000 8。混凝土的热膨胀系数主要随粗集料类型而变，取值范围为$0.684 \times 10^{-6} \sim 1.188 \times 10^{-6}$m/℃。钢筋直径范围约为12～20mm，热膨胀系数一般可采用9×10^{-6}m/℃。设计温差ΔT为混凝土的平均养生温度与设计最低温度的差值，前者为路面施工月的平均日高温（已计入水化热），后者为路面使用期内最冷月的平均日低温。

AASHTO—1993的配筋设计要求分布根据裂缝间距范围和允许钢筋应力进行配筋率计算。最小配筋率取根据最大允许裂缝间距（2.5m）、最大允许裂缝宽度（1mm）、允许钢筋应力计算出来的配筋率的最大值，而最大配筋率则由最小裂缝间距（1m）所控制。为方便设计，AASHTO—1993给出了CRCP配筋设计的诺谟图。

（2）参数敏感性分析

为分析裂缝间距、宽度及允许钢筋应力对配筋率的影响，进行敏感性分析。假设如下设计数据：间接拉伸强度为3.8MPa，混凝土和钢筋的热膨胀系数分别为2.1×10^{-6}m/℃和2.8×10^{-6}m/℃，混凝土28d的干缩应变为0.000 4，钢筋直径为16mm，轮载应力为1.6MPa，允许钢筋应力为430MPa，设计温度差为30℃。计算得到的裂缝间距、宽度及允许钢筋应力对配筋率的影响关系如图8-4、图8-5、图8-6所示。

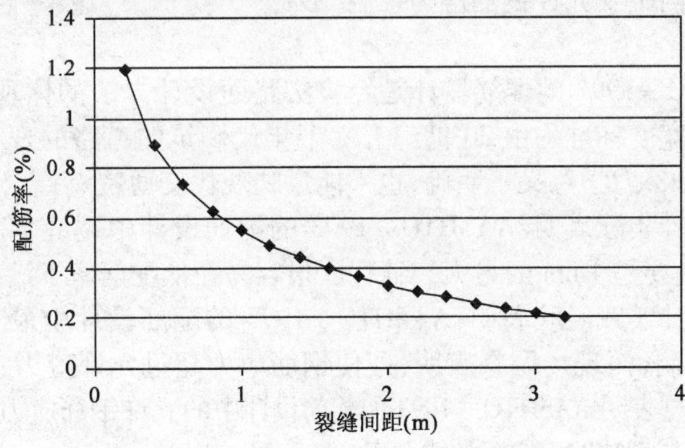

图8-4 裂缝间距对配筋率的影响

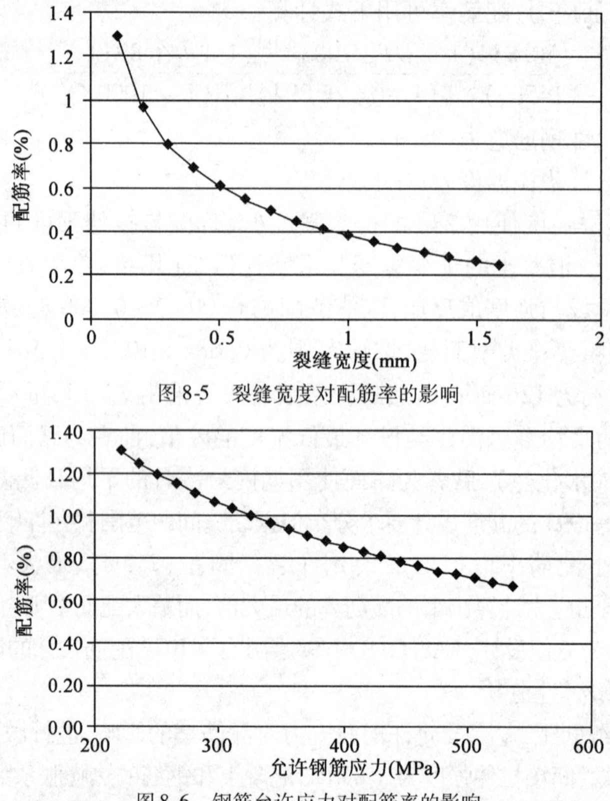

图 8-5 裂缝宽度对配筋率的影响

图 8-6 钢筋允许应力对配筋率的影响

可以看出,在其他条件不变时,裂缝间距、宽度及允许钢筋应力均与配筋率成反比关系。分析可知,基于裂缝宽度的配筋率的计算不起控制作用,配筋率主要由最小裂缝间距及允许钢筋应力控制。

(3)评述

①AASHTO—1993 的配筋设计是经验法路面设计方法的体现,设计标准中的裂缝间距及宽度标准均由 20 世纪五六十年代修筑的道路的现场调查数据归纳经验总结而来,力学意义不明确,也不能反映现代交通特点;

②大量设计实际表明:AASHTO—1993 的配筋设计中裂缝宽度控制标准基本不起作用,主要是 1mm 的最大裂缝宽度很容易在低配筋率下满足;

③大量设计实践经验表明:AASHTO—1993 的配筋设计中最小配筋率由允许钢筋应力控制,而现场调查表明,即使钢筋应力超过允许应力,CRCP 使用状况仍然良好。这表明 AASHTO—1993 的配筋设计中的允许钢筋应力控制虽然理论上合理,但却不能反映路面实际使用状况;

④AASHTO—1993 的配筋设计没有考虑面层与基层的层间接触状态,而现有研

究表明较小的层间摩擦力对 CRCP 裂缝的合理分布模式有利;

⑤AASHTO—1993 的配筋设计不能反映路面使用性能指标,如国际平整度指数和冲断破坏。

8.2.3 MEPDG 设计方法

1)设计指标

MEPDG 在修订规范时对于以往 CRCP 的设计规范进行了如下评价:

①发现冲断是最主要的病害,但是没有将冲断直接作为设计指标,通过控制裂缝间距、裂缝宽度来减少冲断,但实际上冲断还受其他条件的影响,如板底脱空、裂缝处传荷系数、板厚、车载重等;

②认为 CRCP 的临界应力与 JPCP 没有什么不同,实际上 CRCP 的临界应力为板顶的横向应力(通过控制板纵向开裂来控制冲断),而 JPCP 的临界应力为板底的纵向应力(控制板横向开裂),两者有本质上的不同。

基于以上讨论,MEPDG 设计指南中 CRCP 设计有两个基本的指标,即冲断和平整度,必要时还可以将裂缝宽度和传荷系数作为附加指标。在确定设计标准时,必须满足一定的可靠度的要求,具体如下:

(1)裂缝宽度和传荷能力系数

考虑设计年限较冷月份的最大裂缝宽度,该宽度需根据经验确定,但试验路调查发现一般要小于 0.5mm。平均的裂缝传荷能力系数应在 95% 以上。

(2)冲断

冲断是影响 CRCP 平整度的主要因素,而平整度对于公路的使用者是最关键的。MEPDG 规定在 95% 的可靠度水平下冲断数 10 ~ 20 个/mile 比较合适,具体需要根据当地的经验来选定。

(3)平整度

CRCP 在使用很长时间后仍能保持平整。需要在设计时对于 CRCP 的平整度进行限制以使得 CRCP 在设计年限内平整度能达到预定的水平。平整度的临界水平取决于它对于行驶舒适性的影响,具体值由用户确定。CRCP 使用过程中的平整度受初始平整度影响很大。因此,初始平整度应根据施工条件预先确定。

2)设计方法

CRCP 的设计采用验证法,即先进行初步设计(包括板厚设计和配筋设计),然后校核其能否在一定的可靠度水平上满足性能的要求。设计内容如下:

(1)初步设计

初步设计是整个设计流程的输入,需要确定板厚和配筋率,在经过一系列验算后,给出初步设计是否合理。板厚设计的原则为满足设计指标的最小值,以提高经济性。配筋率的取值范围为0.6%~0.8%(寒冷地区取大值)。

(2)结构分析模型

联合使用神经网络技术和有限元模型ISLAB2000提出了一种预估板顶的极限拉应力的快速解法。ISLAB2000有限元模型具体描述如下:

①将路面视作文克勒地基上双层板,面板和基层均采用板单元,路基采用文克勒地基。在使用神经网络进行训练时,为减少计算量,将混凝土板和基层合并成一个等效的结构层,并将许多参数进行了等效变换。

②基层与面层间充分接触,但没有摩擦力存在,即滑动但没有分离。

③有两种类型的失去支撑被模拟。一种是由于板的翘曲引起的暂时性失去支撑,一种是由于侵蚀引起的永久性失去支撑。

④温度翘曲、湿度翘曲、混凝土收缩、建成时的翘曲均用等效的温度分布来模拟。温度沿板厚的分布采用二次方函数。

⑤采用剪切弹簧单元来模拟裂缝和接缝处的不连续,参数为剪切刚度。

⑥采用静态荷载,使用了单轴、双轴和三轴三种轴型。

(3)冲断预测模型

冲断的产生起源于相邻横向裂缝之间的纵向裂缝的形成。当横向裂缝的传荷能力降低了以后,纵向裂缝在板顶部产生,并逐渐向下发展。纵向裂缝的发展与横向弯曲应力造成的累积疲劳损伤有关。因此,可以通过研究形成纵向裂缝的累积疲劳损伤来预测冲断的发展。冲断预测流程图如图8-7所示。

(4)冲断模型

冲断预测模型如下:

$$PO = \frac{A}{1 + \alpha \cdot FD^{\beta}} \tag{8-4}$$

式中:PO——预测的每英里的冲断数;

FD——累积疲劳损伤;

A,α,β——校正系数,分别为105.26,4.0,-0.38。

需要指出,当横向接缝处的传荷能力较高,而且板底(尤其是纵向接缝处)支撑条件良好时,板顶的横向弯曲应力很小,疲劳损伤累积速度很慢,产生冲断所需的时间可能无限长。由于以上原因,MEPDG把横向接缝处的传荷能力和板底支撑条件作为两个最重要的设计因素。

(5)冲断预测程序

①列表输入所有所需的数据。

②处理交通数据,计算等效轴载作用次数。

③处理路面温度数据,将不同小时沿板厚非线性变化的温度转化成等效的线性温度梯度。

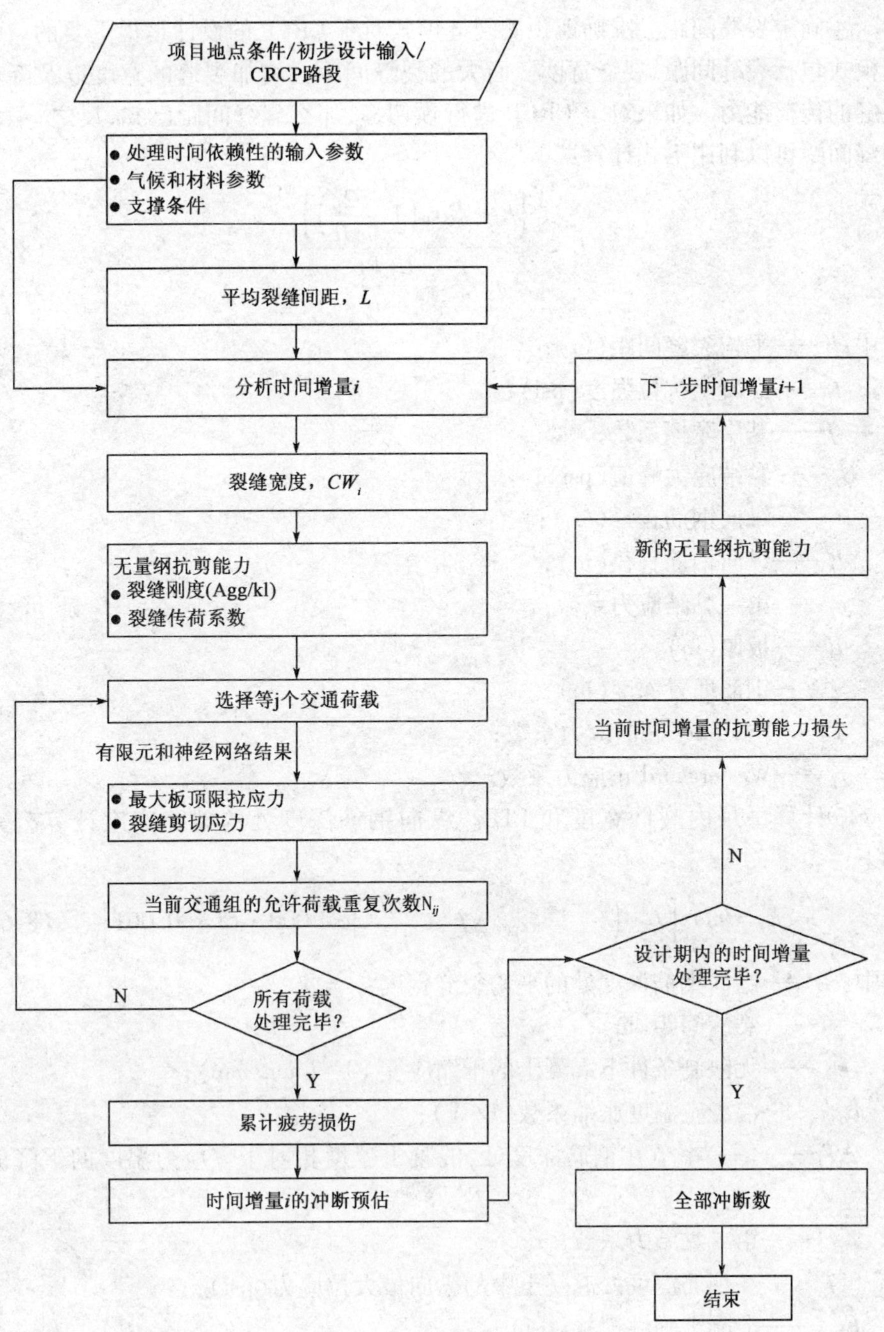

图 8-7　MEPDG 冲断预测流程

④确定裂缝间距。准确地预测裂缝模式对于 CRCP 的设计是很重要的。裂缝模式包括裂缝间距、裂缝宽度。而大的裂缝间距会增加裂缝的宽度以及降低裂缝的传荷能力。如果对于 CRCP 进行预切缝,那么裂缝间距已知,反之,平均裂缝间距可以利用下式计算:

$$\bar{L} = \frac{\left\{f_t - C\sigma_0\left(1 - \frac{2\zeta}{H}\right)\right\}}{\frac{f}{2} + \frac{U_m P_b}{c_1 d_b}} \tag{8-5}$$

式中:$\bar{L}$——平均裂缝间距(in);

f_t——混凝土抗拉强度(psi);

f——基层摩擦系数;

U_m——黏结应力峰值(psi);

P_b——纵向钢筋含量(%);

d_b——纵向钢筋直径(in);

c_1——第一黏结应力系数;

H——板厚(in);

ζ——钢筋埋置深度(in);

C——Bradbury 翘曲应力系数;

σ_0——Westergaard 正应力系数。

⑤计算每月内裂缝宽度和 LTE。纵向钢筋深度处的裂缝宽度计算公式如下:

$$cw = \max\left[L \cdot \left(\varepsilon_{\text{shr}} + \alpha_{\text{PCC}}\Delta T_\zeta - \frac{c_2 f_\sigma}{E_{\text{PCC}}}\right) \cdot 1\,000 \cdot CC \cdot 0.001\right] \tag{8-6}$$

式中:cw——纵向钢筋深度处的平均裂缝宽度;

L——裂缝间距(in);

ε_{shr}——无限制条件下混凝土的干缩应变 10^{-6}(mm/mm);

α_{PCC}——混凝土温度胀缩系数(1/°F);

ΔT_ζ——每一季节在钢筋深度处,混凝土温度相对于零应力温度的下降值(1/°F);

c_2——第二黏结力系数;

f_σ——在钢筋深度处混凝土中的纵向最大拉应力(psi);

E_{PCC}——混凝土弹性模量(psi);

CC——当地校正系数。

裂缝处的荷载传递能力和刚度对于CRCP的性能是非常重要的。裂缝抗剪切能力与裂缝宽度和季节有关,影响路面的LTE。完好接缝的初始抗剪切能力计算公式如下:

$$s_{oi} = 0.05 \cdot h_{PCC} \cdot e^{-0.032cw_i} \tag{8-7}$$

式中:s_{oi}——对于时间增量 i 的裂缝初始抗剪切能力;

h_{PCC}——板厚(in);

同时,可以计算不同时间内的抗剪切能力损失,从而得到路面使用年限内任一时刻裂缝的抗剪切能力。

确定出裂缝的抗剪切能力以后,横向裂缝的刚度可以按照下式计算:

$$\log(J_c) = a \cdot e^{-e^{-\left(\frac{J_s-b}{e}\right)}} + d \cdot e^{-e^{-\left(\frac{s-e}{f}\right)}} + g \cdot e^{-e^{-\left(\frac{J_s-b}{c}\right)}} \cdot e^{-e^{-\left(\frac{s-e}{f}\right)}} \tag{8-8}$$

式中: J_c——横向裂缝处的刚度;

a,b,c,d,e,f,g——系数;

s——剪切能力;

J_s——路面板与路肩之间的接缝的荷载传递。

在LTE能够被用于预测临界的疲劳应力前,基层类型和纵向配筋对其的影响必须考虑,计算公式如下:

$$\mathrm{LTE_{TOT}} = 100 \times \left\{1 - \left[1 - \frac{1}{1 + \log^{-1}\left[(0.214 - 0.183\frac{a}{l} - \log(J_c) - R)/1.18\right]}\right]\left(1 - \frac{\mathrm{LTE_{Base}}}{100}\right)\right\} \tag{8-9}$$

式中:$\mathrm{LTE_{TOT}}$——由于集料嵌锁、钢筋加固以及基层支撑所产生的裂缝总的LTE;

l——相对刚度半径(in);

a——荷载作用半径(in);

R——加固钢筋所提供的残余荷载传递能力;

$\mathrm{LTE_{Base}}$——基层对于裂缝LTE的贡献。

⑥计算混凝土板的纵向边缘支撑的损失。如果板边缘的支撑损失验证,将会造成临界应力的增加,进而会加速疲劳损伤的累积,促进冲断的发展。

⑦处理每月的相对湿度数据。湿度变化会产生湿度翘曲应力。以月为时间单位,将湿度的变化等效为温度的变化,规范中给出了换算公式。在应力计算时,将该等效温度变化加到等效线性温度变化中。

⑧计算临界应力。考虑不同的轴载类型、荷载水平、温度梯度和荷载横向位

置等对于 CRCP 进行力学分析,计算板顶面的临界横向应力。

⑨确定横向裂缝刚度和 LTE 的衰减。车辆荷载的反复作用会导致裂缝抗剪能力的衰减,衰减公式如下:

$$\Delta s_i = \sum_j \left[\frac{0.005}{1 + \left(\frac{cw_i}{h_{\mathrm{PCC}}} \right)^{-5.7}} \right] \left(\frac{n_{ji}}{10^6} \right) \left(\frac{\tau_{ij}}{\tau_{\mathrm{refi}}} \right) \mathrm{ESR} \tag{8-10}$$

$$\frac{cw_i}{h_{\mathrm{PCC}}} \leqslant 3.7$$

$$\Delta s_i = \sum_j \left[\frac{0.068}{1 + 6 \cdot \left(\frac{cw_i}{h_{\mathrm{PCC}}} - 3 \right)^{-1.98}} \right] \left(\frac{n_{ji}}{10^6} \right) \left(\frac{\tau_{ij}}{\tau_{\mathrm{refi}}} \right) \mathrm{ESR} \tag{8-11}$$

$$\frac{cw_i}{h_{\mathrm{PCC}}} > 3.7$$

式中:Δs_i——每种荷载水平 j、每种荷载作用次数累积得到的裂缝抗剪能力损失。

cw_i——时间增量 i 的裂缝宽度(in);

n_{ji}——荷载水平 j 时的荷载作用次数;

τ_{ij}——横向裂缝由于水平 j 的荷载所导致的剪应力;

τ_{refi}——从混凝土板测试得到的参考剪应力(psi);

ESR——考虑荷载横向分布的等效剪切率。

若混凝土板承受更多的荷载作用次数,将每个时间增量下的抗剪切能力损失叠加可以得到某一时刻之前总的抗剪切能力损失。

⑩计算疲劳损伤。增量分析被用于评价混凝土板由于横向弯拉造成的疲劳损伤。分析期被分为多个每月一次的时间增量,对每个时间增量进行单独分析。混凝土板的温度条件在一天内均持续在变化,对路面的结构响应有很大的影响,故温度梯度的影响要分小时进行考虑。

对所有时间增量的疲劳损伤累加得到总的疲劳损伤。对于不同的时间增量,部分参数需要调整。

对于每个时间增量,计算第 j 个荷载水平的荷载作用次数 n_{ij}。预估轴载谱,得到每个轴型的轴载分布,进而计算每个时间增量下的最大板顶横向拉应力。

利用最大弯拉应力(σ_{ij})和弯拉强度可以计算最大容许的荷载作用次数(N_{ij}),公式如下:

$$\log(N_{ij}) = C_1 \cdot \left(\frac{MR_i}{\sigma_{ij}} \right)^{C_2} - 1 \tag{8-12}$$

式中：N_{ij}——时间增量 i 内荷载水平 j 的容许作用荷载作用次数；

σ_{ij}——时间增量 i 内荷载水平 j 所产生的应力；

MR_i——在时间增量 i 时的混凝土弯拉强度；

C_1，C_2——校正系数。

将各个时间增量、各个荷载水平下的疲劳损伤按照 Miner 原理累加可以得到总的疲劳损伤，公式如下：

$$FD = \sum \frac{n_{ij}}{N_{ij}} \tag{8-13}$$

式中：FD——在目前的裂缝间距条件下，设计期限内板临界位置处的累积疲劳损伤。

⑪确定冲断的数量。总的疲劳损伤确定以后，可以利用式(8-4)计算得到每英里内的平均冲断数。

如果冲断数超出规范的要求，可以对设计参数进行以下更改：增加混凝土板厚、增加纵向配筋率、减小配筋的深度、增加混凝土的强度、减小温度膨胀系数、增加最大集料尺寸、采用高强防侵蚀的基层等。然后按照步骤①～⑩重新预估冲断数。

(6) CRCP 冲断设计可靠性

采用公式(4)中的冲断模型进行的 CRCP 路面设计有 50% 的可靠度。在有些情况下，需要提高可靠度水平。在不同可靠度水平下的平均冲断数可按下式计算：

$$PO_{\mathrm{R}} = PO + Z_{\mathrm{R}} S_{\mathrm{P}} \tag{8-14}$$

式中：PO_{R}——在可靠度水平 R 下的冲断数(个/mile)；

PO——在在可靠度水平 50% 下的冲断数(个/mile)；

Z_{R}——在给定可靠度水平下的标准正态偏差；

S_{P}——在平均的冲断水平下 PO 的标准偏差(个/mile)。

(7) CRCP 平整度

CRCP 的平整度受初始平整度、冲断以及路基土通过 200 号筛孔的百分率和冰冻指数等环境因素的影响。CRCP 平整度预测模型如下：

$$IRI_{\mathrm{M}} = IRI_{\mathrm{I}} + C1 \cdot PO + C2 \cdot SF \tag{8-15}$$

式中：IRI_{I}——初始 IRI(in/mile)；

PO——各种严重程度的冲断数(个/mile)；

SF——环境因素。

上式预测得到的平整度具有 50% 的可靠度，类似冲断同样可以得到不同可靠度水平下的 CRCP 平整度。

3）设计软件

为了方便用户使用《力学-经验法路面设计指南》，ARA 公司和 ASU 大学合作开发了一套设计软件，该软件集成以上全部设计方法，用户只需要输入初步设计、地方气候和设计标准等输入参数，软件会自动计算寿命周期内的各项破坏指标参数，如不符合设计要求，用户可调整输入重新设计，直到满足设计标准为止。

8.3 CRCP 设计方法验证

8.3.1 宝塔山隧道 CRCP 验证

（1）工程概况及计算参数

宝塔山隧道，地处山西省平遥县宝塔山自然保护区，是汾阳至邢台高速公路的重要组成部分，该地区植被良好，降雨量较大，空气湿度较大。宝塔山隧道为分离式隧道，左洞长 10.19km，右洞长 10.48km，洞内路面按照单向两车道 80km/h 高速公路进行设计。其中左洞交通荷载为特种交通，路面为 CRCP，结构形式为 28cm CRCP + 15cm 贫混凝土基层 + 10cm 贫混凝土整平层，配筋率为 0.68%。路面施工采用三辊轴分两幅进行，超车道 3.75m、行车道 4m。CRCP 面层的铺筑分两层（下层 18cm + 上层 10cm）进行，可细分为：卸料、摊铺、振捣、粗平、铺设钢筋网片布置于距路表面 10cm 处。设计参数如表 8-1 所示。

宝塔山隧道 CRCP 路面分析计算参数 表 8-1

指　标	单位	符号	取值	获取方法/来源/解释
混凝土 28d 弯拉强度	MPa	f_r	6.5	试验室实测
混凝土 28d 抗拉强度	MPa	f_t	4	试验室实测
钢筋与混凝土热膨胀系数比	无	α_s/α_c	1.32	AASHTO-1993 推荐值
混凝土立方体抗压强度	MPa	$f_{c,cu}$	55	试验室实测
混凝土回弹模量	MPa	E_{PCC}	3.47×10^4	$E_C=\frac{10^5}{2.2+34.7/f_{c,cu}}$
混凝土 28d 的干缩应变	mm/mm	Z	0.0 002	AASHTO－1993 推荐办法
轮载应力	MPa	σ_w	0	交通关闭
允许钢筋应力	MPa	σ_s	335	HRB335 屈服强度经验值
设计温度差	℃	DT_D	1.4	现场实测
钢筋直径	mm	φ	16	现场实测
配筋率	%	P	0.68	现场实测

(2)计算结果与实测结果

为了验证 AASHTO—1993 配筋设计公式的正确性,将上述计算参数分别带入 AASHTO—1993 配筋设计公式(8-1)~公式(8-3)进而反算设计平均裂缝间距、设计最大裂缝宽度及设计允许钢筋应力。通过对宝塔山隧道 CRCP 从铺筑到 7d 龄期的裂缝长度、宽度和间距的调查来验证实际路面裂缝分布模式是否反映设计目的。本文调查统计了 371 条裂缝的宽度和间距。结果显示宽度主要分布在 0.150~0.450mm 之间,其中宽度为 0.150~0.300mm 的裂缝最多,占总裂缝数的 60.6%,数理统计表明裂缝宽度服从 $\mu=0.222\text{mm}$,$\sigma^2=1.153$ 的正态分布。7d 龄期的裂缝平均间距调查结果表明随龄期的增长,平均裂缝间距逐渐减小。面层铺筑后的前 24h,平均裂缝间距迅速下降,随后的几天里,平均裂缝间距为 2.4m 左右,几乎不再变化。计算及调查结果如下表 8-2 所示:

AASHTO—1993 计算结果与实际结果　　表 8-2

指　标	单　位	计算结果	调查(实际)结果
平均裂缝间距	m	3.05	2.4
设计最大裂缝宽度	mm	1.3	0.222
设计允许钢筋应力	MPa	530	335

(3)讨论

对比 AASHTO—1993 计算结果与实测结果,可以看出 AASHTO—1993 配筋设计公式分析 CRCP 裂缝分布模式的有一定误差。可以得到如下结论:

①山西省榆平高速公路 CRCP 路面裂缝分布模式符合 AASHTO—1993 规定的控制指标;

② 0.68% 的设计配筋率的理论裂缝平均间距为 3.05m,而实际裂缝平均间距为 2.4m,结合图 8-3 所示配筋率与裂缝平均间距关系的原理,可以看出基于裂缝平均间距的配筋设计的配筋率偏保守,这是因为 0.68% 的设计配筋率达到了 2.4m 的裂缝平均间距,这比设计要求效果要好。

③ 0.68% 的设计配筋率的理论裂缝宽度为 1.2mm,而实际裂缝宽度为 0.222mm,这表明基于裂缝宽度的配筋设计的配筋率结果偏保守很多,也即 1mm 的裂缝宽度很容易满足,可以看出此公式基本不起控制作用,这与前述分析结论一致;

④ 0.68% 的设计配筋率的理论允许钢筋应力为 530MPa,而实际允许钢筋应力为 335MPa,基于允许钢筋应力的配筋设计的配筋率计算也偏保守,进一步计算得知 0.98% 的配筋率才能达到 335MPa 的钢筋屈服强度,这表明钢筋允许

应力一般也很容易满足，即钢筋一般达不到屈服强度，在工程设计中可不进行钢筋屈服强度校核，这与 MEPDG 放弃这一指标的设计思想是一致的。

综上，根据试验路调查结果表明，AASHTO—1993 设计方法提出的 3 项控制指标中的裂缝间距范围起主要控制作用，但是其配筋率计算结果偏保守，其他 2 项指标一般容易满足。

(4)小结

连续配筋混凝土路面(CRCP)裂缝形态和分布模式是影响其路用性能和寿命周期的重要因素，配筋设计直接影响裂缝的间距与宽度。回顾了 AASHTO—1993 CRCP 配筋设计原理及方法，并进行了参数敏感性分析。结论如下：

①山西省榆平高速公路 CRCP 路面裂缝分布模式符合 AASHTO—1993 规定的控制指标；

②AASHTO—1993 CRCP 配筋率计算方法偏于保守；

③AASHTO—1993 CRCP 提出的 3 项控制指标中的裂缝间距范围起主要控制作用，裂缝宽度和钢筋屈服强度指标一般容易满足。

8.3.2 太古高速公路 CRCP 验证

MEPDG 在其研究项目中采用 LTPP 数据中的 8 条 Vandalia US40 CRCP 路段对裂缝间距模型做了标定，该路段基层采用粒料基层，标定的主要参数是基层摩擦系数。可以看出，MEPDG CRCP 裂缝间距模型的标定工作十分有限，模型的可靠性有待进一步验证。最近，美国伊利诺伊大学交通工程实验室(ATREL)的 Kohler 和 Roesler 通过铺筑于 2001 年 12 月的 5 个试验 CRCP 路段对 MEPDG CRCP 裂缝间距模型进行了验证研究。该路段基层为粒料底基层和柔性基层，研究结果表明，MEPDG 模型预测值大于实际平均裂缝间距观测值，误差范围为 0.22 ~0.4m。在裂缝间距分布模型方面，统计数据表明，LTPP 试验路和伊利诺伊大学试验路的裂缝间距数据均服从 Weibull 分布。

可以看出，MEPDG 裂缝间距模型在其开发过程中没有经过大量试验路数据的标定，而且目前的标定和验证研究工作没有针对贫混凝土基层的 CRCP 路面，但是我国的 CRCP 路面基本采用贫混凝土基层，因此有必要利用我国的实体工程数据对 MEPDG 裂缝间距模型进行验证，以确认其正确性。

(1)工程概况及计算参数

以太古(太原—古交)高速公路为实体工程，进行了 29 条 CRCP 试验路段的铺筑。太原—古交高速公路是山西省高速公路网规划的太原区域环的重要组成部分，为山西省晋煤外运的重要通道。太古高速公路设计全长 23.497km，其中主线长20.497km。其中,部分路段为CRCP试验路段,试验段分左右两幅度施工,其中右线交通荷载为重载交通,路面结构形式为26cm CRCP+18cm贫混凝土基层,配筋率为0.7%;左线交通荷载为极重交通,路面结构形式为28cm CRCP+20cm贫混凝土基层,配筋率为0.7%。路面施工采用三辊轴分车道进行施工。CRCP面层的铺筑分两层进行,可细分为:卸料、摊铺、振捣、粗平。铺设钢筋网片布置于距路表面9cm处。试验路段于2011年7月至9月铺筑。

为了验证AASHTO—1993版和MEPDG裂缝间距模型的正确性,需分别按照前节所述公式进行平均裂缝间距的计算,本文采用的计算参数如表8-3和表8-4所示。

AASHTO—1993平均裂缝间距计算参数　　表8-3

指　标	单位	符号	取值	获取方法/来源/解释
混凝土28d抗拉强度	MPa	f_t	4	实验室实测
钢筋与混凝土热膨胀系数比	无	α_s/α_c	1.32	AASHTO—1993推荐值
轮载应力	MPa	σ_w	0	交通关闭
钢筋直径	mm	φ	16	现场实测
配筋率	%	P	0.7	现场实测

MEPDG平均裂缝间距计算参数　　表8-4

指　标	单位	符号	取值	获取方法/来源/解释
混凝土28d弯拉强度	MPa	f_r	5	实验室实测
混凝土28d抗拉强度	MPa	f_{t28}	4	实验室实测
混凝土立方体抗压强度	MPa	f_c	45	实验室实测
混凝土板厚	m	h_{PCC}	0.27	左右线板厚均值
混凝土回弹模量	MPa	E_{PCC}	3.3×10^4	$E_{\mathrm{C}}=\dfrac{10^5}{2.2+34.7/f_{c,cu}}$
基层摩擦系数	无	f	6.6	MEPDG推荐值
钢筋直径	mm	d_b	16	设计指标
配筋率	%	P_b	0.7	设计指标
相对当量湿度差系数	无	$\Delta(1-rh_{\mathrm{PCC}}^3)_{\mathrm{eqv}}$	0.28	MEPDG公式
混凝土热膨胀系数	1/°C	α_{PCC}	7×10^{-6}	JTG D40—2011推荐值
混凝土最大干缩应变	mm/mm	ε_∞	0.0048	MEPDG公式
混凝土相对湿度	%	rh_{PCC}^3	75	MEPDG公式

(2)裂缝分布描述

现场观测表明,面层铺筑后的3~4d内,裂缝大量出现,平均裂缝间距迅速下降,随后的几天里,平均裂缝间距几乎不再变化。调查发现CRCP裂缝的形态主要可分为6类:第1类是垂直裂缝,这种裂缝较为常规,走向基本垂直于路面行车道中线,是理论上的典型横向裂缝,这类裂缝仅占裂缝总数的83.5%;第2类是"Y"形裂缝,这可能是由于局部区域混凝土浇注不够均匀,在较大的应力作用下出现了破裂,当夹杂有斜向裂缝时,这种裂缝会出现,这种裂缝出现的比例也较大;第3类是倾斜裂缝,包括垂直倾斜裂缝和弧形倾斜裂缝,这类裂缝走向不与路面行车道中线垂直;第4类是弓形裂缝,这类裂缝两头对齐,中部向前(后)突出,成弓形,调查还发现有2个弓形裂缝结合在一起而形成的"枣核"形裂缝;第5类是折线裂缝,这类裂缝由2~3条直线形裂缝连接而成,连接角度为钝(锐)角或直角;第6类是间断裂缝,这类裂缝是正在形成的裂缝,没有贯穿路面,未来可能发展为上述裂缝中的一类,这类裂缝仅占裂缝总数的2.6%。第2、3、4和5类裂缝占裂缝总数的13.9%。图8-8是根据现场调查结果归类后绘制的6类裂缝概念图,图中裂缝尺寸不反映现场实际情况,只描述裂缝的走向和形态;图8-9是部分根据现场实际裂缝形态绘制的裂缝图,图中裂缝尺寸等比例反映现场实际情况。

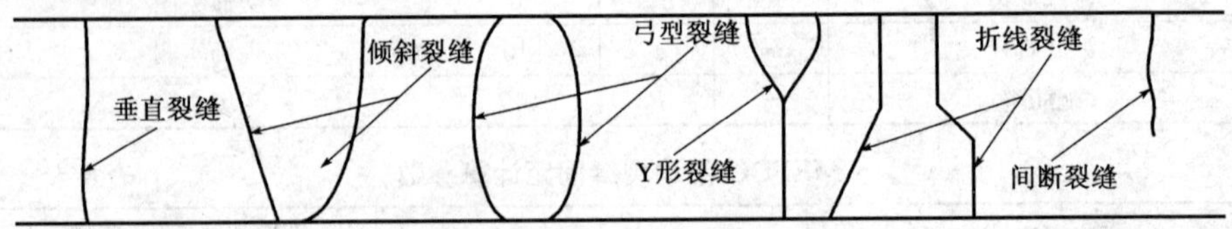

图8-8　CRCP裂缝类型概念图

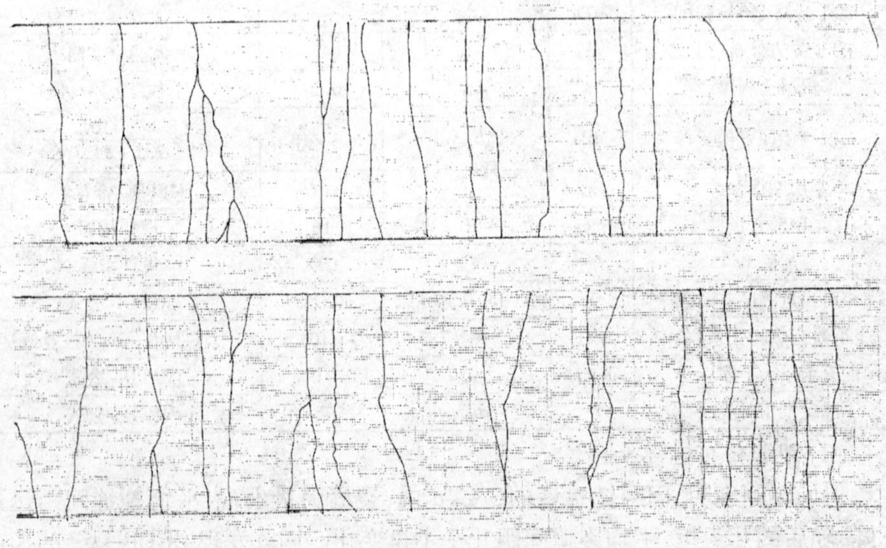

图8-9　CRCP裂缝模式实测图(按比例绘制)

调查还发现如下特征：

①裂缝间距不均匀。长短不一，长的达22m，短的仅5cm。②即使同一条裂缝，裂缝宽度也不完全一致。③从板体侧面来看，裂缝也不完全呈竖直分布，有的与竖直方向偏斜较大，导致路表出现楔形的片状破坏。④从裂缝的发展过程来看，裂缝并不是一次完全出现，而是逐渐发展，数量逐渐增加，趋向稳定；具体到某一条裂缝，也不完全是一次开裂贯通，而是在水平向、竖直向逐渐发展。

(3)裂缝数理统计结果

本文调查统计了29条CRCP路段（路段信息和平均裂缝间距结果统计如表8-5所示），共计1 171条裂缝。不同板厚的平均裂缝间距统计数据如表8-6所示。可以看出，在配筋率相同的情况下(0.7%)，不同板厚的平均裂缝间距几乎没有差别，而且方差分析也证实了左右线裂缝间距没有显著差异。为了拟合裂缝间距的分布函数，本文采用Kolmogorov－Smirnov检验对1 171条裂缝间距数据进行分布拟合，结论表明裂缝间距分布服从4参数Dagum分布，其分布函数如式(8-16)所示。Kolmogorov－Smirnov检验结果如表8-7所示；Dagum分布曲线如图8-10所示；分布参数估计值如表8-8所示。

CRCP路段信息和平均裂缝间距 表8-5

路段编号	板厚(cm)	路段长度(m)	路段宽度(m)	裂缝数量(条)	平均间距(m)
1	26	100	4.25	40	2.50
2	26	100	6.25	21	4.76
3	26	135	4.25	43	3.14
4	26	135	6.25	18	7.50
5	26	135	4.25	56	2.41
6	26	135	6.25	12	11.25
7	26	241	4.25	71	3.39
8	26	241	6.25	65	3.71
9	26	109	4.25	35	3.11
10	26	109	6.25	30	3.63
11	26	110	4.25	43	2.56
12	26	110	6.25	40	2.75
13	26	80	4.25	28	2.86
14	26	80	6.25	20	4.00
15	28	215	6.25	35	6.14

续上表

路段编号	板厚(cm)	路段长度(m)	路段宽度(m)	裂缝数量(条)	平均间距(m)
16	28	215	4.25	41	5.24
17	28	215	6.25	50	4.30
18	28	215	4.25	65	3.31
19	28	241	6.25	98	2.46
20	28	241	4.25	90	2.68
21	28	109	6.25	45	2.42
22	28	109	4.25	26	4.19
23	28	110	6.25	36	3.06
24	28	110	4.25	33	3.33
25	28	80	6.25	26	3.08
26	28	80	4.25	19	4.21
27	26	120	2.5	26	4.62
28	26	120	3.75	21	5.71
29	26	120	4.6	38	3.16

不同板厚裂缝间距统计数据 表 8-6

统计指标	CRCP 板 厚(cm)	
	26	28
样本总数	607	564
最小值(m)	0.05	0.20
最小值(m)	17.90	22.66
均 值(m)	2.71	2.73
标准差(m)	2.21	2.59
偏 度	2.67	3.52

K-S 检验结果 表 8-7

样本大小	1 171				
统计值	0.03 066				
P 值	0.21 649				
置信度	0.2	0.1	0.05	0.02	0.01
临界值	0.03 136	0.03 574	0.03 968	0.04 436	0.0 476
是否拒绝	否	否	否	否	否

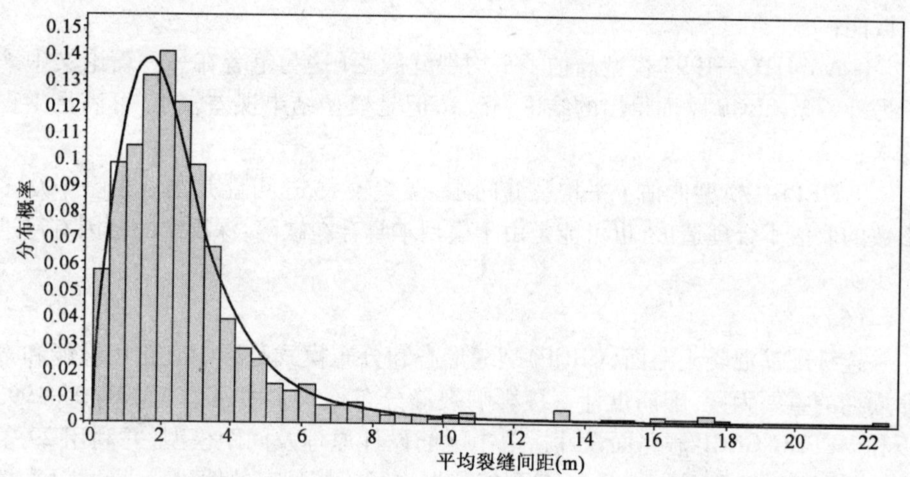

图 8-10　CRCP 裂缝间距 Dagum 分布

$$f(x) = \frac{\alpha k\left(\frac{x-\gamma}{\beta}\right)^{\alpha k-1}}{\beta\left(1+\left(\frac{x-\gamma}{\beta}\right)^{\alpha}\right)^{k+1}} \tag{8-16}$$

Dagum 分布参数估计值　　表 8-8

参　数	k	α	β	γ
估计值	0.57 533	0.9 207	2.8 424	0.03 612

(4)计算与实测结果比较

为了验证 AASHTO—1993 版和 MEPDG 中 CRCP 平均裂缝间距公式的正确性,将表 8-3 和表 8-4 中的计算参数带入相应平均裂缝间距模型。并与 29 条 CRCP 实体路段的裂缝间距观察结果进行比较。计算及调查结果如表 8-9 所示。

平均裂缝间距计算结果与实际结果　　表 8-9

指　标	单　位	计算结果		调查结果
		AASHTO—1993	MEPDG	
平均裂缝间距	m	2.85	1.02	2.72

对比 AASHTO—1993 和 MEPDG 计算结果与实测结果,可以得到如下结论:

①实际调查的平均裂缝间距范围在 1 ~ 3m 之间,这符合良好路面使用性能的最优裂缝间距的设计目标。说明实体工程裂缝模式分布良好,具有良好的路

用性能；

②AASHTO—1993 模型高估了平均裂缝间距（这与笔者在另一篇论文中采用另外一条 CRCP 路面得出的结论一致），但是模型结果误差较小，可满足工程要求；

③MEPDG 模型低估了平均裂缝间距，误差较大，这可能是由于模型中众多参数的取值不合理造成，也可能是由于模型本身存在缺陷，深层次的原因有待进一步研究。

（5）小结

连续配筋混凝土路面（CRCP）裂缝形态和分布模式是影响其路用性能和寿命周期的重要因素，配筋设计直接影响裂缝分布模式。回顾了 AASHTO—1993 版和 MEPDG CRCP 版路面设计指南中配筋设计原理及间距模型，并利用 29 条实体 CRCP 试验段采集的 1171 条裂缝数据进行了模型有效性研究，同时对采集的裂缝间距数据进行了数理统计分析。结论如下：

①CRCP 裂缝的形态可分为 6 大类：垂直裂缝、"Y"形裂缝、倾斜裂缝、弓形裂缝、折线裂缝和间断裂缝；

②CRCP 试验路裂缝间距符合保持良好路面使用性能的范围（1～3m）；相同配筋率的不同板厚的 CRCP 裂缝间距没有显著差异；

③Dagum 分布比 Weibull 分布能更好地拟合 CRCP 裂缝间距分布；

④AASHTO—1993 模型高估了平均裂缝间距，但是模型结果误差较小，可以满足工程要求；

⑤MEPDG 模型低估了平均裂缝间距，误差较大，深层次原因有待进一步研究。

8.4 CRCP 早期力学特性和裂缝发展行为

8.4.1 早期温度场、应力场分析

环境温度梯度和混凝土的早期的水化热的复合作用是影响 CRCP 早期温度场、应力场的重要因素，也直接影响着 CRCP 早期裂缝的形成和发展。量测隧道内 CRCP 的温度场、应力场有助于增强对混凝土早期行为，尤其是裂缝发生规律的认知和理解。

（1）早期温度、应力的采集

通过试验，在宝塔山隧道左洞 K20＋040 处，左幅路面行车道中线位置沿路

面厚度方向布置 3 个 TFL－T－DZ 型温度传感器和 3 个 TFL－S－NM 型内埋式应变计,如图 8-11 所示,监测 CRCP 的温度和应力变化。

应变计通过竖直支架连接,然后直接埋设于混凝土内,用于混凝土应变、应力的量测。应变计内置温度辨析模块可同时监测应变计内部温度,用于应变量测的实时温度补偿,以提高应变计在不同温度条件下监测数据的准确性和可靠性。温度传感器同应变计一样先用竖直支架固定,然后如图 8-11 所示布置,用于采集传感器所在位置的温度。

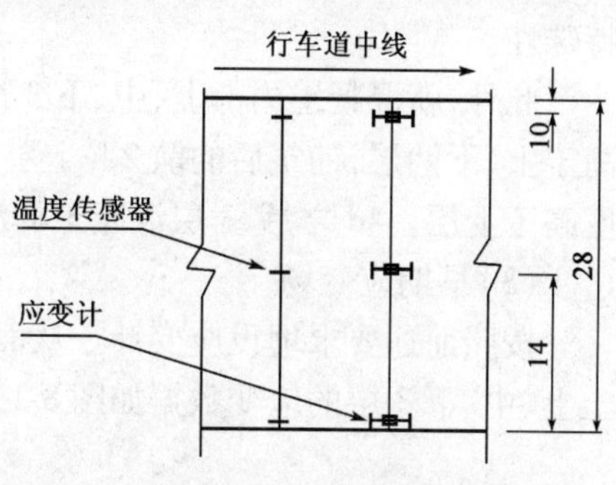

图 8-11 温度传感器及应变计埋设位置示意图

（尺寸单位:mm）

待面层混凝土浇筑后,采用TFL－F－10 型弦式频率采集仪和 TY560 型无纸记录仪自动采集路面结构相应位置的应变和温度,采集频率为 3h 一次。

(2)早期温度场

按照前述要求埋设温度传感器。从面层混凝土铺筑后,记录 7d 龄期内面板混凝土上、中、下 3 层的温度数据如图 8-12 所示。

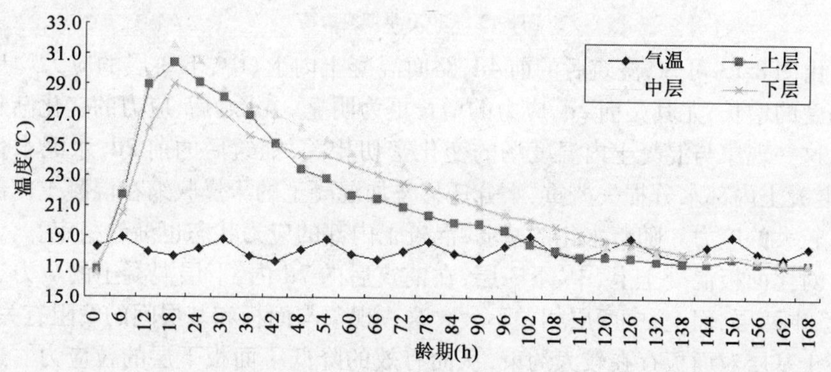

图 8-12 CRCP 早期温度场

从图中可知,混凝土铺筑后的前 4d,内部上、中、下 3 层的温度均明显高于气温,尤其是前 2d,结构层的温度平均比气温高约 8.5℃。此时,水泥水化产生的热量是其内部温度上升的主要因素,混凝土铺筑后的 15h,混凝土各层的温度先后达到最大值,其中,中层最大约 31.9℃,这与已有的研究成果一致。

之后,随着前期水化作用的减弱,混凝土结构层的温度也逐渐下降,并向环境气温接近。由于隧道内气温较为恒定(昼夜温差仅 1.4℃),混凝土内部温度受气温的影响极为有限，因此，即使水泥水化不再起温度变化的主导作用后，结构层温度也没有表现出与气温的协同性，这也正是隧道内混凝土路面温度场的特殊性。

此外，就混凝土内部上、中、下3层而言，混凝土铺筑后的前4d，中层温度均高于上、下两层，铺筑后的前2d，上层温度高于下层，2～4d时，下层混凝土的温度高于上层。4d之后，3层混凝土的温度渐趋一致。

(3)早期应变场

按照前述要求埋设应变计。从面层混凝土铺筑后，记录7d龄期内路面混凝土上、中、下3层的应变数据如图8-13所示。

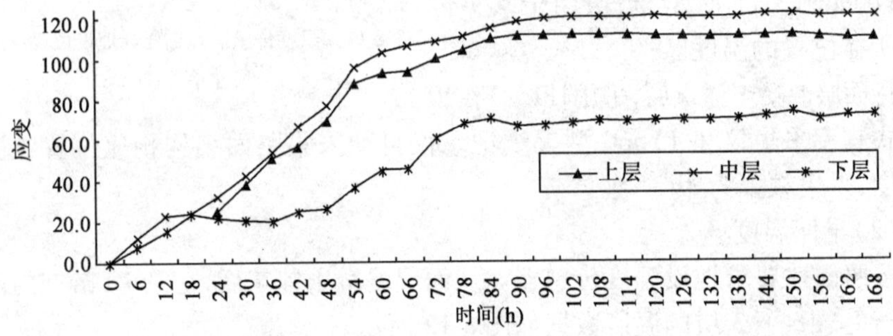

图8-13　CRCP早期应力场

由图8-13可知，浇筑后的前4d，路面混凝土内上、中、下3层的应力均呈较大幅度的增长，尤其是前2d，应力的增长更为明显。4d之后，应力的变化渐趋稳定。这一现象与混凝土内温度场的变化密切相关，铺筑后的前2d，水泥水化剧烈，混凝土内部水分损失严重，水分迁移叠加混凝土的干燥收缩在混凝土内部产生了较大的应力。随着水化的减弱，混凝土内部的应力状态也渐趋稳定。

对比面板混凝土上、中、下3层，在铺筑后的7d内，下层混凝土的应力远小于上、中两层，而上、中两层相差不大。这一现象与面板和基层间的摩阻有关，贫混凝土基层对面板存在较大约束，从而有效的降低了面板下层的拉应力。这也预示着CRCP的早期裂缝多为由上而下的开裂。

8.4.2　早期裂缝发展行为

CRCP裂缝的量测从面层铺筑完开始，至铺筑后的第7d结束。选取隧道内K20+000至K21+000一段长为1km的路段作为量测对象，每4h量测一次，量测内容包括裂缝宽度、裂缝间距以及裂缝在不同时期的发展情况及规律等。

本研究所量测的裂缝包括横向、纵向、斜向裂缝。横向裂缝走向与行车方向近似垂直,一般来说横向裂缝出现后很快贯穿整幅路面,宽度较宽。纵向裂缝走向与行车方向近似平行。斜向裂缝与行车方向斜交,宽度较窄,深度较浅,长度会随龄期逐渐变长。裂缝宽度指整条裂缝在行车方向上的最宽处的宽度。裂缝长度指裂缝起点到终点的直线距离。裂缝间距指相邻两条横向裂缝的间距。

(1)裂缝数随龄期的发展

从混凝土铺筑至龄期为7d期间,面层出现的裂缝数随龄期的变化如图8-14所示,7d内共出现裂缝371条。混凝土铺筑后的第8小时即出现第一条裂缝,随后裂缝大量出现,截止铺筑后的48h,出现的裂缝数占7d裂缝总数的93.2%,仅第2天出现的裂缝数就占裂缝总数的77.6%。随后的5d,裂缝出现的概率大大减小,仅占7d总裂缝数的6.7%。

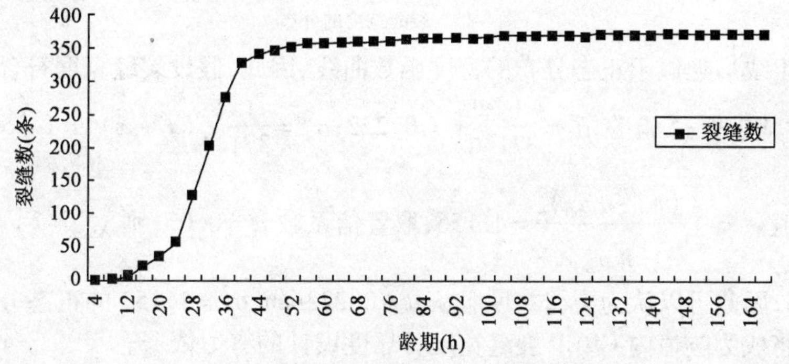

图8-14　裂缝数随龄期的变化

图8-14与CRCP早期应力场分布的走向极其相似,混凝土铺筑后的前48h,在温缩和干缩的综合作用下,结构层拉应力迅速增加,与此同时,由于混凝土强度较低,板内拉应力超过了其极限抗拉强度而产生大量裂缝。而后的几天里,混凝土强度不断增长,而内部拉应力基本不变,所以,裂缝出现的概率明显下降。

(2)裂缝宽度的发展及分布

裂缝的宽度一般有3种情况:

①两端较窄、中间较宽,这种裂缝一般由中间向两端延伸形成;

②一端较宽、另一端较窄,这种裂缝先在一端发生,再向另一端延伸形成;

③两端较宽、中间较窄,这种裂缝是由两条相距较近裂缝在中间交汇而成。

据观测,大部分裂缝在形成后的2~3h,宽度已基本稳定,变化十分有限。当然,也有部分裂缝随龄期增长、行车荷载的影响宽度不断变宽。

统计以上371条裂缝的宽度,按照裂缝宽度将其分为8组,统计每组对应的裂缝数,绘制裂缝频数如图 8-15 所示,宽度主要分布在 0.150 ~ 0.450mm 之间。其中宽度为 0.150 ~ 0.300mm 的裂缝最多,占总裂缝数的 60.6%。

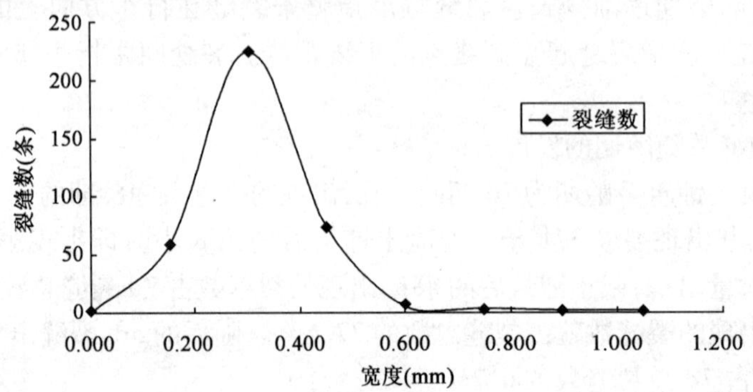

图 8-15　裂缝宽度的分布

由于线形近似于正态分布的密度函数曲线,因此,假设裂缝宽度符合正态分布,并对其进行 χ^2 检验,$\mu_j = \frac{1}{371}\sum_{i=1}^{371} x_i = 0.222$;$\sigma_j^2 = \frac{1}{371}\sum_{i=1}^{371}(x_i - \bar{x})^2 = 1.153$;$\chi^2$ 统计量的值 $\chi^2 = \sum_{i=1}^{8}\frac{(n_i - n\hat{p}_{i0})^2}{n\hat{p}_{i0}} = 4.156$;取置信系数 $\alpha = 0.05$;则 $\chi_{0.95}^2(3) = 12.59 > 4.156$,因此可以认为裂缝宽度服从 $\mu = 0.222$mm,$\sigma^2 = 1.153$ 的正态分布。这一分布将成为隧道内 CRCP 裂缝宽度可靠度设计的有力依据。

(3)裂缝长度的发展及分布

裂缝的长度一般有两种情况:

①近似为直线,贯穿整幅路面;

②较为弯曲,非贯穿型裂缝,长度一般较小。

裂缝长度方向上的发展过程较为缓慢。一般的,路面横断面方向上首先出现几条较短的裂缝,随着龄期的增长,这几条较短的裂缝慢慢延伸并相接形成一条较长的裂缝,这条较长的裂缝再向两端延伸最终贯穿整幅路面,整个过程持续时间长达 4 ~ 12h,甚至更长。

裂缝长度的分布与宽度相似,89.2% 的裂缝为贯穿型裂缝,长度近似等于路幅宽度,最短的裂缝约长 10cm。一般的,裂缝长度较短的,宽度较大,反之长度较长的宽度一般较小。经检验,裂缝长度也服从 $\mu = 3.82$m,$\sigma^2 = 4.723$ 的正态分布。这也将成为 CRCP 裂缝长度可靠度设计的有力依据。

(4)裂缝间距的发展与分布

裂缝间距在一定程度上体现了纵向钢筋对面板的约束程度,约束越大则裂缝间距越大，同时裂缝宽度也越宽。

裂缝间距随混凝土龄期不断变化，裂缝形成初期，在温缩和干缩的共同作用下，完整的板块内部应力很快大于混凝土的极限抗拉强度，继而断裂为小板块，板块开裂后，应力迅速消散。在新的温缩和干缩作用下新形成的板块内部应力不断积聚，再次达到混凝土板的极限抗拉强度后，在板内薄弱点处再次断裂。随着裂缝间距不断缩小，板块内积聚的应力不足以达到混凝土的极限抗拉强度，此时裂缝间距趋于稳定。

试验观测了混凝土铺筑7d内的裂缝平均间距，平均间距随龄期的变化如图8-16所示。随龄期的增长，平均裂缝间距逐渐减小。面层铺筑后的前24h，平均裂缝间距迅速下降，随后的几天里，平均裂缝间距为2.4m左右，几乎不再变化。

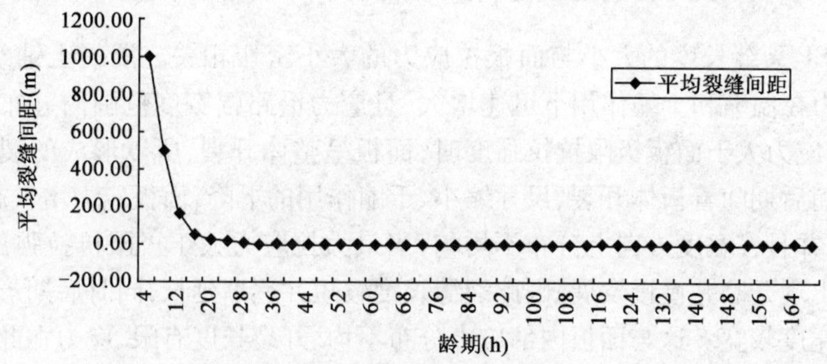

图8-16 平均裂缝间距随龄期的变化

综上可知，面层铺筑7d以后，平均裂缝间距几乎不再发生变化。然而平均间距不能说明裂缝间距是否满足设计及使用要求。由调查数据可知，最大裂缝间距为35.6m，而最小间距仅为0.12m。显然0.12m、35.6m远远超出了设计要求的裂缝间距1.0~2.5m。

因此，有必要得到裂缝间距的分布规律，如图8-17所示。由图8-17中数据可知，符合设计要求的1.0~2.5m的间距仅占所有间距的38.6%，裂缝间距为0.5~1.0m的间距数为127条，占总间距数的34.3%，即61.4%的裂缝间距均不能很好地满足设计要求。

随着龄期的增长，开放交通后车辆轴载的影响，裂缝数势必增加，裂缝间距也势必进一步缩小。间距大于2.5m的22%的裂缝有望重新进入设计要求范围以内，但是，仍然有39.4%的小于1.0m的裂缝间距会进一步变小，这部分板块即将成为整条路面的薄弱环节，一旦出现超重轴载、水损坏等恶劣因素的影响，路面极容易出现冲断、破碎等病害。

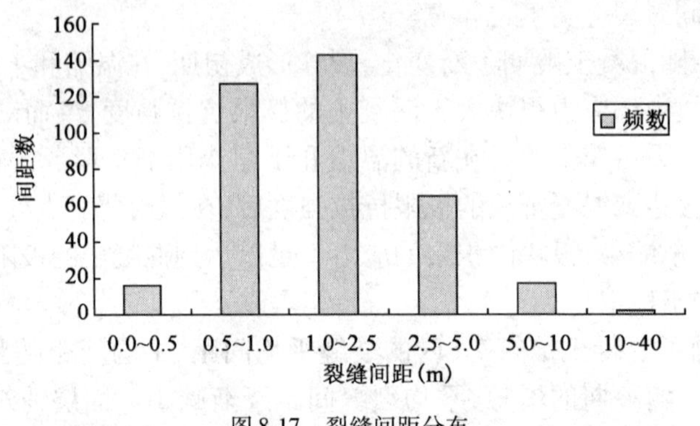

图 8-17　裂缝间距分布

8.4.3　开裂的影响因素分析及控制

CRCP 裂缝长度的大小与面板拉应力的大小密切相关。混凝土铺筑初期，板内应力在温缩和干缩作用下迅速增大，且应力沿路幅宽度范围内分布较为均匀，当拉应力大于面板极限抗拉强度时，面板呈整体开裂，所以形成的裂缝长度较长。而后期随着板体开裂、尺寸缩小、干缩作用的下降，面板应力增长趋缓、峰值降低，并且在宽度方向上分布不均匀，当最大拉应力大于极限抗拉强度时，面板局部出现开裂并慢慢发展，因此裂缝长度较短并逐渐延长，同时后期形成的裂缝一般宽度较宽。这与面板内部应力分布不均、开裂长度有限、应力在此处集中释放有关。

因此有效的减小混凝土的早期干缩和温缩是控制 CRCP 裂缝长度发展的有效途径。对于隧道内 CRCP 路面来说，温度梯度主要源自水泥水化热，所以使用低热水泥或适当的掺加粉煤灰能有效降低早期水化热或将水化时间分散延迟。同时，配合比设计时在保证工作性的前提下，可以通过减小单位用水量减少混凝土早期干缩的发生。

影响裂缝宽度的主要因素有：配筋率、混凝土质量。配筋率低则对应的裂缝间距小、裂缝宽度较窄，这是因为相邻裂缝间面板长度较短，板内应力在两端得到有效的释放所需的空间有限，所以裂缝宽度不会很宽；反之，裂缝间距大、裂缝宽度较宽。均匀优质的混凝土是保证裂缝均匀发展的前提。不均匀的混凝土常常是面板铺筑后的薄弱环节，最大拉应力在这些地方首先大于混凝土极限抗拉强度，面板出现断裂。同时由于周围混凝土的抗拉强度远大于这些薄弱地方，短期内不会出现新的裂缝，周围板内持续增加的应力会导致已有裂缝的不断变宽。

因此，合理的配筋设计、优质的混凝土是控制裂缝宽度及间距的主要手段。

8.4.4　小结

(1)混凝土铺筑后的前4d,内部上、中、下3层的温度均明显高于气温,尤其是前2d,结构层的温度平均较气温高约6℃。由于隧道内昼夜温差较小,日最高气温19.0℃,最低气温17.6℃,温差仅为1.4℃。此时,水泥水化产生的热量是其内部温度上升的主要影响因素,并直接影响着CRCP的早期温度场。

(2)混凝土浇筑后的前4d,内部上、中、下3层的应力均呈较大幅度的增长,尤其是前2d,在干缩和温缩的共同作用下,结构层应力的增长更为显著。4d之后,应力的变化渐趋稳定。

(3)混凝土铺筑后的第8小时即出现第一条裂缝,随后至铺筑后的前2d,裂缝大量出现,截止铺筑后的48h,裂缝数占7d裂缝总数的93.2%,仅第2天出现的裂缝数就占裂缝总数的77.6%。随后的5d,裂缝出现的概率大大减小,仅占7d总裂缝数的6.7%。

(4)CRCP裂缝的宽度、长度均呈正态分布。裂缝宽度主要集中0.25mm左右,裂缝长度多为贯穿型,最大裂缝间距为35.6m,而最小间距仅为0.12m。符合设计要求的1.0~2.5m的裂缝间距仅占所有间距的38.6%,间距为0.5~1.0m的裂缝间距数占总间距数的34.3%。

(5)使用低热水泥或适当的掺加粉煤灰能有效地降低早期水化热或将水化时间分散延迟,减小单位用水量,减少混凝土早期干缩的发生,均可以有效地减小混凝土的早期温缩和干缩、降低CRCP的早期拉应力,进而抑制裂缝长度的发展。合理的配筋设计、优质的混凝土是控制裂缝宽度及间距的主要手段。

第9章 重载交通水泥混凝土路面设计的工程应用

本章针对前述重载交通水泥混凝土路面结构设计理论,结合实体工程介绍重载交通水泥混凝土路面设计的工程应用。其中重载交通普通混凝土路面包括得大高速公路和G309国道临汾段配筋混凝土路面,重载交通连续配筋混凝土路面包括孙吴线和太古高速公路。

9.1 得大高速公路普通混凝土路面工程

9.1.1 工程概况

得大高速公路是二连浩特—河口国道主干线山西省境内的一段,路线起于晋蒙交界的得胜口,止于山西省大同市,通过马连庄互通与京大高速公路相连,路线主线全长47.368km。其中,左幅K0+000~K27+775,右幅K27+775~K47+368,设计累计轴次为1.84×10^8次,按重车道设计。

9.1.2 路面结构设计

得胜口—大同段水泥混凝土路面设计的主要技术指标如表9-1所示。

设计技术指标表 表9-1

序号	项目	单位	技术指标
1	路面面层结构	—	水泥混凝土
2	标准轴载	kN	100
3	交通量等级	—	特重交通
4	设计使用年限	年	30
5	累计作用次数N_e	次	1.84×10^8
6	交通量平均年增长率	%	5.0
7	设计弯拉强度	MPa	5.0
8	混凝土设计弯拉弹性模量	MPa	30×10^3

1）交通分析

（1）交通量预测及交通组成

根据工可阶段调查，并进行诱增型未来交通量预测，本路段各特征年交通量预测结果如表9-2所示。

特征年交通量预测结果表（折合小客车，辆/日）　　表9-2

路段名称	2005年	2010年	2015年	2020年	2025年	2030年
起点—李佩沟	10 726	14 910	19 860	26 578	34 171	39 231
李佩沟—古店	10 729	14 911	19 857	26 594	34 214	39 280
起点—古店平均	10 728	14 911	19 859	26 586	34 193	39 256
古店—肖家寨	9 141	12 618	16 360	22 183	28 346	32 543
肖家寨—马连庄	9 828	13 617	17 754	24 072	30 827	35 391
古店—马连庄平均	9 485	13 118	17 057	23 128	29 587	33 967
全线平均	10 234	14 198	18 742	25 214	32 366	37 159

车型构成比例如表9-3所示。

车型调查结果表（折合小客车，辆/日）　　表9-3

车型	客车		货车				
比重（%）	小型	大型	小型	中型	大型	拖挂（集装箱）	
	49.7	2.5	9.6	11.2	6.3	21.3	0.4

（2）交通量换算

按照各类车型所占比重，计算基年（2005）各类车型交通量如表9-4所示。

各类车型预测交通量结果表（辆/日）　　表9-4

车型		客车		货车			
		小型	大型	小型	中型	大型	拖挂（集装箱）
比重（%）		49.7	2.5	9.6	11.2	6.3	21.7
		51.2		49.8			
基年交通量	起点—古店	3 020	155	595	695	391	1 346
	古店—马连庄	2 767	142	545	636	358	1 233

（3）基本车型的确定

根据对现有车型和未来车型的预测分析，确定基本车型如表9-5所示，对于大货车考虑50%的车辆超载30%，对拖挂车（集装箱）考虑80%的车辆超载40%。各类型车辆预测交通量结果如表9-6所示。

代表车型确定表 表9-5

车型	客车		货车			
	小型	大型	小型	中型	大型	拖挂(集装箱)
前轴重(kN)		49.0	13.4	23.6	63.0	63.0
后轴重(kN)		91.5	27.4	69.3	127.0	119.0
后轴数		1	1	1	1	2
轮组数		双轮组	双轮组	双轮组	双轮组	双轮组

各类型车辆预测交通量结果表 表9-6

车型	客车		货车			
	小型	中型	小型	中型	大型	拖挂
比重(%)	49.7	2.5	9.6	11.2	6.3	21.7
	51.2		49.8			
基年交通量	2 881	148	568	663	373	1 284

(4)轴载换算系数和标准轴载作用次数

轴载换算系数和标准轴载作用次数的计算如表9-7所示。

轴载换算系数和标准轴载作用次数 表9-7

轴型	项目	轴重(kN)				
		71 ~ 80	81 ~ 90	91 ~ 100	101 ~ 110	111 ~ 120
单轴—单轮	换算系数	1	9	59	306	1352
	轴数	654	342	212	99	24
	标准轴数	654	3 078	12 508	30 294	32 448

轴型	项目	轴重(kN)					
		141 ~ 160	161 ~ 180	181 ~ 200	201 ~ 220	221 ~ 240	241 ~ 260
单轴—双轮	换算系数	218	1 845	12 144	65 536	301 136	1 211 657
	轴数	128	255	333	82	207	—
	标准轴数	27 904	470 475	4 043 952	5 373 952	62 335 152	—

轴型	项目	轴重(kN)						
		241 ~ 260	261 ~ 280	281 ~ 300	301 ~ 320	321 ~ 340	341 ~ 360	
双轴—双轮	换算系数	4	14	44	131	364	947	
	轴数	40	74	99	99	248	120	
	标准轴数	160	1 036	4 356	12 969	90 272	113 640	
	项目	361 ~ 380	381 ~ 400	401 ~ 420	421 ~ 440	441 ~ 460	461 ~ 480	481 ~ 500
	换算系数	2 333	5 475	12 300	26 562	55 344	111 610	218 459
	轴数	122	89	227	97	68	31	142
	标准轴数	284 626	487 275	2 792 100	2 576 514	3 763 392	3 459 910	31 021 178

续上表

轴型	项目	轴重(kN)					
		401~420	461~480	521~540	541~560	621~640	661~680
三轴—双轮	换算系数	26	234	1 617	2 934	25 953	69 607
	轴数	11	11	11	34	12	12
	标准轴数	286	2 574	17 787	99 756	311 436	835 284

注:未列入的轴重级位,其轴载换算系数远小于1,因而标准轴载作用次数很小,均小于1。

设计基准期为30年,交通量年增长率为4%。选用单轴—双轮100kN的荷载作为标准轴载,综合上述各种轴型的作用次数,便可得到运煤方向车辆的初始标准轴载作用次数为3.82×10^{7}轴次/日,取车道系数为0.8,轮迹横向分布系数为0.22,则可计算得到设计年限内标准轴载的累计作用次数1.37×10^{11}。

2)路面结构分析计算

主线水泥混凝土路面结构如表9-8所示。

主线水泥混凝土路面结构　　表9-8

车道类型	重车道 (K0+000~K27+775左幅)(K27+775~K47+368右幅)			轻车道 (K0+000~K27+775右幅)(K27+775~K47+368左幅)		
干湿状态	中湿	潮湿	石方	中湿	潮湿	石方
面层	28cm横向缩缝插传力杆水泥混凝土					
基层	20cm水泥稳定级配碎石					
底基层	38cm二灰稳定砂砾	38cm二灰稳定砂砾	17cm二灰稳定砂砾	20cm二灰稳定砂砾	20cm二灰稳定砂砾	15cm二灰稳定砂砾
垫层	—	15cm天然砂砾	—	—	15cm天然砂砾	—
总厚度(cm)	86	101	65	68	83	63

(1)标准轴载为200kN时混凝土面层设计厚度。初选混凝土面层厚度为28cm,水泥混凝土设计弯拉强度为5.3MPa,计算过程如下:

①基层顶面计算模量。将基层整体换算为半无限体,经计算$E_t=247$MPa。

按规范模量修正系数公式计算修正系数,有:

$$n=10^{-2.64}\times\left(\frac{28\times31\,000}{247}\right)^{0.8}=1.57$$

由此得到基层顶面计算模量：

荷载应力计算时：$E_{tc}=n\times E_t=1.57\times247=388\text{MPa}$；

温度应力计算时：$E_{tc}=0.30\times247=74\text{MPa}$。

②荷载疲劳应力。路面结构相对刚度半径：

$$l=28\left(\frac{E_c(1-\mu_0^2)}{6E_t(1-\mu_c^2)}\right)^{\frac{1}{3}}=62.4\text{cm}$$

可计算标准轴载(100kN)作用下的荷载应力：

$$\sigma_s=0.3314l^{0.8615}\frac{100^{0.9052}}{28^2}=0.948\text{MPa}$$

由下式计算得到疲劳系数：

$$k_f=Ne^{0.0566}=(1.37\times10^{11})^{0.0566}=4.27$$

取 $k_j=0.87$，$k_c=1.20$，则荷载疲劳应力为：

$$\sigma_{pr}=k_jk_fk_c\sigma_p=0.87\times4.27\times1.20\times0.948=4.23\text{MPa}$$

③温度疲劳应力。路面结构相对刚度半径：

$$l=28\left(\frac{E_c(1-\mu_0^2)}{6E_t(1-\mu_c^2)}\right)^{\frac{1}{3}}=100.2\text{cm}$$

由 $L/l=5.00/1.002=4.99$ 和 $h=28\text{cm}$，可查图得到温度应力系数 $k_x=0.52$。

取最大温度梯度为0.93cm/℃，则最大温度应力为：

$$\sigma_{tm}=0.5\alpha E_cT_ghk_x=0.5\times1\times10^{-5}\times31000\times0.93\times28\times0.52=2.09\text{MPa}$$

由 $\sigma_{tm}/f_r=2.10/5.3=0.39$ 和Ⅲ区，查表得到温度应力系数为 $k_t=0.50$。由此，可计算得到疲劳温度应力为：

$$\sigma_{tr}=k_t\sigma_{tm}=0.50\times2.09=1.04\text{MPa}$$

④综合应力。叠加荷载疲劳应力和温度疲劳应力，得到综合应力为：

$$\sigma=\sigma_{pr}+\sigma_{tr}=4.23+1.04=5.27\text{MPa}<f_r(=5.3\text{MPa})$$

⑤当综合修正系数 $k_c=1.25$ 时，荷载疲劳应力为：

$$\sigma_{pr}=k_jk_fk_c\sigma_p=0.87\times4.27\times1.25\times0.948=4.40\text{MPa}$$

则叠加荷载疲劳应力和温度疲劳应力，得到综合应力为：

$$\sigma=\sigma_{pr}+\sigma_{tr}=4.40+1.04=5.44\text{MPa}<1.03f_r(=5.46\text{MPa})$$

(2)标准轴载为200kN时混凝土面层设计厚度。初选混凝土面层厚度为28cm，水泥混凝土设计弯拉强度为5.3MPa，计算过程如下：

①基层顶面计算模量。将基层整体换算为半无限体，经计算$E_t=247\text{MPa}$。

按规范模量修正系数公式计算修正系数，有：

$$n = 10^{-2.64} \times \left(\frac{28 \times 31\,000}{247}\right)^{0.8} = 1.57$$

由此得到基层顶面计算模量：

荷载应力计算时：$E_{tc} = n \times E_t = 1.57 \times 247 = 388\text{MPa}$；

温度应力计算时：$E_{tc} = 0.30 \times 247 = 74\text{MPa}$。

②荷载疲劳应力。路面结构相对刚度半径：

$$l = 28\left(\frac{E_c(1-\mu_0^2)}{6E_t(1-\mu_c^2)}\right)^{\frac{1}{3}} = 62.4\text{cm}$$

可计算标准轴载(200kN)作用下的荷载应力：

$$\sigma_s = 0.3\,314 l^{0.8\,615} \frac{200^{0.9\,052}}{28^2} = 1.77\text{MPa}$$

由下式计算得到疲劳系数：

$$k_f = Ne^{0.0\,566} = (1.88 \times 10^6)^{0.0\,566} = 2.26$$

取 $k_j = 0.87$，$k_c = 1.20$，则荷载疲劳应力为：

$$\sigma_{pr} = k_j k_f k_c \sigma_p = 0.87 \times 2.26 \times 1.20 \times 1.77 = 4.18\text{MPa}$$

③温度疲劳应力。路面结构相对刚度半径：

$$l = 28\left(\frac{E_c(1-\mu_0^2)}{6E_t(1-\mu_c^2)}\right)^{\frac{1}{3}} = 100.2\text{cm}$$

由 $L/l = 5.00/1.002 = 4.99$ 和 $h = 28\text{cm}$，可查图得到温度应力系数 $k_x = 0.52$。

取最大温度梯度为 0.93cm/℃，则最大温度应力为：

$$\sigma_{tm} = 0.5\alpha E_c T_g h k_x = 0.5 \times 1 \times 10^{-5} \times 31000 \times 0.93 \times 28 \times 0.52 = 2.09\text{MPa}$$

由 $\sigma_{tm}/f_r = 2.10/5.3 = 0.39$ 和Ⅲ区，查表得到温度应力系数为 $k_t = 0.50$。由此，可计算得到温度疲劳应力为：

$$\sigma_{tr} = k_t \sigma_{tm} = 0.50 \times 2.09 = 1.04\text{MPa}$$

④综合应力。叠加荷载疲劳应力和温度疲劳应力，得到综合应力为

$$\sigma = \sigma_{pr} + \sigma_{tr} = 4.18 + 1.04 = 5.22\text{MPa} < f_r(=5.3\text{MPa})$$

⑤当综合修正系数 $k_c = 1.25$ 时，荷载疲劳应力为：

$$\sigma_{pr} = k_j k_f k_c \sigma_p = 0.87 \times 2.26 \times 1.25 \times 1.77 = 4.35\text{MPa}$$

则叠加荷载疲劳应力和温度疲劳应力，得到综合应力为：

$$\sigma = \sigma_{pr} + \sigma_{tr} = 4.35 + 1.04 = 5.39\text{MPa} < 1.03 f_r(=5.46\text{MPa})$$

综上，混凝土路面结构应力计算结果如表 9-9 所示。

混凝土路面结构计算结果汇总　　表 9-9

	按标准轴载 100kN 计算	按标准轴载 200kN 计算
基层顶面计算模量(MPa)	荷载应力计算时,388MPa 温度应力计算时,74MPa	荷载应力计算时,388MPa 温度应力计算时,74MPa
荷载疲劳应力(MPa)	4.23MPa	4.18MPa
温度疲劳应力(MPa)	1.04MPa	1.04MPa
综合应力(MPa)	5.27MPa $< f_r$ (=5.3MPa)	5.22MPa $< f_r$ (=5.3MPa)
当 $k_c = 1.25$ 时综合应力	5.44MPa $< f_r$ (=5.46MPa)	5.39MPa $< f_r$ (=5.46MPa)

9.1.3 试验路施工及效果

(1)试验路结构形式

综上,试验路结构形式如表 9-10 所示。

重载交通水泥混凝土路面试验路结构形成　　表 9-10

结构层	实 体 工 程	试验段工程			
面层	28cm 普通混凝土	28cm 缩缝插传力杆混凝土	28cm 缩缝插传力杆混凝土	28cm 缩缝插传力杆混凝土	28cm 缩缝插传力杆混凝土
基层	20cm 5% 水稳碎石	20cm 5% 水稳碎石	20cm 10% 水稳碎石	20cm 10% 水稳碎石	20cm C15 贫混凝土
底基层	20cm 二灰稳定砂砾	20cm 二灰稳定砂砾	20cm 5% 水泥稳定砂砾	20cm 5% 水泥稳定砂砾	20cm 5% 水泥稳定砂砾
垫层	15cm 天然砂砾	15cm 天然砂砾	15cm 天然砂砾	15cm 天然砂砾	15cm 天然砂砾
路基	—	—	—	—	15cm 天然砂砾
桩号	K10 +500 ~ K21 +655	K21 +655 ~ K21 +900	K21 +900 ~ K22 +100	K22 +100 ~ K22 +200	K22 +200 ~ K22 +293
长度	—	245m	200m	100m	93m
干湿类型	潮湿	中湿			

(2)施工关键环节

由于试验路的铺筑与实体工程的铺筑大致相同,以下仅对施工中的关键环节、注意事宜等作以阐述。

①对机械设备、各种试验仪器等进行全面检查、标定及调试,主要施工机械的易损零部件应有适当储备;

②基准线为直径 3mm 的钢绞线,应连接顺直,基准线张力不小于 1 000kN,

基准线不得有脱丝、打结等现象；

③应严格控制基层厚度和高程，其路拱横坡应与面层一致；

④进行基层、底基层施工时，应注意气候变化，勿使水泥和混合料遭雨淋，降雨时应停止施工并采取措施防止表面积水；

⑤为确保底基层的整体质量，两台摊铺机应保持相同摊铺速度和振动频率，以保证摊铺后混合料的均匀性；

⑥及时对新铺筑基层进行洒水养生，养生满7d后洒布乳化沥青使下封层继续养生，期间应进行交通管制；

⑦在修整过程中，严禁用薄层贴补法进行填补料，以免形成易脱落、松散的上表层。

(3)工程质量跟踪

①强度检测。水泥混凝土路面抗弯拉强度、二灰稳定砂砾无侧限抗压强度在实体工程中已进行了大量试验，试验结果表明其强度能够满足设计强度要求。表9-11、表9-12所示为水稳砂砾底基层、水稳碎石基层强度检测结果。

水稳砂砾底基层试件抗压强度试验结果　　表9-11

试件编号	1	2	3	4	5	6	7	8	9
无侧限抗压强度(MPa)	2.7	2.5	2.6	2.8	2.9	2.7	2.6	2.8	2.7
平均值(MPa)	2.7								
评定	合格								

水稳碎石基层试件抗压强度试验结果　　表9-12

试件编号	1	2	3	4	5	6	7	8	9
无侧限抗压强度(MPa)	9.4	9.8	7.5	10.5	9.1	9.5	7.8	9.4	9.6
平均值(MPa)	9.8								
评定	合格								

②厚度检测。根据《公路工程质量检验评定标准》(JTG F80/1—2004)对面层铺装厚度进行了检测，200m范围内随机测量了10处，检测结果如表9-13所示。

试验路路面厚度检测结果　　表9-13

编号	1	2	3	4	5	6	7	8	9	10
厚度(cm)	29.5	29.0	29.4	29.0	27.8	29.3	29.4	29.1	29.9	29.9
评定	合格									

③外观鉴定。基层、底基层表面平整密实,无坑洼现象,施工接茬平整、稳定;混凝土面板表面平整密实,未见裂纹、缺边、掉角等病害现象,无路面污染现象。

(4)工程总结。该试验路的铺筑,从机械配置、施工工艺等方面来看,与实体工程的铺筑几近相同。在预定的工期内,顺利的完成了工程任务,工程质量方面总体上是良好的,达到了设计要求指标。通过对试验路不同方案的分析,总结如下:

①增加水泥混凝土面层厚度,是保证路面在车辆轴重大、轮压高和多轴化作用下具有较高疲劳寿命的首要选择。

②现场跟踪调查结果表明,对于重载交通路面,传力杆的正确设置是保证路面质量的必要措施。

9.2 G309国道临汾段配筋混凝土路面工程

9.2.1 工程概况

G309国道东起山东荣成,西至甘肃兰州,横穿山西省长治、临汾,是山西省公路主骨架的第七横,是晋东南、晋南地区的一条主要经济大动脉,同时也是一条重要的晋煤外运通道。

该路段起点位于屯留县花岩沟,终点在洪洞甘亭,路线全长87.898km。大部分为早期修建的二级公路,沿线排水设施不完善。近年来随着经济快速发展,交通量逐年增长,大吨位车辆比例增加,造成路况急剧下降,路面出现大量破损,鉴于以上情况,对G309临汾段进行路面工程改造。

结合路面改造工程实施,在K1090+700~K1091+550(过街道路段,路面宽度12m)和K1092+150~K1094+600(急弯陡坡路段,路面宽度6.9m)铺筑了双层钢筋网混凝土路面。

9.2.2 试验路结构组合设计与施工

由于该路段交通量大、重车辆多,且主要路段位于急弯陡坡路段,且该项目为旧路路面改造工程,为充分利用原有层的结构强度,对于油层较好路段保留,在其上直接加铺底基层、基层和面层,局部对原有层进行冷再生后加铺底基层、基层和面层。改造工程路面结构和结构组合设计如表9-14所示。

双层钢筋网混凝土路面试验路路面结构及组合　　表9-14

层　位	结构类型
面　层	28cm双层钢筋网混凝土
基　层	20cm5.5%水泥稳定碎石
底 基 层	20cm5%水泥稳定砂砾(掺20%碎石)

(1)28cm双层钢筋网混凝土面层

混凝土路面设计抗弯拉强度5.0MPa,路面配置双层钢筋网片,纵横向钢筋均采用ϕ14mm螺纹钢筋,纵向钢筋间距300mm,横向钢筋间距700mm,板角设置角隅钢筋,采用ϕ16mm螺纹钢筋,横向缩缝设传力杆,采用ϕ28mm光圆钢筋,纵向施工缝设置拉杆,采用ϕ16mm螺纹钢筋。上层钢筋网片距混凝土板顶面5cm,下层钢筋网片距板底4cm,上层钢筋网片纵筋位于横筋之上,下层网片横筋位于纵筋之上,采用点焊方式连接,上下网片之间设置连接钢筋(4~6根/m^2,梅花状布置)。

(2)20cm水泥稳定碎石基层

基层水泥稳定碎石设计7d抗压强度3.5MPa,为保证基层强度的均匀性,减少由于应力不均引起的开裂,要求基层强度在3.5~4.0MPa之间变动。另外,根据侯睿等对辽宁沈本一级路、沈铁高速使用水泥稳定类基层开裂情况的调查结果,结合山西省在大新和得大高速公路半刚性基层的使用情况,要求半刚性基层要进行预切缝处理,切缝间距20m。

按照水泥混凝土路面设计理论,水泥混凝土板与基层之间为连续、光滑结合,当荷载作用于混凝土板时,垂直方向面层基层紧密结合,水平向可以滑动。由于水泥稳定碎石基层铺筑完成后要放置一段时间才铺筑混凝土板,为避免基层遭受车辆荷载作用后出现松散和坑槽等,要求在基层顶面设置乳化沥青封层,一方面可使基层继续养生,另一方面在面层与基层之间形成薄隔离层,在温度变化引起收缩时可以相对滑动,减少施工和运营过程中混凝土的断板。

(3)20cm水泥稳定砂砾底基层

根据多年来工程实践,水泥稳定砂砾作为结构层具有材料来源广、强度高、水稳性好且工程造价低的特点。在本项目应用中,由于沿线砂砾级配偏细,要达到设计抗压强度2.0MPa,水泥剂量需要6%以上,水泥剂量增大后引起收缩较大,容易开裂,因此要求在底基层中掺配20%左右碎石,并通过调整掺配比例以满足级配要求。

为保证基层、底基层的施工质量,要求所有混合料集中厂拌,采用沥青摊铺机摊铺。

9.2.3 工程质量跟踪与总结

该试验路的铺筑,从机械配置、施工工艺等方面来看,与实体工程的铺筑相同;在预定的工期内,顺利地完成了工程任务,工程质量和使用性能良好,达到了设计要求。对于路面厚度和外观的现场跟踪调查结果如表9-15所示。这也表明,对于重载交通路面,采用配筋混凝土面层较素混凝土结构更有优势。

(1)厚度检测

根据《公路工程质量检验评定标准》(JTG F80/1—2004)对面层铺装厚度进行了检测,200m范围内随机测量了10处,检测结果如表9-15所示。

试验路路面厚度检测结果　　表9-15

编　号	1	2	3	4	5	6	7	8	9	10
厚度(cm)	29.1	27.8	29.4	29.0	27.8	29.3	29.4	29.1	27.9	27.9
评定	合格									

(2)外观鉴定

基层、底基层表面平整密实,无坑洼现象,施工接茬平整、稳定;混凝土面板表面平整密实,未见裂纹、缺边、掉角等病害现象,无路面污染现象。

9.3 孙吴线连续配筋混凝土路面工程

孙吴线是北京—大同高速公路的重要组成部分,是山西省大同地区通往京津唐的主要通道和重要运煤通道,也是国内第一条采用超重轴载设计的六车道水泥混凝土路面高速公路。

9.3.1 工程概况

试验路工程安排在省道孙吴线小站—孙启庄电煤集运公路工程第七合同段,该合同段主线全长4km,段落桩号为K34+000~K38+000,全部为新建路段。该路段作为大同地区主要运煤出省通道,长期行驶大型运煤货车,且超载现象严重,实测货车超载率最大达300%,对路面破坏作用极大。全线采用二级公路技术标准,设计速度采用80km/h,路基宽度采用12m。

9.3.2 试验路基本情况

根据《孙吴线小站至孙启庄段运煤通道公路工程可行性研究报告》,孙吴线小站—孙启庄电煤集运公路工程各特征年交通量见表9-16。

预测年平均日交通量(单位:辆)　　表9-16

车　型	2009年	2010年	2020年	2024年	2028年
客车	1 498	1 520	2 811	3 533	4 440
货车	6 650	8 763	12 334	16 055	20 899
合计	8 148	10 283	15 145	19 588	25 339

初拟试验路结构及各结构层材料要求如表9-17所示。

初拟试验路结构方案　　表9-17

结构	结构①	结构②	结构③	结构④	结构⑤	结构⑥
面层	缩缝传力杆	缩缝传力杆	单层钢筋网	双层钢筋网	连续配筋混凝土	连续低配筋混凝土
封层	设封层	不设封层	0.5~1cm乳化沥青或稀浆封层			
上基层	20cm贫混凝土弯拉强度≥2.5MPa,抗压强度≥15MPa(C15)					
下基层	18cm水泥稳定碎石,水泥用量5.5%,7d抗压强度≥3~4MPa,28d抗压强度≥5MPa					
底基层	18cm水泥粉煤灰稳定砂砾,水泥用量3%,粉煤灰用量5%,7d抗压强度≥1.5~2.0MPa					
垫层	20cm天然级配砂砾,0.075mm通过率<5%					
路基	路床回弹模量>50MPa。若达不到要求,路堑建议石灰处治30cm;路堤30~80cm用砂砾填筑					

实体工程路面结构参照交通运输部专家论证会提出的运煤通道结构,并组织省内有关专家结合山西省已建重载交通水泥混凝土路面结构及施工工艺等进行局部调整,调整后路面结构层材料和厚度见表9-18。

实体工程路面结构参数　　表9-18

面层	30cm双层钢筋网混凝土(设计弯拉强度5.5MPa)
封层	8mm乳化沥青稀浆封层
基层	20cm水泥稳定碎石基层,7d设计抗压强度3.0MPa
底基层	30cm水泥稳定砂砾,7d设计抗压强度1.5MPa
垫层	30cm天然级配砂砾
路面总厚度	110.8cm

在山西省运煤干线上选择几处路段(比如交通量大、货车比例高、车型大、轴数多和超载严重路段),采用几种不同的水泥混凝土路面结构形式(如普通混凝土路面、钢筋混凝土路面和连续配筋混凝土路面),修筑试验路,对不同水泥混凝土路面结构形式的性能进行跟踪观测和评价。

通过试验路的修筑,并定期跟踪观测,达到以下目的:获取试验路段的表面温度随时间变化的数据,为试验路段路面结构温度应力分析提供翔实数据;记录试验路段的车型、轴型、轴重和轮胎压力的数据,为试验路段路面结构荷载应力分析提供数据;在运煤车辆和当地环境因素(温度变化、湿度变化)共同作用下,观察试验路的主要损坏形态(断裂、错台、表面磨损等),分析产生各种损坏形态的机理;获得路面使用性能(主要指抗滑能力)随时间变化的数据;比较不同路面结构形式的使用性能差异,评价各自的适应性。

总之,通过修筑试验路,对重载交通水泥混凝土路面破坏机理、破坏模式和病害发展演变进行研究,同时,对中间层(或过渡层、调平层、隔层)的作用进行研究和跟踪观测,找出能较好适应山西省运煤干线货车比例高、车型大、轴数多和超载严重的水泥混凝土路面结构形式,为运煤干线水泥混凝土路面的修筑提供试验支持。

9.3.3 路面结构设计

1)路面结构方案

假定各方案的基、垫层和路床要求相同(见表9-17),通过调整路面结构尺寸和面层厚度,分析平面尺寸和面层厚度变化对结构应力的影响,以综合疲劳破坏准则作为评价依据,判定各结构方案的可行性。面层类型有素混凝土、钢筋混凝土和连续配筋混凝土三种,每种类型有两个结构方案。

(1)普通混凝土面层方案

面层厚度和强度:30~42cm 水泥混凝土,弯拉强度5.5MPa。

板平面尺寸、路面结构层及接缝构造见图9-1。横缝传力杆、纵缝拉杆、边缘拉杆的直径、长度和间距等见表9-19。

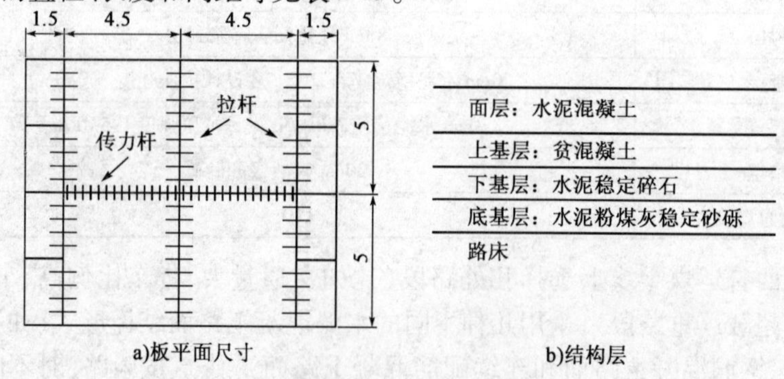

图9-1 板平面尺寸、路面结构层及接缝构造(尺寸单位:m)

横缝传力杆、纵缝拉杆、边缘拉杆的直径、长度和间距(mm) 表 9-19

横缝传力杆	纵缝拉杆	边缘拉杆
38×500×300	16×800×500	12×700×500

素混凝土面层的两种结构的差异在于面层与贫混凝土基层的层间接触条件的不同。结构①层间设置沥青封层,属层间分离结构;结构②直接浇筑,属层间结合结构。

结构①:贫混凝土上基层锯切纵横缝,平面尺寸为6.0m(宽)×5.0m(长),横缝为缩缝,纵缝设14mm×700mm×500mm拉杆。贫混凝土顶面设置0.5~1cm沥青封层。贫混凝土横缝与面层横缝错开20~30cm;纵缝视施工方式错缝10cm(半幅施工)或对齐(整幅施工)。

结构②:贫混凝土上基层锯切与面层横纵缝对齐的纵横缝,横缝为缩缝,纵缝设14mm×700mm×500mm拉杆。

(2)钢筋混凝土面层方案

钢筋混凝土面层(图9-2)有两种结构,结构③和结构④,结构③为单层钢筋网,结构④设置双层钢筋网。面层厚度300mm,混凝土弯拉强度5.5MPa,面层长度增至10m。贫混凝土基层平面尺寸为6.0m×5.0m,顶面设置沥青封层。

结构③(单层钢筋网):每延米的配筋量$A_s = 16L_{sh\mu}/f_{sy}$,纵、横向配筋(直径×间距)为:14mm×350mm、16mm×500mm。总配筋率0.28%,其中,纵向0.147%,横向0.134%。延长横向钢筋400mm作为纵向接缝的拉杆。横缝传力杆与素混凝土面层的相同。

结构④(双层钢筋网):纵、横向配筋(直径×间距×层数)为:12mm×350mm×2、14mm×500mm×2。总配筋率0.42%,其中,纵向0.215%,横向0.205%。延长横向钢筋400mm作为纵向接缝的拉杆。横缝传力杆与素混凝土面层的相同。

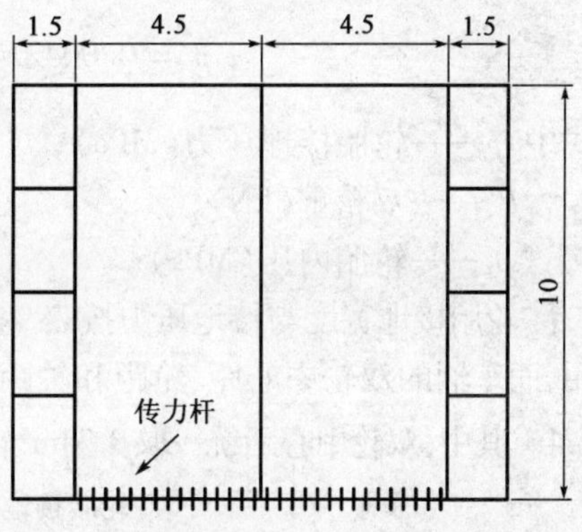

图9-2 钢筋混凝土面层方案(尺寸单位:m)

(3)连续配筋混凝土面层方案

连续配筋混凝土面层(图9-3)有两种结构,结构⑤和结构⑥。结构⑤为单层钢筋网,结构⑥设置双层钢筋网。面层厚度、混凝土强度要求与钢筋混凝土面层的相同。贫混凝土基层平面尺寸为6.0m×5.0m,基层顶面设沥青封层。

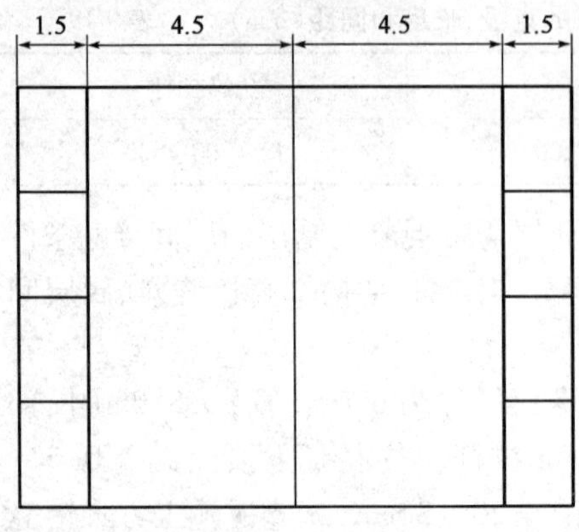

图9-3 连续配筋混凝土面层方案(尺寸单位:m)

整幅施工可不设纵缝。半幅施工时，延长横向钢筋400mm作为纵向接缝的拉杆。

结构⑤:纵、横向配筋(直径×间距)为:20mm×150mm、16mm×300mm。总配筋率0.92%,其中,纵向0.70%,横向0.22%。

结构⑥:纵、横向配筋(直径×间距)为:18mm×200mm、16mm×400mm。总配筋率0.59%,其中,纵向0.424%,横向0.168%。

2)试验路方案结构验算

(1)荷载作用图式及计算参数

依据山西省运煤干线车辆轴重调查,单轴—双轮轴载质量一般都在20~30t,轮胎充气压力在1.4~1.5MPa,确定单轴—双轮车辆荷载作用图式见图9-4。

轮胎压印(接地形状)采用矩形,其宽度取24cm,轮胎的接地压力用Ikeda给出的轮胎接地压力与轮重和内压的经验关系式得到,即:

$$p = 0.0042P' + 0.29p_i + 0.145$$

式中:p——轮胎接地压力(MPa);

P'——双轮重(kN);

p_i——轮胎内压(MPa)。

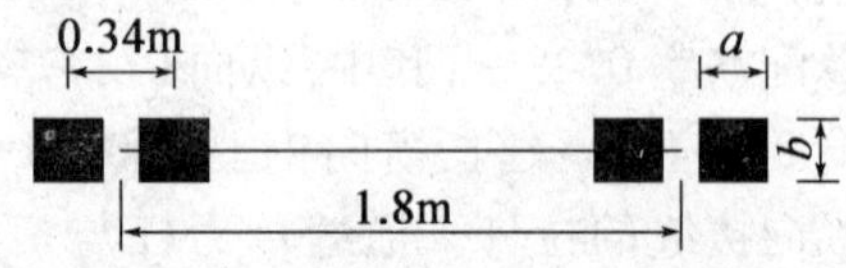

图9-4 单轴—双轮车辆荷载图式

轮胎接地宽度与接地压力按表9-20取用,而车辆的双轮中心距、轮距和轴距见图9-4。其中,双轮中心距统一取0.34m,轮距统一取1.80m,轴距统一为1.40m。

轮胎接地宽度与接地压力　表9-20

双轮重 P'(kN)	80	100	120	140	160	180
轮胎内压 p_i(MPa)	0.9	1.0	1.05	1.4	1.4	1.4
接地压力 p(MPa)	0.74	0.85	0.95	1.14	1.22	1.31
单轮轮印宽度 a(cm)	24	24	24	24	24	24
单轮轮印高度 b(cm)	22.5	24.5	26.3	25.6	27.3	29.6

参照现行《公路水泥混凝土路面设计规范》(JTG D40—2011)，各结构层的物理力学参数取值见表9-21。

各结构层的物理力学参数　　表9-21

结构层	材料	弹性模量(MPa)	泊松比
面层	水泥混凝土	33 000	0.15
上基层	贫混凝土	15 000 ~ 21 000	0.15
下基层	水泥稳定碎石	1 300 ~ 1 700	0.25
底基层	水泥粉煤灰稳定砂砾	1 300 ~ 1 700	0.25
垫层	天然级配砂砾	200 ~ 300	0.30
路床	土基/处治土基	50	0.40

(2)路面结构多层体系模型

水泥混凝土面层与上基层的层间接触状况是复杂的，考虑两种极端情况，即层间结合和层间光滑两种情况，而上基层下各结构层之间的接触状况按层间结合处理，力学分析模型如图9-5所示。

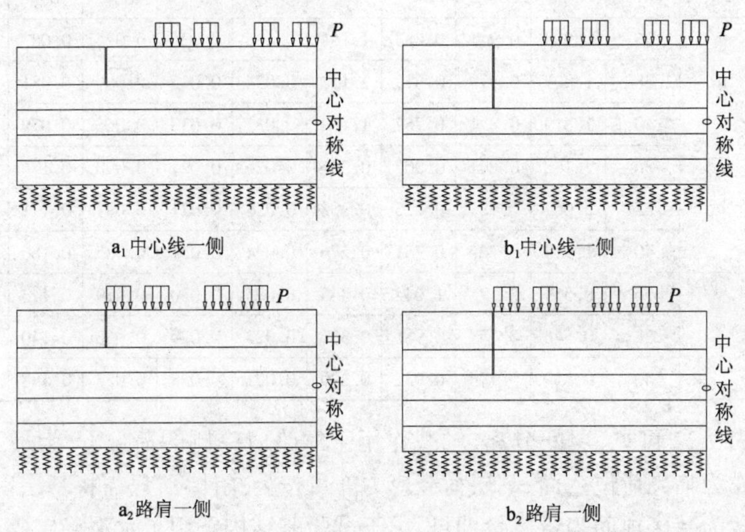

图9-5　路面结构多层体系模型

3)荷载应力计算

结构临界荷载位置(以下简称荷位)位于面层板纵缝边缘中部，考虑单轴-双轮荷载作用，参考运煤干线轴载谱的数据，取轴重 $P=300\text{kN}$，接地压力按表9-20确定，取 $p=1.20\text{MPa}$，接地面积 $a\times b=0.24\times 0.26=0.0624\text{m}^2$。

采用图9-5力学模型时，各结构层荷载应力结果列于表9-22。

各结构层荷载应力(MPa)(路肩一侧)　　表9-22a)

层间	荷位	h_1	σ_{1x}	σ_{1y}	σ_{2x}	σ_{2y}	σ_{3x}	σ_{3y}	σ_{4x}	σ_{4y}	σ_{5z}
分离	a_2	36	2.088	0.957	0.870	1.246	0.036	0.037	0.079	0.093	-0.023
		38	1.984	0.891	0.803	1.217	0.034	0.035	0.073	0.091	-0.023
		40	1.885	0.830	0.743	1.189	0.032	0.034	0.069	0.089	-0.022
分离	b_2	36	2.243	0.867	0.864	0.333	0.027	0.023	0.100	0.178	-0.029
		38	2.116	0.802	0.781	0.295	0.027	0.023	0.093	0.172	-0.028
		40	1.993	0.742	0.712	0.263	0.026	0.023	0.087	0.168	-0.027
结合	a_2	36	0.628	0.206	1.100	0.369	0.026	0.031	0.062	0.146	-0.024
		38	0.620	0.203	1.038	0.343	0.025	0.030	0.059	0.143	-0.023
		40	0.609	0.198	0.980	0.319	0.023	0.029	0.056	0.140	-0.023

各结构层荷载应力(MPa)(路中线一侧)　　表9-22b)

层间	荷位	h_1	σ_{1x}	σ_{1y}	σ_{2x}	σ_{2y}	σ_{3x}	σ_{3y}	σ_{4x}	σ_{4y}	σ_{5z}
分离	a_1	36	1.999	0.941	0.883	1.164	0.035	0.036	0.074	0.083	-0.023
		38	1.909	0.879	0.817	1.128	0.034	0.035	0.069	0.081	-0.022
		40	1.819	0.821	0.757	1.104	0.032	0.033	0.065	0.079	-0.021
分离	b_1	36	2.188	0.841	0.907	0.346	0.026	0.021	0.098	0.176	-0.029
		38	2.067	0.781	0.825	0.308	0.025	0.021	0.091	0.171	-0.028
		40	1.953	0.726	0.751	0.276	0.024	0.021	0.085	0.166	-0.027
结合	a_1	36	0.551	0.178	1.044	0.345	0.025	0.030	0.059	0.143	-0.023
		38	0.546	0.177	0.986	0.321	0.023	0.029	0.056	0.140	-0.023
		40	0.539	0.174	0.932	0.299	0.021	0.028	0.053	0.138	-0.022

从表9-22可见，层间分离，轴载作用于靠路肩一侧的荷位b_2为最不利，以该荷位作为临界荷位。面、基层荷载应力亦可按公式计算，只需将基层以下各层按式等效为基床顶面当量模量即可，由于试验路结构采用了水泥稳定碎石、水泥粉煤灰稳定砾石等作为下基层、底基层，当量模量$E_t=185\text{MPa}$。

$h_1=36\text{cm}$，$\sigma_{1ps}=2.302\text{MPa}$，$\sigma_{2ps}=0.828\text{MPa}$；$h_1=38\text{cm}$，$\sigma_{1ps}=2.166\text{MPa}$，$\sigma_{2ps}=0.739\text{MPa}$；$h_1=40\text{cm}$，$\sigma_{1ps}=2.041\text{MPa}$，$\sigma_{2ps}=0.663\text{MPa}$。显然，按公式计算的面、基层荷载应力计算结果与图9-5模型结果[表9-22a)b_2荷位]基本相当，这也证明采用公式计算面、基层荷载应力是可行的。

4）温度应力计算

试验路各方案中面层的温度应力计算考虑基层超宽的情况，结构临界点位于纵边中部，根据省道孙吴线小站—孙启庄电煤集运公路工程沿线所处的公路自然区划，考虑最大温度梯度 $T_g=95℃/m$，采用公式计算，基层温度应力可不作考虑。温度应力计算结果列于表9-23中。

各试验路方案面层的温度应力(MPa)　　表9-23

位　置	h_1	面　层
路肩一侧	36	1.068
	38	0.864
	40	0.669

在已知路面结构的荷载应力和温度应力的情况下，依据水泥混凝土路面综合疲劳破坏准则，已知运煤干线的累计标准轴载作用次数 N_e 时，可以检验普通水泥混凝土方案是否满足要求；或者可以推断水泥混凝土路面的使用寿命。

5）疲劳寿命估算

假设单轴双轮设计轴载 $P=300kN$，验算路肩一侧纵缝边缘中部水泥混凝土面层的疲劳寿命。取试验路的可靠度系数 $\gamma_r=1.13$，纵缝传荷应力折减系数 $k_r=0.90$，路面综合修正系数 $k_c=1.05$，荷载疲劳系数 $k_f={N_e}^{0.057}$，水泥混凝土弯拉强度 $f_r=5.5MPa$，结果见表9-24。

水泥混凝土面层疲劳寿命估算　　表9-24

位置	基层	h_1(cm)	设计轴载作用次数 $N_e\times10^5$ 次	累计标准轴载次数 $N_e\times10^{13}$ 次
路肩一侧	设对应纵缝	36	4.75	2.04
		38	22.3	9.61
		40	95.6	41.1

从表9-24可以看到，单轴双轮荷载 $P=300kN$，采用设计轴载作用次数表征，路面结构疲劳寿命在 $1\times10^5\sim1\times10^7$ 次之间；采用标准轴载作用次数表征，路面结构疲劳寿命在 $1\times10^{13}\sim1\times10^{15}$ 次之间。面层厚度每增加2cm，其疲劳寿命可提高到5倍左右。

9.3.4　试验路施工及效果

2007年6月课题组进入现场，通过与项目建设单位、施工单位多次商榷，并结合施工原材料准备情况、施工工艺及机械配套等情况对试验路路段长度进行相应调整,确定试验路段总长 2.16km,共划分 6 种路面结构。

试验路面各结构方案详细资料见表 9-25。

孙吴线小站—吴官屯电煤集运公路试验路面结构方案 表 9-25

桩 号	K34 +000 ~ k34 +910	K35 +990 ~ k36 +080	K36 +080 ~ k36 +170	K36 +930 ~ k37 +280	K37 +280 ~ k37 +630	K37 +630 ~ k38 +000
长 度	结构①（910m）	结构②（90m）	结构③（90m）	结构④（350m）	结构⑤（350m）	结构⑥（370m）
面 层	30cm 双层连续配筋	38cm 缩缝传力杆	38cm 缩缝传力杆	42cm 双层钢筋网	38cm 双层钢筋网	38cm 单层钢筋网
封 层	1cm 稀浆封层	1cm 稀浆封层	不设封层	1cm 稀浆封层		
上基层	20cm 贫混凝土弯拉强度≥2.5MPa,抗压强度≥15MPa(C15)					
封 层	0.5 ~ 1cm 乳化沥青封层					
下基层	18cm 水泥稳定砂砾(掺 30% 的 10 ~ 30mm 碎石),水泥用量 5.5%,7d 抗压强度≥2.5 ~ 3.0MPa					
底基层	18cm 水泥稳定砂砾,水泥用量 4%,7d 抗压强度≥1.5 ~ 2.0MPa					
垫 层	20cm 天然级配砂砾,0.075mm 通过率 < 5%					
路 基	路床回弹模量 > 50MPa。若达不到,路堑建议石灰处治 30cm;路堤 30 ~ 80cm 用砂砾填筑					

注:路面总厚度 114.5 ~ 120cm。

2007 年 7 月至 8 月间,在山西省省道孙吴线小站—吴官屯电煤集运公路,对确定的 6 种试验路面结构方案进行了施工,其中双层钢筋网方案的钢筋布设、传力杆设置以及水泥混凝土浇筑养生情况如图 9-6 示意。通过图 9-6,可以清楚了解钢筋网布设、传力杆的设置情况。

对试验路的效果进行跟踪观测,主要侧重于以下几个方面:①在运煤车辆和当地环境因素(温度变化、湿度变化)共同作用下,水泥混凝土路面主要损坏形式;②水泥混凝土路面损坏的演变发展过程。

由于山西省治理超载,以及受 2008 年世界金融危机影响,晋煤外运车辆有所减少,目前试验路尚未观测到明显的路面损坏(断板、破碎、错台和磨光等),试验路效果仍需进行长期观测。

图9-6 试验路工程

附　　录

附表1　传力杆不同设计参数下应力计算结果

编号	水平组合	应力计算结果					
	水平偏角/竖直偏角/层位	Δ_u (mm)	Δ_l (mm)	Δ_u (mm)	Δ_l (mm)	$V_{杆}$ (10^3N)	$M_{杆}$ (N·mm)
1-1	0/0/0	0.599	0.534	0.029	0.006	-2.21	-84 500
1-2	5/0/0	0.599	0.533	0.029	0.006	-2.19	-83 100
1-3	10/0/0	0.599	0.534	0.029	0.006	-2.23	-83 500
1-4	15/0/0	0.599	0.534	0.029	0.006	-2.2	-83 500
1-1	0/0/0	0.599	0.535	0.029	0.006	-2.21	-84 500
1-5	0/5/0	0.605	0.526	0.032	0.002	-1.9	-77 500
1-6	0/10/0	0.611	0.516	0.036	-0.001	-1.54	-70 000
1-7	0/15/0	0.615	0.505	0.039	-0.001	-1.18	-62 200
1-8	0/0/-1	0.601	0.531	0.03	0.007	-2.05	-80 500
1-1	0/0/0	0.6	0.535	0.029	0.006	-2.21	-84 500
1-9	0/0/1	0.601	0.531	0.028	0.005	-2.05	-80 500
1-10	0/0/2	0.601	0.531	0.027	0.005	-2.05	-80 500
编号	GapA/ GapB	Δ_u(mm)	Δ_l(mm)	σ_u(mm)	σ_l(mm)	$V_{杆}$(10^3N)	$M_{杆}$(N·mm)
2-1	0.05/10	0.588	0.584	0.049	0.059	6.19	-222 000
2-2	0.1/20	0.583	0.578	0.035	0.048	6.19	-222 000
2-3	0.15/30	0.582	0.572	0.027	0.042	6.8	-234 000
2-4	0.2/40	0.584	0.566	0.023	0.037	7.4	242 000
2-5	0.25/50	0.588	0.559	0.023	0.032	7.4	242 000
编号	直径/长度	Δ_u(mm)	Δ_l(mm)	σ_u(mm)	σ_l(mm)	$V_{杆}$(10^3N)	$M_{杆}$(N·mm)
3-1	28/460	0.6	0.53	0.031	0.004	-2.06	-63 800
3-2	30/460	0.6	0.532	0.03	0.005	-2.14	-73 500

续上表

编号	直径/长度	Δ_u(mm)	Δ_l(mm)	σ_u(mm)	σ_l(mm)	$V_{杆}$(10^3N)	$M_{杆}$(N·mm)
3－3	32/460	0.599	0.534	0.029	0.006	－2.21	－84 000
3－4	34/460	0.6	0.537	0.028	0.007	－2.29	－94 000
3－5	36/460	0.6	0.539	0.027	0.007	－2.44	－106 000
3－6	32/420	0.6	0.534	0.029	0.005	－2.2	－83 500
3－7	32/440	0.6	0.534	0.029	0.006	－2.2	－83 500
3－3	32/460	0.599	0.534	0.029	0.006	－2.21	－84 000
3－8	32/480	0.599	0.534	0.029	0.006	－2.2	－83 500
3－9	32/500	0.599	0.535	0.029	0.006	－2.21	－83 500
编号	支撑模量/约束模量	Δ_u(mm)	Δ_l(mm)	σ_u(mm)	σ_l(mm)	$V_{杆}$(10^3N)	$M_{杆}$(N·mm)
4－1	400/0	0.609	0.512	0.036	0.006	－1.24	－60 500
3－3	1 200/0	0.599	0.534	0.029	0.006	－2.21	－84 000
4－2	3600/0	0.59	0.555	0.025	0.005	－3.38	－104 000
4－3	10 800/0	0.584	0.568	0.019	0.005	－4.6	－119 000
4－4	1 200/400	0.59	0.525	0.032	0.009	－2.22	－84 500
4－5	1 200/1200	0.59	0.524	0.035	0.012	－2.22	－84 000
4－6	1 200/3 600	0.589	0.524	0.044	0.021	－2.21	－83 400
4－7	1 200/10 800	0.589	0.524	0.063	0.04	－2.2	－82 500
编号	布设方式	Δ_u(mm)	Δ_l(mm)	σ_u(mm)	σ_l(mm)	$V_{杆}$(10^3N)	$M_{杆}$(N·mm)
5－1	A	0.605	0.518	0.035	0.009	－2.29	－88 500
3－3	B	0.602	0.529	0.03	0.006	－2.05	－82 000
5－2	C	0.599	0.542	0.026	0.014	－1.75	－73 500
5－3	D	0.606	0.518	0.035	0.01	－2.25	－85 500
5－4	E	0.607	0.518	0.035	0.011	－2.2	－84 000
5－5	F	0.598	0.544	0.026	0.013	－1.45	－65 800
5－6	G	0.599	0.542	0.025	0.015	－1.75	－73 900
5－7	H	0.599	0.543	0.028	0.014	－1.44	－66 000

附表2　重载交通路面典型结构应力计算因素水平表

编　号	基层厚度(cm)	基层模量(MPa)	接触状况	基层密度(kg/m³)
15－1	15	1 500	A	2 400（沥青稳定碎石）
15－2	15	1 500	B1	
15－3	15	1 500	B2	
15－4	15	1 500	B3	
15－5	15	5 000	A	2 200（二灰稳定碎石）
15－6	15	5 000	B1	
15－7	15	5 000	B2	
15－8	15	5 000	B3	
15－9	15	10 000	A	2 300（水泥稳定碎石、贫混凝土）
15－10	15	10 000	B1	
15－11	15	10 000	B2	
15－12	15	10 000	B3	
15－13	15	20 000	A	2 400（贫混凝土）
15－14	15	20 000	B1	
15－15	15	2 0000	B2	
15－16	15	20 000	B3	
20－1	20	1 500	A	2 400（沥青稳定碎石）
20－2	20	1 500	B1	
20－3	20	1 500	B2	
20－4	20	1 500	B3	
20－5	20	5 000	A	2 200（二灰稳定碎石）
20－6	20	5 000	B1	
20－7	20	5 000	B2	
20－8	20	5 000	B3	

续上表

编　号	基层厚度(cm)	基层模量(MPa)	接触状况	基层密度(kg/m³)
20-9	20	10 000	A	2 300（水泥稳定碎石、贫混凝土）
20-10	20	10 000	B1	
20-11	20	10 000	B2	
20-12	20	10 000	B3	
20-13	20	20 000	A	2 400（贫混凝土）
20-14	20	20 000	B1	
20-15	20	20 000	B2	
20-16	20	20 000	B3	
25-1	25	1 500	A	2 400（沥青稳定碎石）
25-2	25	1 500	B1	
25-3	25	1 500	B2	
25-4	25	1 500	B3	
25-5	25	5 000	A	2 200（二灰稳定碎石）
25-6	25	5 000	B1	
25-7	25	5 000	B2	
25-8	25	5 000	B3	
25-9	25	10 000	A	2 300（水泥稳定碎石、贫混凝土）
25-10	25	10 000	B1	
25-11	25	10 000	B2	
25-12	25	10 000	B3	
25-13	25	20 000	A	2 400（贫混凝土）
25-14	25	20 000	B1	
25-15	25	20 000	B2	
25-16	25	20 000	B3	

附表 3　重载交通路面典型结构应力计算结果

15 - 1											
测点	1	2	3	4	5	6	7	8	9	10	11
面层底部最大应力 - A	1.297	-0.146	-0.018	-0.012	-0.017	-0.022	-0.024	-0.027	-0.041	-0.176	1.051
B	0.721	-0.064	-0.016	-0.015	-0.019	-0.022	-0.024	-0.026	-0.033	-0.090	0.620
基层底部最大应力 - A	0.077	0.434	0.482	0.463	0.439	0.422	0.418	0.427	0.447	0.433	0.014
B	0.221	0.445	0.457	0.443	0.430	0.422	0.421	0.429	0.447	0.461	0.260
面 - 基层间剪切应力 - A	0.209	0.09	-0.005	-0.014	-0.012	-0.008	-0.001	0.006	0.007	-0.061	-0.181
B	0.193	0.091	-0.007	-0.016	-0.013	-0.008	0.000	0.008	0.011	-0.058	-0.180
面层底部翘曲 - A	-0.849	-0.191	0.303	0.664	0.917	1.084	1.181	1.223	1.214	1.152	1.007
B	-0.034	0.338	0.617	0.823	0.974	1.084	1.163	1.214	1.235	1.214	1.12
15 - 2											
测点	1	2	3	4	5	6	7	8	9	10	11
面层底部最大应力 - A	0.003	0.000	0.000	0.000	0.007	-0.026	-0.031	-0.034	-0.034	0.230	0.083
B	0.001	0.000	0.000	0.000	-0.009	-0.026	-0.030	-0.034	-0.036	-0.038	0.214
基层底部最大应力 - A	0.001	0.009	0.007	0.004	0.029	0.086	0.088	0.091	0.097	0.108	0.009
B	0.002	0.001	0.001	0.010	0.055	0.086	0.087	0.090	0.096	0.109	0.098
面 - 基层间剪切应力 - A	0.000	-0.001	0.000	-0.003	0.000	-0.004	-0.001	0.000	0.003	0.002	0.013
B	0.000	-0.001	-0.003	-0.005	-0.002	-0.004	-0.001	0.001	0.003	0.014	-0.020
面层底部翘曲 - A	-3.983	-2.411	-1.137	-0.156	0.547	1.005	1.265	1.367	1.330	1.156	0.818
B	-2.04	-1.114	-0.358	0.237	0.683	1.005	1.226	1.359	1.407	1.357	1.181

续上表

15-4											
测点	1	2	3	4	5	6	7	8	9	10	11
面层底部最大应力-A	0.005	0.002	0.001	0.057	0.008	-0.050	-0.039	-0.043	-0.062	-0.003	0.027
B	0.000	0.012	0.002	0.004	0.015	-0.050	-0.040	-0.041	-0.050	-0.063	0.075
基层底部最大应力-A	0.001	0.020	0.041	0.071	0.143	0.327	0.375	0.383	0.330	0.196	0.001
B	0.031	0.034	0.055	0.089	0.184	0.327	0.367	0.394	0.393	0.338	0.282
面-基层间剪切应力-A	0.000	-0.001	-0.001	0.048	0.009	0.035	0.013	0.005	-0.011	-0.050	-0.001
B	0.000	-0.002	-0.019	0.063	0.049	0.035	0.011	0.000	-0.021	-0.101	0.018
面层底部翘曲-A	-3.94	-2.398	-1.156	-0.211	0.447	0.861	1.112	1.260	1.323	1.295	1.119
B	-2.057	-1.151	-0.416	0.151	0.566	0.861	1.075	1.23	1.331	1.367	1.287
15-6											
测点	1	2	3	4	5	6	7	8	9	10	11
面层底部最大应力-A	0.003	0.001	0.001	0.000	0.002	-0.028	-0.030	-0.033	-0.032	0.165	0.080
B	0.001	0.000	0.000	0.001	0.013	-0.028	-0.029	-0.033	-0.035	-0.057	0.192
基层底部最大应力-A	0.001	0.042	0.034	0.034	0.119	0.296	0.284	0.290	0.319	0.359	0.012
B	0.006	0.009	0.019	0.054	0.165	0.296	0.287	0.290	0.307	0.357	0.282
面-基层间剪切应力-A	0.000	0.000	0.001	-0.004	-0.001	-0.010	-0.003	-0.001	0.001	0.002	0.024
B	0.000	-0.001	-0.001	0.000	0.007	-0.010	-0.003	-0.001	0.002	0.007	-0.012
面层底部翘曲-A	-3.988	-2.421	-1.153	-0.176	0.522	0.975	1.234	1.340	1.308	1.141	0.811
B	-2.049	-1.127	-0.375	0.215	0.657	0.975	1.194	1.329	1.379	1.334	1.164

续上表

15－7											
测点	1	2	3	4	5	6	7	8	9	10	11
面层底部最大应力－A	0.004	0.001	0.035	0.003	0.002	−0.047	−0.033	−0.037	−0.038	0.062	0.085
B	0.000	0.003	0.015	0.002	0.008	−0.047	−0.033	−0.036	−0.039	−0.061	0.133
基层底部最大应力－A	0.001	0.053	0.080	0.062	0.167	0.394	0.379	0.378	0.386	0.402	0.009
B	0.049	0.052	0.071	0.102	0.217	0.394	0.380	0.390	0.409	0.442	0.392
面－基层间剪切应力－A	0.000	−0.001	0.022	0.016	0.000	0.007	−0.001	−0.008	−0.017	−0.026	0.021
B	0.000	−0.001	0.055	0.002	0.020	0.007	−0.002	−0.011	−0.021	−0.031	−0.010
面层底部翘曲－A	−3.95	−2.406	−1.162	−0.212	0.461	0.899	1.163	1.297	1.316	1.216	0.956
B	−2.045	−1.141	−0.408	0.163	0.59	0.899	1.122	1.272	1.352	1.346	1.218
15－10											
测点	1	2	3	4	5	6	7	8	9	10	11
面层底部最大应力－A	0.003	0.001	0.000	0.000	0.000	−0.094	−0.029	−0.032	−0.043	0.085	0.078
B	0.001	0.000	0.000	0.000	0.005	−0.094	−0.029	−0.031	−0.034	−0.115	0.164
基层底部最大应力－A	0.000	0.082	0.077	0.087	0.225	0.591	0.564	0.575	0.640	0.651	0.005
B	0.018	0.028	0.047	0.117	0.302	0.591	0.570	0.576	0.611	0.700	0.495
面－基层间剪切应力－A	0.000	0.000	−0.003	0.000	−0.003	0.002	−0.002	−0.001	0.000	−0.009	0.013
B	0.000	−0.001	−0.003	−0.002	−0.008	0.002	−0.001	−0.001	0.001	−0.001	0.010
面层底部翘曲－A	−3.992	−2.426	−1.159	−0.184	0.511	0.960	1.218	1.326	1.300	1.142	0.824
B	−2.047	−1.128	−0.378	0.209	0.647	0.960	1.117	1.311	1.363	1.322	1.159

续上表

15 – 13											
测点	1	2	3	4	5	6	7	8	9	10	11
面层底部最大应力 – A	3.459	–0.345	–0.014	–0.003	–0.004	–0.006	–0.010	–0.016	–0.033	–0.368	3.130
B	2.021	–0.108	–0.008	–0.004	–0.004	–0.006	–0.009	–0.013	–0.022	–0.123	1.833
基层底部最大应力 – A	–0.191	1.461	1.484	1.490	1.481	1.460	1.433	1.410	1.436	1.566	–0.208
B	0.869	1.494	1.480	1.473	1.465	1.460	1.460	1.477	1.525	1.660	1.169
面 – 基层间剪切应力 – A	1.058	0.126	0.001	–0.012	–0.016	–0.017	–0.013	–0.003	0.008	–0.050	–1.024
B	1.131	0.123	–0.003	–0.014	–0.018	–0.017	–0.012	–0.001	0.015	–0.043	–1.113
面层底部翘曲 – A	0.316	0.256	0.241	0.265	0.332	0.449	0.622	0.859	1.166	1.548	2.012
B	0.272	0.259	0.271	0.305	0.363	0.449	0.566	0.716	0.902	1.123	1.38
15 – 14											
测点	1	2	3	4	5	6	7	8	9	10	11
面层底部最大应力 – A	0.004	0.042	0.001	0.006	–0.001	–0.097	–0.028	–0.031	–0.059	0.010	0.088
B	0.000	0.008	0.007	0.002	0.003	–0.097	–0.007	–0.030	–0.032	–0.136	0.131
基层底部最大应力 – A	0.000	0.173	0.202	0.229	0.417	0.962	1.030	1.073	1.149	0.991	–0.002
B	0.147	0.150	0.190	0.254	0.516	0.962	1.035	1.073	1.164	1.219	0.959
面 – 基层间剪切应力 – A	0.000	0.007	–0.007	0.027	0.010	–0.002	–0.003	–0.014	–0.029	–0.058	0.001
B	0.000	–0.001	0.034	0.038	0.017	–0.002	–0.018	–0.016	–0.032	–0.020	–0.015
面层底部翘曲 – A	–3.926	–2.391	–1.154	–0.212	0.453	0.880	1.137	1.217	1.293	1.197	0.942
B	–2.002	–1.11	–0.389	0.17	0.585	0.880	1.093	1.238	1.316	1.312	1.188

续上表

15－16											
测点	1	2	3	4	5	6	7	8	9	10	11
面层底部最大应力－A	0.008	0.014	0.133	0.049	0.001	－0.076	－0.043	－0.046	－0.027	0.164	0.102
B	0.000	0.040	0.024	0.008	0.006	－0.076	－0.043	－0.045	－0.050	－0.007	0.097
基层底部最大应力－A	－0.001	0.162	0.271	0.179	0.402	1.071	1.149	1.116	1.179	1.224	－0.006
B	0.112	0.143	0.227	0.261	0.562	1.071	1.173	1.232	1.340	1.395	1.212
面－基层间剪切应力－A	0.000	－0.002	0.069	0.112	0.007	0.102	0.042	－0.018	－0.098	－0.206	0.001
B	0.000	－0.004	－0.059	0.031	0.025	0.102	0.030	－0.039	－0.119	－0.173	－0.023
面层底部翘曲－A	－3.722	－2.260	－1.100	－0.242	0.343	0.710	0.947	1.142	1.299	1.378	1.303
B	－1.899	－1.06	－0.397	0.099	0.459	0.710	0.896	1.057	1.197	1.289	1.258
20－1											
测点	1	2	3	4	5	6	7	8	9	10	11
面层底部最大应力－A	1.516	－0.188	－0.028	－0.012	－0.015	－0.018	－0.021	－0.026	－0.048	－0.215	1.213
B	0.845	－0.085	－0.017	－0.013	－0.016	－0.018	－0.020	－0.023	－0.033	－0.111	0.719
基层底部最大应力－A	0.243	0.358	0.416	0.409	0.392	0.379	0.375	0.379	0.388	0.355	0.158
B	0.282	0.387	0.404	0.395	0.386	0.379	0.378	0.384	0.379	0.399	0.302
面－基层间剪切应力－A	0.205	0.113	－0.001	－0.013	－0.013	－0.008	－0.002	0.005	0.005	－0.077	－0.173
B	0.185	0.118	－0.003	－0.015	－0.014	－0.008	－0.001	0.007	0.008	－0.081	－0.170
面层底部翘曲－A	－0.62	－0.067	0.344	0.650	0.873	1.033	1.143	1.216	1.258	1.266	1.206
B	0.057	0.373	0.609	0.789	0.926	1.033	1.118	1.185	1.232	1.248	1.204

续上表

20－2											
测点	1	2	3	4	5	6	7	8	9	10	11
面层底部最大应力－A	0.003	0.000	0.000	0.000	0.003	－0.037	－0.031	－0.034	－0.036	0.182	0.080
B	0.001	0.000	0.000	0.001	0.005	－0.037	－0.030	－0.033	－0.036	－0.055	0.197
基层底部最大应力－A	0.001	0.013	0.010	0.009	0.038	0.116	0.115	0.119	0.130	0.137	0.007
B	0.002	0.002	0.002	0.014	0.058	0.116	0.116	0.119	0.126	0.143	0.110
面－基层间剪切应力－A	0.000	－0.001	－0.002	－0.003	－0.002	－0.006	－0.001	0.000	0.002	0.005	0.017
B	0.000	－0.001	－0.003	－0.003	0.004	－0.006	－0.001	0.001	0.003	0.013	－0.016
面层底部翘曲－A	－3.946	－2.375	－1.103	－0.123	0.577	1.031	1.289	1.394	1.361	1.195	0.865
B	－2.001	－1.077	－0.322	0.27	0.713	1.031	1.25	1.383	1.433	1.386	1.215
20－4											
测点	1	2	3	4	5	6	7	8	9	10	11
面层底部最大应力－A	0.005	0.001	0.000	0.000	0.000	－0.045	－0.052	－0.055	－0.064	0.052	0.115
B	0.000	0.001	0.000	0.001	0.007	－0.045	－0.056	－0.050	－0.060	－0.045	0.084
基层底部最大应力－A	0.001	0.012	0.014	0.028	0.089	0.225	0.325	0.320	0.261	0.162	0.000
B	0.002	0.005	0.016	0.044	0.117	0.225	0.316	0.352	0.351	0.276	0.264
面－基层间剪切应力－A	0.000	－0.001	－0.002	－0.003	－0.004	0.133	0.036	0.013	－0.010	－0.091	0.000
B	0.000	－0.001	－0.003	－0.006	－0.021	0.133	0.039	0.007	－0.029	－0.126	0.005
面层底部翘曲－A	－3.778	－2.245	－1.012	－0.075	0.577	0.966	1.174	1.292	1.340	1.302	1.113
B	－1.865	－0.973	－0.252	0.303	0.703	0.966	1.137	1.253	1.326	1.34	1.238

续上表

20－6											
测点	1	2	3	4	5	6	7	8	9	10	11
面层底部最大应力－A	0.003	0.000	0.000	0.000	0.000	－0.094	－0.029	－0.031	－0.048	0.080	0.081
B	0.001	0.000	0.000	0.001	0.007	－0.094	－0.028	－0.031	－0.033	－0.117	0.161
基层底部最大应力－A	0.000	0.052	0.054	0.064	0.145	0.336	0.365	0.373	0.406	0.374	0.001
B	0.017	0.024	0.037	0.081	0.187	0.336	0.369	0.373	0.396	0.430	0.308
面－基层间剪切应力－A	0.000	－0.001	－0.002	－0.001	－0.002	－0.001	－0.001	0.000	0.001	－0.007	0.006
B	0.000	－0.001	－0.003	－0.003	－0.007	－0.001	0.000	0.000	0.001	0.005	0.006
面层底部翘曲－A	－3.967	－2.400	－1.132	－0.156	0.539	0.986	1.241	1.350	1.326	1.173	0.860
B	－2.017	－1.098	－0.348	0.239	0.676	0.986	1.2	1.332	1.384	1.345	1.183
20－7											
测点	1	2	3	4	5	6	7	8	9	10	11
面层底部最大应力－A	0.004	0.000	0.002	0.000	0.000	－0.102	－0.034	－0.037	－0.053	0.039	0.087
B	0.001	0.000	0.000	0.003	0.004	－0.102	－0.033	－0.036	－0.039	－0.112	0.121
基层底部最大应力－A	0.000	0.055	0.064	0.074	0.143	0.373	0.394	0.406	0.425	0.391	0.000
B	0.030	0.035	0.052	0.095	0.187	0.373	0.395	0.412	0.438	0.461	0.364
面－基层间剪切应力－A	0.000	－0.001	0.004	0.004	0.012	0.026	0.010	0.000	－0.011	－0.033	0.003
B	0.000	－0.001	－0.002	0.016	0.022	0.026	0.011	－0.002	－0.015	－0.028	0.005
面层底部翘曲－A	－3.933	－2.378	－1.121	－0.159	0.522	0.953	1.201	1.320	1.326	1.215	0.947
B	－2.001	－1.09	－0.349	0.227	0.654	0.953	1.161	1.295	1.36	1.341	1.203

续上表

20－10											
测点	1	2	3	4	5	6	7	8	9	10	11
面层底部最大应力－A	0.003	0.000	0.000	0.000	0.000	－0.085	－0.025	－0.030	－0.061	0.066	0.089
B	0.001	0.000	0.000	0.001	0.001	－0.085	－0.026	－0.027	－0.030	－0.098	0.153
基层底部最大应力－A	0.000	0.100	0.116	0.145	0.277	0.643	0.712	0.728	0.741	0.523	0.000
B	0.061	0.076	0.102	0.173	0.341	0.643	0.721	0.727	0.776	0.736	0.537
面－基层间剪切应力－A	0.000	－0.001	－0.002	－0.001	－0.003	－0.020	0.001	－0.001	－0.005	－0.016	0.000
B	0.000	－0.001	－0.004	－0.001	－0.002	－0.020	－0.001	－0.001	－0.002	0.028	－0.012
面层底部翘曲－A	－3.986	－2.420	－1.154	－0.180	0.512	0.954	1.206	1.321	1.311	1.179	0.888
B	－2.204	－1.109	－0.364	0.218	0.651	0.954	1.162	1.294	1.35	1.321	1.17
20－13											
测点	1	2	3	4	5	6	7	8	9	10	11
面层底部最大应力－A	3.606	－0.425	－0.012	－0.003	－0.003	－0.005	－0.008	－0.014	－0.029	－0.441	3.210
B	2.096	－0.153	－0.006	－0.003	－0.003	－0.005	－0.007	－0.011	－0.018	－0.164	1.863
基层底部最大应力－A	－0.223	0.811	0.885	0.898	0.898	0.883	0.860	0.835	0.850	0.899	－0.220
B	0.409	0.882	0.892	0.890	0.887	0.883	0.884	0.895	0.931	1.023	0.637
面－基层间剪切应力－A	1.061	0.115	0.000	－0.009	－0.015	－0.017	－0.014	－0.005	0.009	－0.038	－1.020
B	1.150	0.114	－0.003	－0.012	－0.016	－0.017	－0.013	－0.003	0.015	－0.037	－1.126
面层底部翘曲－A	0.478	0.342	0.268	0.253	0.300	0.412	0.596	0.855	1.196	1.623	2.140
B	0.342	0.287	0.268	0.281	0.328	0.412	0.534	0.697	0.902	1.15	1.441

续上表

20－14											
测点	1	2	3	4	5	6	7	8	9	10	11
面层底部最大应力－A	0.004	0.001	0.000	0.003	0.000	－0.026	－0.032	－0.074	－0.103	0.102	0.092
B	0.000	0.001	0.000	0.004	－0.003	－0.026	－0.067	－0.027	－0.045	－0.020	0.119
基层底部最大应力－A	0.002	0.182	0.248	0.324	0.473	0.966	1.217	1.241	1.128	0.648	－0.001
B	0.182	0.206	0.251	0.353	0.552	0.966	1.229	1.261	1.366	1.136	0.909
面－基层间剪切应力－A	0.000	－0.001	－0.002	0.019	0.010	－0.005	0.003	－0.005	－0.011	－0.002	0.001
B	0.000	－0.001	－0.004	0.022	0.003	－0.005	－0.005	－0.009	－0.010	0.007	－0.006
面层底部翘曲－A	－3.979	－2.427	－1.174	－0.216	0.459	0.885	1.130	1.262	1.292	1.214	0.975
B	－2.019	－1.117	－0.386	0.181	0.596	0.885	1.081	1.215	1.287	1.285	1.161
20－16											
测点	1	2	3	4	5	6	7	8	9	10	11
面层底部最大应力－A	0.005	0.002	0.000	0.004	－0.005	0.026	－0.057	－0.075	－0.072	0.220	0.095
B	0.000	0.011	0.000	0.032	0.000	0.026	－0.093	－0.051	－0.073	0.005	0.095
基层底部最大应力－A	0.001	0.164	0.229	0.320	0.488	0.865	1.055	1.062	1.058	0.778	－0.003
B	0.189	0.214	0.257	0.371	0.505	0.865	1.061	1.126	1.275	1.163	0.953
面－基层间剪切应力－A	0.000	－0.002	－0.002	0.005	0.021	0.001	0.078	0.016	－0.049	－0.013	0.000
B	0.000	－0.001	0.002	0.109	0.018	0.001	0.071	－0.015	－0.093	－0.021	－0.005
面层底部翘曲－A	－3.897	－2.367	－1.138	－0.206	0.438	0.825	1.035	1.183	1.283	1.297	1.150
B	－1.954	－1.073	－0.364	0.178	0.566	0.825	0.993	1.119	1.218	1.264	1.184

续上表

25－1											
测点	1	2	3	4	5	6	7	8	9	10	11
面层底部最大应力－A	1.686	－0.223	－0.038	－0.013	－0.013	－0.015	－0.019	－0.026	－0.056	－0.248	1.333
B	0.940	－0.104	－0.020	－0.012	－0.013	－0.015	－0.018	－0.021	－0.035	－0.129	0.793
基层底部最大应力－A	0.165	0.309	0.381	0.384	0.371	0.360	0.356	0.356	0.357	0.304	0.097
B	0.232	0.356	0.379	0.374	0.366	0.360	0.359	0.364	0.374	0.368	0.521
面－基层间剪切应力－A	0.187	0.128	0.003	－0.012	－0.013	－0.009	－0.003	0.004	0.002	－0.087	－0.154
B	0.166	0.136	0.002	－0.014	－0.013	－0.009	－0.002	0.006	0.004	－0.096	－0.149
面层底部翘曲－A	－0.414	0.046	0.383	0.639	0.835	0.988	1.110	1.213	1.301	1.371	1.383
B	0.138	0.407	0.605	0.759	0.884	0.988	1.079	1.16	1.231	1.282	1.28
25－2											
测点	1	2	3	4	5	6	7	8	9	10	11
面层底部最大应力－A	0.003	0.000	0.000	0.000	0.001	－0.065	－0.030	－0.033	－0.042	0.133	0.080
B	0.001	0.000	0.000	0.000	0.003	－0.065	－0.031	－0.032	－0.036	－0.076	0.179
基层底部最大应力－A	0.001	0.018	0.016	0.017	0.048	0.140	0.143	0.147	0.158	0.146	0.003
B	0.004	0.006	0.007	0.021	0.065	0.140	0.145	0.147	0.157	0.168	0.124
面－基层间剪切应力－A	0.000	－0.001	－0.002	－0.003	－0.002	－0.002	－0.001	0.000	0.002	0.003	0.016
B	0.000	－0.001	－0.003	－0.006	－0.002	－0.002	－0.001	0.000	0.002	0.012	－0.011
面层底部翘曲－A	－3.917	－2.347	－1.076	－0.098	0.600	1.051	1.308	1.416	1.392	1.237	0.921
B	－1.967	－1.045	－0.293	0.297	0.737	1.051	1.267	1.401	1.453	1.413	1.249

续上表

25 – 4											
测点	1	2	3	4	5	6	7	8	9	10	11
面层底部最大应力 – A	0.005	0.001	0.000	0.000	–0.001	–0.026	–0.059	–0.064	–0.071	0.100	0.095
B	0.000	0.001	0.000	0.001	0.007	–0.026	–0.068	–0.060	–0.076	–0.015	0.099
基层底部最大应力 – A	0.001	0.016	0.018	0.029	0.081	0.201	0.283	0.272	0.218	0.173	0.002
B	0.002	0.009	0.017	0.041	0.109	0.201	0.271	0.302	0.301	0.268	0.217
面 – 基层间剪切应力 – A	0.000	–0.002	–0.002	–0.003	–0.004	0.164	0.040	0.014	–0.016	–0.095	0.002
B	0.000	–0.001	–0.003	–0.005	–0.008	0.164	0.046	0.004	–0.040	–0.133	–0.016
面层底部翘曲 – A	–3.803	–2.263	–1.024	–0.081	0.576	0.970	1.180	1.306	1.368	1.347	1.169
B	–1.896	–0.997	–0.269	0.293	0.7	0.97	1.146	1.27	1.353	1.38	1.285
25 – 6											
测点	1	2	3	4	5	6	7	8	9	10	11
面层底部最大应力 – A	0.003	0.000	0.000	0.000	0.000	–0.078	–0.029	–0.035	–0.067	0.074	0.088
B	0.001	0.000	0.000	0.001	0.001	–0.078	–0.035	–0.028	–0.036	–0.102	0.153
基层底部最大应力 – A	0.000	0.061	0.072	0.091	0.171	0.385	0.438	0.446	0.446	0.310	0.001
B	0.039	0.048	0.064	0.108	0.208	0.385	0.442	0.447	0.477	0.446	0.331
面 – 基层间剪切应力 – A	0.000	–0.001	–0.001	–0.002	–0.002	–0.018	0.000	–0.001	–0.002	–0.014	0.001
B	0.000	–0.001	–0.003	–0.003	–0.001	–0.018	0.000	0.000	–0.001	0.027	–0.012
面层底部翘曲 – A	–3.96	–2.393	–1.126	–0.151	0.542	0.984	1.236	1.351	1.342	1.211	0.921
B	–1.998	–1.081	–0.335	0.248	0.681	0.984	1.192	1.324	1.38	1.351	1.201

续上表

25 - 7											
测点	1	2	3	4	5	6	7	8	9	10	11
面层底部最大应力 - A	0.004	0.000	0.000	0.000	0.002	-0.069	-0.037	-0.042	-0.068	0.072	0.090
B	0.001	0.000	0.000	0.000	0.004	-0.069	-0.044	-0.035	-0.045	-0.080	0.127
基层底部最大应力 - A	0.000	0.061	0.075	0.097	0.174	0.381	0.444	0.450	0.445	0.323	0.001
B	0.041	0.050	0.067	0.114	0.212	0.381	0.447	0.460	0.490	0.456	0.355
面 - 基层间剪切应力 - A	0.000	-0.001	-0.002	0.003	0.017	0.010	0.013	0.000	-0.014	-0.029	0.000
B	0.000	-0.001	-0.003	-0.007	0.013	0.010	0.011	-0.002	-0.016	-0.006	-0.012
面层底部翘曲 - A	-3.939	-2.379	-1.119	-0.152	0.532	0.963	1.207	1.327	1.340	1.239	0.979
B	-1.987	-1.076	-0.335	0.242	0.667	0.963	1.163	1.294	1.359	1.344	1.208
25 - 10											
测点	1	2	3	4	5	6	7	8	9	10	11
面层底部最大应力 - A	0.004	0.000	0.000	0.000	0.001	-0.045	-0.042	-0.066	-0.100	0.105	0.091
B	0.001	0.000	0.000	0.001	0.000	-0.045	0.064	-0.027	-0.058	-0.021	0.129
基层底部最大应力 - A	0.000	0.108	0.142	0.185	0.312	0.642	0.816	0.813	0.722	0.372	0.002
B	0.099	0.117	0.145	0.215	0.363	0.642	0.820	0.839	0.887	0.701	0.550
面 - 基层间剪切应力 - A	0.000	-0.001	-0.002	-0.003	-0.003	-0.008	-0.001	0.000	-0.002	-0.002	0.001
B	0.000	-0.001	-0.003	-0.004	-0.002	-0.008	-0.009	0.000	0.009	0.016	-0.005
面层底部翘曲 - A	-3.995	-2.429	-1.162	-0.189	0.501	0.938	1.185	1.308	1.319	1.220	0.961
B	-2.018	-1.106	-0.363	0.215	0.642	0.938	1.137	1.267	1.329	1.313	1.176

续上表

25－13											
测点	1	2	3	4	5	6	7	8	9	10	11
面层底部最大应力－A	3.639	－0.459	－0.012	－0.003	－0.003	－0.005	－0.008	－0.012	－0.026	－0.469	3.193
B	2.102	－0.175	－0.004	－0.003	－0.003	－0.005	－0.007	－0.009	－0.015	－0.183	1.837
基层底部最大应力－A	－0.213	0.352	0.459	0.472	0.474	0.463	0.443	0.421	0.434	0.433	－0.201
B	0.079	0.439	0.467	0.467	0.465	0.463	0.464	0.472	0.502	0.557	0.256
面－基层间剪切应力－A	1.020	0.077	－0.001	－0.008	－0.013	－0.015	－0.013	－0.005	0.010	－0.003	－0.975
B	1.123	0.076	－0.004	－0.010	－0.014	－0.015	－0.013	－0.003	0.015	－0.005	－1.096
面层底部翘曲－A	0.559	0.394	0.297	0.268	0.307	0.419	0.607	0.876	1.227	1.667	2.197
B	0.39	0.319	0.287	0.292	0.336	0.419	0.543	0.711	0.923	1.18	1.482
25－14											
测点	1	2	3	4	5	6	7	8	9	10	11
面层底部最大应力－A	0.004	0.001	0.000	0.002	0.001	0.016	－0.116	－0.099	－0.064	0.135	0.091
B	0.000	0.001	0.001	0.000	0.002	0.016	－0.212	－0.055	－0.211	0.025	0.116
基层底部最大应力－A	0.002	0.179	0.255	0.335	0.507	0.891	1.273	1.192	0.950	0.436	0.002
B	0.214	0.244	0.292	0.378	0.554	0.891	1.266	1.346	1.377	0.975	0.846
面－基层间剪切应力－A	0.000	－0.001	－0.004	0.009	0.013	－0.011	－0.010	－0.011	－0.002	0.010	0.002
B	0.000	－0.001	－0.005	0.014	0.020	－0.011	0.010	－0.009	－0.020	0.018	－0.003
面层底部翘曲－A	－4.021	－2.462	－1.203	－0.239	0.442	0.867	1.103	1.241	1.291	1.243	1.031
B	－2.034	－1.131	－0.399	0.168	0.583	0.867	1.052	1.18	1.255	1.264	1.146

续上表

25－16											
测点	1	2	3	4	5	6	7	8	9	10	11
面层底部最大应力－A	0.006	0.002	0.001	0.041	－0.001	0.020	－0.131	－0.078	－0.041	0.086	0.097
B	0.000	0.019	0.029	－0.004	0.006	0.020	－0.215	0.070	－0.186	0.028	0.101
基层底部最大应力－A	0.000	0.160	0.240	0.296	0.421	0.749	1.002	0.996	0.888	0.494	0.003
B	0.203	0.226	0.271	0.283	0.439	0.749	0.999	1.110	1.266	0.951	0.846
面－基层间剪切应力－A	0.000	－0.002	0.000	0.023	0.013	－0.004	0.051	－0.019	－0.057	0.019	0.003
B	0.000	－0.003	－0.028	－0.006	－0.036	－0.004	0.070	－0.040	－0.167	0.037	0.000
面层底部翘曲－A	－3.919	－2.392	－1.166	－0.238	0.404	0.795	1.104	1.178	1.295	1.324	1.188
B	－1.964	－1.088	－0.385	0.151	0.536	0.795	0.965	1.099	1.208	1.265	1.192

参考文献

[1] Goldbeck, A. T. (1919). Thickness of concrete slabs[J]. Public Roads:34-38.

[2] Older, C. (1924). Highway research in Illinois[J]. ASCE, Vol. 87:1180-1222.

[3] Westergaard, H. M. (1927). Analysis of stresses in concrete slabs caused by variations of temperature[J]. Public Roads, 1927(5):54-60.

[4] Westergaard, H. M. (1925). Computation of stresses in concrete roads. Proceedings, HRB, 1925, 5, Part I:90-112. Stresses in concrete pavements computed by theoretical analysis. Public Roads, 1926, 7(2):25-35.

[5] Westergaard, H. M. (1933). Analytical tools for judging results of structural tests of concrete pavements[J]. Public Roads, 1933, 14(10).

[6] Westergaard, H. M. (1939). Stresses in concrete runways of airports[J]. Proceedings. HRB, 1939, 19:197-205.

[7] Westergaard, H. M. (1948). New formulas for stresses in concrete pavements of airfields[J]. ASCE Transactions, 1948, 113:425-444.

[8] Pickett. C. Concrete pavement design[J]. PCA, 1946.

[9] Cauwelaert, F. van. A rigorous analytical solution of a concrete slab submitted to interior and edges loads with no partial and full shear transfer at the edge[C]. Proceedings, 5th International Conference on Concrete Pavement Design and Rehabilitation. Purdue University, 1993, Vol. 1:255-275.

[10] 曲庆璋，章权，季求知，梁兴复. 弹性板理论[M]. 北京：人民交通出版社，2000.

[11] Hudson, W. R, H. Matlock (1966). Analysis of discontinuous orthotropic pavement slabs subjected to combined loads[J]. Highway Research Record 131, Highway Research Board:1-48.

[12] Saxena, S. K. (1973). Pavement slabs resting on elastic foundation[J]. Highway Research Record 466, Highway Research Board:163-178.

[13] Cheung, Y. K, Zienkiewicz. O. C. Plates and tanks on elastic foundation an application of finite element method[J]. International Journal of Solids and Structures, Vol. 1, 1965, 1:451-461.

[14] Wang. S, Cheung, Y. Advanced analysis of rigid pavements[J]. Transportation Engineering Journal, ASCE, 1972, 98(TE1):37-44.

[15] Huang,Y. H,Wang,S. T. Finite element analysis of concrete slabs and its application for rigid pavement design[J]. HRR,1973,466:55-69.

[16] Huang,Y. H,Wang,S. T. Finite element analysis of rigid pavements with partial subgrade contact[J]. HRR,1974,485:39-54.

[17] Huang,Y. H. Finite element analysis of slabs on elastic solids[J]. Transportation Engineering Journal,ASCE,1974,100(TE2):403-416.

[18] 姚祖康.刚性路面设计[M].安徽:安徽科学技术出版社,2005.

[19] 谈至明,朱志强.水泥混凝土路面轴载动荷效应[J].华东公路,1994(1):31-34.

[20] 邓学钧,孙璐.车辆-地面结构系统动力学[M].北京:人民交通出版社,2000.

[21] 谈至明,周玉民,刘少文,申俊敏.不等尺寸双层水泥混凝土路面结构的力学模型[J],工程力学, Vol.52(6):47-52.

[22] 周玉民,谈至明,刘少文,牛开民.水泥混凝土路面角隅应力分析[J],工程力学,Vol.56(6):65-70.

[23] 王选仓,王新岐.重交通水泥混凝土路面研究[J].中国公路学报.1999(1):15-16.

[24] 薛文.重载作用下沥青路面设计方法研究[D].河北:河北工业大学硕士学位论文,2002.

[25] 姚祖康,彭波.超限车辆对路面损坏的影响分析[A].中国公路学会2000学术交流论文集[C],2000:220-221.

[26] 刘朝晖,张起森.重载交通高速公路路面结构设计交通参数分析[J].长沙交通学院学报,2000(2):87-89.

[27] 赵队家,刘少文.山西省运煤公路超载情况调查与损坏影响分析[J].长安大学学报,2003.

[28] 何兆益,唐伯明.西部山区公路超限运输状况及影响分析[A].中国公路学会2001年学术交流论文集[C],2001.

[29] 何兆益,唐伯明.超重车辆对重庆市公路路面使用寿命影响分析[J].重庆交通学报,2001(增刊):50-51.

[30] 刘颖.重载交通水泥路面设计方法研究[D].西安:长安大学硕士学位论文,2001.

[31] 胡萌.重载交通沥青路面分析及对策[D].南京:东南大学硕士学位论文,2001.

[32] 黄文远,王旭东等.公路超载特征及重载沥青路面交通量参数[J].公路,2003(5).

[33] 薛文.重载作用下沥青路面设计方法研究[D].河北:河北工业大学硕士学位论文,2002.

[34] 田波,姚祖康,赵队家,刘少文.承受特重车辆作用的水泥混凝土路面应力分析[J],中国公路学报,2000,13(2):16-19

[35] 中华人民共和国交通行业标准.JTG D40—2002 公路水泥混凝土路面设计规范[S].北京:人民交通出版社,2002.

[36] 西部交通建设科技项目,水泥混凝土路面断板分析及防治技术研究[R],同济大学,2005,6.

[37] 周玉民,谈至明.双层水泥混凝土路面结构临界点位置分析[J].同济大学学报,2010,2.

[38] 周玉民,水泥混凝土路面沥青加铺层反射裂缝机理与设计方法研究[D].上海:同济大学博士学位论文,2007.

[39] AASHTO. AASHTO Guide for design of pavement structures. *AASHTO*, Washington, D. C. ,2002.

[40] 周玉民,谈至明,田波.基于薄板单元的水泥混凝土路面荷载应力分析[J],同济大学学报,2010,3.

[41] 中华人民共和国交通行业标准.JTG D40—2011 公路水泥混凝土路面设计规范[S].北京:人民交通出版社,2011.

[42] The Asphalt Institute. Asphalt overlays for highway and street rehabilitation [J]. Manual Series, No. 17(MS-17),1983.

[43] 中华人民共和国交通行业标准.JTG D50—2006 公路沥青路面设计规范[S].北京:人民交通出版社,2006.

[44] C. L. Monismith and N. F. Coetzee. Experimental Laboratory Studies and Design Considerations [J]. Proc. of AAPT, Vol49, 1980, pp:268-311.

[45] 谈至明,路面张开型反射裂缝产生机理的力学分析[J].同济大学学报,1997,25(6).

[46] 谈至明,路面温度翘曲型反射裂缝产生机理的分析[J].同济大学学报,1998,26(4).

[47] C. L. Monismith , N. F. Coetzee. Reflective Cracking: Analyses, Experimental Laboratory Studies, and Design Considerations[J]. Proc. of AAPT, 1980, 149: 268-311.

[48] N. J. Chen, J. A. Morris et al. Finite Element Analysis of Arizona's Three-Layer Overlay System of Rigid Pavement to Prevent Reflection Cracking[J]. Proc. of AAPT, Vol. 51, 1982, 51:150-168.

[49] K. Majidzadeh, et al., Improved Methods to Eliminate Reflection Cracking[J]. FHWA/RD-86/075, Federal Highway Administration, Washington, D. C. 1985.

[50] J. M. Rigo, et al. Evaluation of Crack Propagation in an Overlay Subjected to Traffic and Thermal Effects[J]. Reflective Cracking in Pavements, 1993, 146-158.

[51] L. Francken and A. Vanelstraete, On the Thermorheological Properties of Interface Systems. Reflective Cracking in Pavements[J]. 1993:206-219.

[52] Manuel J. C. The Influence of Temperature Variation in the Prediction of the Pavement Overlay Life[J]. Road Materials and Pavement Design. Vol. 6: 365-384.

[53] 倪明. 旧水泥混凝土路面上沥青加铺层的应力分析[D]. 上海:同济大学硕士学位论文.

[54] 倪明,姚祖康. 旧水泥混凝土路面上沥青加铺层的应力分析[J]. 同济大学学报,1989.

[55] 周德云,姚祖康. 旧水泥混凝土路面上沥青加铺层结构的三维有限元分析[J]. 中国公路学报,1990,3.

[56] 于宝明. 反射裂缝研究与旧水泥混凝土道面上沥青混凝土加铺层的设计[D]. 上海:同济大学博士学位论文,1991.

[57] 倪明,姚祖康. 混凝土路面上沥青加铺层的半解析分析[J]. 同济大学学报,1994,3.

[58] 李淑明. 旧 PCC 路面上 AC 加铺层设计方法的研究[D]. 上海:同济大学博士学位论文,2002.

[59] 周富杰. 防治反射裂缝的措施及其分析[D]. 上海:同济大学博士学位论文,1998.

[60] 曹东伟,胡长顺. 旧水泥混凝土路面沥青加铺层力学分析[J]. 西安公路交通大学学报,2001.

[61] P. W. Jayawickrama, R. L. Lytton. Methodology for Predicting Asphalt Concrete Overlay Life against Reflection Cracking[J]. Proceedings of 6th International Conference Structual Design of Asphalt Pavements, Vol. 1, 1987, 1:912-924.

[62] Rashid. ASCE State-of-the-art Report on Finite Element Analysis of Reinforced Concrete[J]. Prepared by a Task Committee Chaired by A. Nilson, American Society of Civil Engineers, New York, 1982

[63] R. Haas , J. Ponniah. Design Oriented Evaluation of Alternatives for Reflective Cracking through Pavement Overlays[J]. Reflective Cracking in Pavements, Assessment and Control, 1989.

[64] L. Francken, A. Vanelstraete. Interface Systems to Prevent Reflective Cracking: modeling and experimental testing methods[J]. Proc. of 7th International Conference on Asphalt Pavements, Vol. 1, 1992, 1:45-60.

[65] Blankenship P. Interlayer and design considerations to retard reflective cracking[J]. Paper submitted to 2003 Annual Meeting of TRB, 2003.

[66] A. A. A. Molenaar, J. C. P. Heerbens, et al. Effects of Stress Absorbing Membrance Interlayers[J]. Proceedings of AAPT, Vol. 55, 1986, 55:206-219.

[67] Mellinger. F. M. The design of non-rigid overlays for concrete airfield pavements[J]. Air Transport Journal, ASCE, 1956, 82 (AT2).

[68] AASHTO. AASHTO Guide for design of pavement structures[S]. AASHTO, Washington, D. C. , 1993.

[69] A. H. De Bondt. Design of (Reinforced) Asphaltic Overlays[C]. 8th International Conference on Asphalt Pavement Structural Design. August 10-14, 1997.

[70] R. L. Lytton. Use of Geotextiles for Reinforcement and Strain Relief in Asphalt Concrete[J]. Geotextiles and Geomembranes, 1989.

[71] A. A. A. Molenaar, M. Nods. Design Method for Plain and Geogrid Reinforced Overlays on Cracked Pavements[J]. Reflective Cracking in Pavements, 1996.

[72] J. B. Sousa, J. C. Pais. A Mechanistic-Empirical Based Overlay Design Method for Reflective Cracking[J]. Road Materials and Pavement Design. Vol. 6: 339-363.

[73] 西部交通建设科技项目.水泥混凝土路面脱空状态下的结构分析[R].上海:同济大学,2005.

[74] 西部交通建设科技项目.基于弯沉的板底脱空识别方法[R].上海:同济大学,2005.

[75] 赵军.刚性路面板底脱空检测评定的理论与方法[D].上海:同济大学博士学位论文,2006.

[76] 中交第二公路勘察设计研究院.京珠国道主干线粤境高速公路曲江至北兴段路面扩建工程检验报告[R].2005.

[77] Vanelstraete A., Francken L. Prevention of reflective cracking in pavements RILEM[R]. Report 18, Ed E&FN Spon, London 1997.

[78] 谈至明.弹性地基上双层叠合梁的解[J].力学学报,1997,6:751-754.

[79] 熊军.旧水泥混凝土路面沥青加铺层温度应力分析[D].上海:同济大学硕士学位论文,2007.

[80] Heukelom, M, Klomp. Proceeding of the Association of Asphalt Paving Technologists[J]. Vol. 33, 1964, 33:92-123.

[81] Ullidtz, P. A Fundamental Method for Prediction of Roughness[J]. Rutting and Cracking of Pavements. paper prepared for Association of Asphalt Paving Technologists, 1979.

[82] Van der Poel, C. A general System Describing the Visco-Elastic Peoperties of Bitumens and its Relation to Routine Test Data[J]. Journal of Applied Chemistry, 1954, 4:221-236.

[83] 孟岩.沥青路面温度场预估及应用研究[D].上海:同济大学博士学位论文,2007.

[84] Missouri1 Department of Transportation, Research Development and Technology [S]. Missouri Guide for Pavement Rehabilitation, 2001.

[85] 广东广韶高速公路有限公司路面扩建工程管理处项目,水泥路面特重交通荷载分析研究[R].同济大学,2007,11.

[86] 交通运输部综合规划司.2010年公路水路交通运输行业发展统计公报[N].中国交通报,2011,4.

[87] 中华人民共和国交通行业标准.JTG F30—2003 水泥混凝土路面施工技术规范[S].北京:人民交通出版社,2003.

[88] Kelly, T. M. Significans of test and properties of concrete and concrete making materials, ASTM. 169-A, Philadel-phia, 1996:102-115.

[89] Gaynor, R. D. test of water-reducing retarders, National Ready-mixed concrete association, 2002, 8.

[90] Mohammad Ibrahim Safawi. The segregation tendency in the vibration of high fluidity concrete [J]. Cement and Concrete Research, 2004, 34:219-226.

[91] Meyer, L. M. theroy of concrete slump loss as related to the use of admixtures, concrete international: design and construction, 1979, 1:36-43.

[92] 庞强特. 混凝土制品工艺学[M]. 武汉:武汉工业大学出版社,1990.
[93] Voellmy A. High Concrete Quality in Cold Weather, RILEM symposium, Special report, 2006.
[94] Sandor P. 新拌混凝土[M]. 陈志源,译. 北京:中国建筑工业出版社,1990.
[95] Poppvics. S. Concrete Making Materials. Hemisphere Publishing Corporation, Washington, DC, 1979.
[96] Lea. F. M. The Chemical of Cement and Concrete, Chemical Publishing Corporation, New York, 1971.
[97] Power. T. C. The Natural of Concrete, ASTM Special Technical Publicaton, No. 169-B:59-63.
[98] Gjorv OE Workability: A New Way of Testing. Concrete International. 1998, 20(9):77-79.
[99] 黄浩. 粉煤灰混凝土流变性能研究[D]. 武汉:武汉理工大学,2011.
[100] 黄大能. 新拌混凝土的结构与流变特性[M]. 北京:中国建筑工业出版社,1983:20-28.
[101] [苏]A. E. 杰索夫. 振实混凝土[M]. 信夫,译. 北京:中国工业出版社,1995:112-136.
[102] 申爱琴. 水泥与水泥混凝土[M]. 北京:人民交通出版社,2000:143-152.
[103] 余艳. 混凝土振动拌和机理的研究[D]. 西安:长安大学,2009:12-14.
[104] 中华人民共和国交通行业标准. JTG E30—2005 公路工程水泥及水泥混凝土试验规程[S]. 北京:人民交通出版社,2005.
[105] 王秋江,刘凤军. 滑模式混凝土摊铺机的振捣应用[J]. 施工技术,2006,10:53-54.
[106] Tournon, G. Segregation of Non-cohereents Mixtures and Concretes [J]. Rilem Bulletin, 1995, 24:15-31.
[107] Menkhoff, H. Density Measurement with radioactive isotope [J]. Der Bauingenieur, 2008, 12:465.
[108] 朱敬军. 路面沥青混凝土离析的控制[J]. 公路,2008,5:36.
[109] 钱春香,黄蓓,董华. 集料尺寸和形状及掺合料对混凝土界面的影响[J]. 东南大学学报(自然科学版),2009,39(4):841-843.
[110] 李立寒,麻旭荣. 级配离析沥青混合料性能的试验研究[J]. 同济大学学报,2006,35(12):1623-1624.
[111] 张云国,吴智敏,张小云. 自密实轻骨料混凝土抗离析性控制与试验方法

[J]. 大连理工大学学报,2010,50(2):234-235.

[112] 余海浪. 路面材料离析标准研究[D]. 西安:长安大学,2007:10-19.

[113] 包秀宁,张肖宁. 颗粒材料离析性的评价方法[J]. 华南理工大学学报(自然科学版),2010,38(3): 32-33.

[114] 冯乃谦. 高性能混凝土[M]. 北京:中国建筑工业出版社,1996.

[115] 丛卓红,郑南翔. 沥青混合料级配优化设计[J]. 长安大学学报(自然科学版),2007,27(3):15-19.

[116] 朱梦良,张起森,陈强. 沥青玛蹄脂碎石混合料的集料级配优化[J]. 中国公路学会学报,2001,14(2):1-2.

[117] 霍明. 水泥混凝土路面抗滑功能衰减规律及评价方法研究[D]. 西安:长安大学,2009.

[118] 李超. 路面混凝土表面构造耐久性改善技术研究[D]. 西安:长安大学,2009.

[119] Sandor P. 新拌混凝土[M]. 陈志源,译. 北京:中国建筑工业出版社,1990.

[120] 戴俊. 岩石动力学特性与爆破理论[M]. 北京:冶金工业出版社,2002.

[121] Voellmy A. "High Concrete Quality in Cold Weather", Rilem symposium, Session D, Special Report, 2006.

[122] Newlon H. Theroy of Concrete Slump Loss as Related to Use Chemical admixtures[J]. Design and Construction, Vol,1,2009,1:36-43.

[123] 廖振鹏. 工程波动理论导论[M]. 北京:科学出版社,2002.

[124] 张艳聪. 隧道内连续配筋混凝土路面早期裂缝发展研究[J]. 公路,2012,3:99-103.

[125] 秦厚慈,刘超英,周山. 论零坍落度混凝土振动衰减规律[J]. 合肥工业大学学报(自然科学版),1998,21(1):97-99.

[126] 张祖武,姚令侃. 土岩界面地震波能量传递与耗散特性研究[J]. 灾害学,2011,26(1):5-8.

[127] 曹建国,李金玉. 高强混凝土抗冻性的研究[J]. 建筑材料学报,1999(4):292-297.

[128] 黄士元,蒋家奋,杨南如. 近代混凝土技术[M]. 太原:山西科学出版社,1998.

[129] 杨钱荣. 引气混凝土耐久性及引气剂质量评定[D]. 上海:同济大学,2007.

[130] Gjorv OE Workability. A New Way of Testing[J]. Concrete International. 1998:20(9):57-60.

[131] Ferraris C F,Lobo C. Processing of High-performance Concrete[J]. Concrete International,1998,20(4):61-64.

[132] 吴志刚.道路混凝土振动粘度及收缩性能的研究[D].哈尔滨:哈尔滨工业大学,2006.

[133] 交通部公路科学研究所.滑模摊铺混凝土路面材料与施工工艺研究[R]. 1996:158-214.

[134] Delatte N. Concrete Pavement Design,Construction and Performance,Taylor & Francis,2007.

[135] Griffiths G,Thom N. Concrete Pavement Design Guidance Notes,Taylor & Francis,2007.

[136] Huang Y. H. Pavement Analysis and Design[M]. 2nd Edition,Upper Saddle River,2004,NJ: Prentice-Hall.

[137] Kim S. M,Won M. Horizontal cracking in continuously reinforced concrete pavements[J]. ACI Struct J 2004,101:784-91.

[138] Kohler E,Roesler J. Crack spacing and crack width investigation from experimental CRCP sections[J]. International Journal of Pavement Engineering. 2006,7(4):331-340.

[139] NCHRP. Guide for mechanistic-empirical design of new and rehabilitated pavement structures [R]. Final Rep. No. NCHRP 1-37A,National Research Council,TRB,Washington,D. C. 2004.

[140] Selezneva O,Darter M,Zollinger D,et al. Characterization of transverse cracking spatial variability: Use of long-term pavement performance data for continuously reinforced concrete pavement design [J]. Transportation Research Record: Journal of the Transportation Research Board, 2003, 1849 (1): 147-155.

[141] Tayabji S D,Wu C L,Plei M. Performance of continuously reinforced concrete pavements in the LTPP program[C]. Proceedings of Seventh International Conference on Concrete Pavements,Orlando, Florida,2001.

[142] Won M,Hankins K, McCullough B. F. Mechanistic Analysis of Continuously Reinforced Concrete Pavements Considering Material Characteristics, Variability,and Fatigue,Texas State Department of Highways and Public Transpor-

tation, Report No. FHWA, March 1991.

[143] Won M, Kim S. M, Merritt D, McCullough B. F. Horizontal cracking and pavement distress in Portland cement concrete pavementp[C]. In: Sproule WJ, Jansen S, editors. Designing, constructing, maintaining and financing today's airport projects, 27th international air transport conference, Orlando, Florida, USA, 2002.

[144] Won M, Kim S. M, Merritt D. Horizontal cracking and pavement distress in Portland cement concrete pavement[C]. In: Sproule WJ, Jansen S, editors. Designing, constructing, maintaining and financing today's airport projects, 27th international air transport conference, Orlando, Florida, USA, 2002.

[145] Zollinger D G, Buch N, Xin D, et al. Performance of Continuously Reinforced Concrete Pavements. Volume 6-CRC Pavement Design, Construction, and Performance[R]. Report No. FHWA-RD-97- 151, US Department of Transportation, Washington, DC, 1999.

[146] Zollinger D G. Investigation of Punchout Distress in Continuously Reinforced Concrete Pavement[D]. Dept. of Civil and Environmental Engineering, University of Illinois, Urbana, IL, 1989.